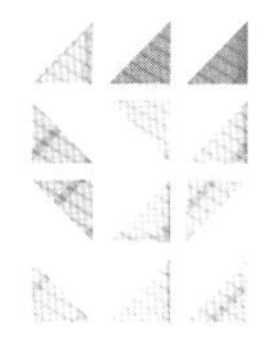

조선연구문헌지

중

지은이
사쿠라이 요시유키 櫻井義之
1904년 후쿠시마현 출생. 경성제국대학 조선경제연구소, 조선총독부 관방문서과 근무. 도쿄도립대학 교수.

엮은이
연세대 근대한국학연구소 인문한국플러스(HK+) 사업단

옮긴이
류애림(柳愛林, Ryu Ae-rim) 규슈대학 법학부 준교수.
심희찬(沈熙燦, Shim Hee-chan) 연세대학교 근대한국학연구소 HK교수.
하영건(河瑛乾, Ha Young-gurn) 연세대학교 대학원 동양사 전공 석사졸업.

조선연구문헌지 (중)

초판인쇄 2024년 2월 15일 **초판발행** 2024년 2월 29일
지은이 사쿠라이 요시유키 **엮은이** 연세대 근대한국학연구소 인문한국플러스(HK⁺) 사업단
옮긴이 류애림 · 심희찬 · 하영건
펴낸이 박성모 **펴낸곳** 소명출판 **출판등록** 제1998-000017호
주소 서울시 서초구 사임당길15 서광빌딩 2층
전화 02-585-7840 **팩스** 02-585-7848 **전자우편** somyungbooks@daum.net **홈페이지** www.somyong.co.kr

값 33,000원
ISBN 979-11-5905-751-9 93010

이 책은 2017년 정부(교육부)의 재원으로 한국연구재단의 지원을 받아 수행된 연구임(NRF-2017S1A6A3A01079581)

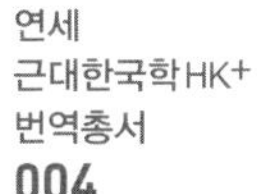
연세
근대한국학HK+
번역총서
004

THE COLLECTION OF KOREAN STUDIES
BIBLIOGRAPHIES IN MODERN JAPAN

조선연구문헌지

중

연세대 근대한국학연구소 인문한국플러스(HK+) 사업단 엮음
사쿠라이 요시유키 지음 | 류애림 · 심희찬 · 하영건 옮김

저자 서문

내가 조선에 관한 여러 문제를 연구하기로 결심한 것은 지금으로부터 약 40년 전인 1932~1933년 무렵이었다. 당시 나는 경성서울에 살면서 경성대학에서 조선연구 자료문헌을 다룰 수 있는 매우 좋은 환경에 있었다. 다만 창립한 지 얼마 되지 않았던 경성대학1926.5 개학은 아직 문헌을 모으는 단계에 머물러 있었다. 조사연구 및 자료수집에 학교 전체가 모든 힘을 쏟고 있던 시절이었다.

1929년 경성대학 법문학부에 조선경제연구소가 설치됨으로써 시카타 히로시四方博 교수를 중심으로 한 실증적 연구기관이 조선 현지에 세워졌다. 연구소가 직면한 과제는 자료의 수집과 정리였다. 연구소는 물론 조선경제에 중점을 두고 자료를 모았지만, 넓게는 조선연구에 관한 근현대 자료들도 수집하였다. 나는 거기서 자료를 수집하고 정리하는 일에 관여하게 되었고, 이후 조선관련 문헌에 대한 조사・수집을 본격적으로 시작했다.

당시 서울 주변에는 이른 시기부터 조선에 머물면서 근대조선의 생성과 발전을 직접 경험한 많은 선인先人들이 있었는데, 이들의 체험담을 통해 생생한 조선근대사를 배울 수 있는 자리가 만들어졌다. 아유가이 후사노신鮎貝房之進 선생님, 이마무라 도모今村鞆 선생님, 오카다 미쓰기岡田貢 선생님, 가토 간가쿠加藤灌覚 선생님, 기쿠치 겐조菊池謙譲 선생님 등을 비롯하여 서울에 거주하는 문화인들을 중심으로 일종의 사담회史談會라 할 수 있는 서물書物동호회가 결성된 것이다. 이 모임은 그 후로도 7년간 계속되었으며 종전에 이르기까지 활동을 이어갔다. 나는 앞서 『메이지明治연간 조선연구문헌지』1941라는 책을 낸 적이 있는데, 이 책이 출판될 수 있었던 것은 이와 같은 환경 덕분이었다.

이 책은 「메이지연간 조선관계문헌 초록抄錄」이라는 제목으로 1936년 11월부터 이듬해 5월까지 조선총독부 기관지 『조선』158~264호에 글을 연재한 일에서 시작되었다. 초록을 발표한 뒤 누락된 부분을 조사한 「보유補遺」를 작성했고, 1939년 2월부터 같은 해 10월까지 동 잡지 『조선』285~293호에 나누어 실었다. 이렇게 두 번에 나누어 게재된 글들을 종합하고 제목을 바꾸어 1941년 3월 경성 '서물동호회'를 통해 위 책을 간행했다.

이처럼 잡지 게재가 장기화됨에 따라 지형紙型을 통한 인쇄를 피할 수 없게 되었다. 그로 인해 정정하는 일도 녹록치 않았고 전체적 통일성을 결여한 부족한 책이 되고 말았지만, 후일의 보정을 기약하는 형태로 졸속을 뒤돌아보지 않고 그대로 출판하여 여러 선생님들의 교시를 구하기로 했다. 앞선 책이 출판된 경위는 이와 같다.

그 후 다이쇼大正기에 출판된 조선연구문헌을 조사하고 이를 「다이쇼연간 조선관계문헌 해제」라는 제목으로 1940년 4월부터 이듬해 6월까지 잡지 『조선행정』19권 4호~20권 6호에 연재했다. 이 글은 잡지에만 게재한 채 단행본으로 만들지는 못했기에 전쟁이 끝나고 일본에 돌아와 오랫동안 잡지를 손에 넣고자 노력하던 중, 몇 해 전 우연히 한국의 지인이 고맙게도 잡지에 게재했던 원고의 복사본을 서울에서 보내주었다. 다시 만나지 못할 거라 생각했던 죽은 아이와 재회한 기분이었다. 앞서 출판했던 메이지기에 관한 책을 증보하고 다시 만난 다이쇼기에 관한 글도 증보하여 여기에 채록함으로써 두 편의 저술을 정돈하는 염원을 이루게 되었다. 그야말로 뜻하지 않은 기쁨이었다.

'후일의 보정'을 약속한 채 30여 년이 흘렀고 다이쇼도 오랜 과거가 되었다. 이때 나온 문헌들은 메이지기의 문헌을 잇는 역사적 소산으로서 중요한 가치를 지니게 되었다. 이를 서지적·단계적으로 개관해보면 메이지기의 문헌이 계몽적인 것에 비해 다이쇼기의 문헌은 실증적인 특징을 보여준다고 평가할 수 있겠다. 또한 쇼와昭和기의 발전적 전개에서 보면 다이쇼기는 그 기초적 준비를 쌓았던 시대로 간주할 수 있다.

이 책은 이와 같은 경위와 이유를 거쳐 메이지, 다이쇼를 한 권으로 통합하여 간행한 것이다. 책을 다시 내려고 마음먹은 것은 이미 오래 전의 일이나, 미발견 서적들이 계속해서 나타나면서 결국 지금에 이르고 말았다. 내가 가진 노트에는 여전히 많은 미발견·미입수 서적들이 적혀있다. 이에 대해서는 다시 후일을 기약할 수밖에 없겠다.

다행스러운 것은 최근 조선연구의 진전이 이루어지면서 문헌정리 사업도 함께 진행되어 다음과 같은 성과들이 나왔다는 점이다. 소장목록이 대부분이지만 이 책의 부족한 점을 메워줄 것이라 생각한다.

(1) 소장목록

① 국립국회도서관 소장, 『조선관계 자료목록』 4책, 1966~1975

② 국립국회도서관 소장, 『메이지기 간행도서목록』 1·2권. 1971~1972; 3·4권, 1973~1974

③ 도쿄대학 동양문화연구소 편스에마쓰 야스카즈(末松保和) 편, 『조선연구 문헌목록』 6책, 1970~1972

④ 재단법인 우방협회·재단법인 중앙일한협회 보관, 『조선관계 문헌·자료목록』 1책, 1961

⑤ 재단법인 우방협회 소장, 『조선관계 문헌 · 자료 총목록』(2) 1책, 1972

⑥ 아시아경제연구소 편, 『구식민지관계기관 간행물 종합목록 1 조선 편』, 1974

⑦ 시카타 조선문고 운영위원회 편, 『시카타 조선문고 목록』 1책, 1978

⑧ 도쿄경제대학 도서관 소장, 『사쿠라이 요시유키문고 목록』 1책, 1976

(2) 현지에서 출판된 것 중 현재 입수하기 어려운 것들

① 경성제국대학 부속도서관, 『화한서和漢書 서명목록』 1~8집, 1931~1940

② 조선총독부 도서관, 『신서부新書部 분류목록』 3책, 1938

③ 부산 부립도서관, 『도서분류목록』 1책, 1941

이 책을 출판하면서 많은 선배와 지인들로부터 중요한 가르침과 조언을 얻었다. 심심한 감사의 뜻을 표한다. 특히 고故 시카타 선생님과 스에마쓰 야스카즈 선생님에게는 앞선 책을 출판한 이래로 끊임없는 지도와 격려를 받았다. 지면을 빌려 깊은 감사의 마음을 전한다. 출판의 기술적인 면에서는 주식회사 용계서사龍溪書舍의 후나바시 오사무船橋治 씨를 비롯하여 출판편집부 분들이 글자 사용의 통일, 색인 조정 등을 꼼꼼하게 도와주셨다. 그저 감사의 말씀을 전할 따름이다.

저자 범례

이 책의 증보·개정 및 편성, 채록방식은 다음과 같다.

1. 메이지연간 자료는 예전에 출판했던 『메이지연간 조선연구문헌지』(1941)에 실었던 547편에 그 후의 조사를 통해 알게 된 단행본 149편을 증보했다. 다이쇼기는 「다이쇼연간 조선관계문헌 해제」(1940)에서 소개했던 280편에 새로 118편을 추가했다. 따라서 앞선 책 『메이지연간 조선연구문헌지』에 새로 증보하여 채록한 문헌을 더한 총계는 1,094편이 된다. '지도'는 앞선 책과 마찬가지로 메이지기에 간행된 것으로 한정했으며, 이전의 32점에 더해 새로 61점을 추가한 총 93점을 게재한다.
2. 메이지기에 간행된 것으로 기재된 문헌은 취사선택을 하지 않고 눈에 보이는 대로 모두 채록했다. 다이쇼기의 경우 조선을 연구함에 있어서 중요한 의미를 가지지 않는다고 판단된 것은 일부 제외시켰다.
3. 편찬형식은 앞선 책의 방식에 따라 문헌의 내용에 관한 가치판단 및 저자의 주관적 의견을 완전히 배제했다. 원저자의 약전, 문필활동 등은 가능한 상세히 조사하려고 노력했다. 저작의 성립배경에 대해서는 편저자의 말을 그대로 빌렸으며, 내용의 일부를 알 수 있도록 목차(및 장)를 게재했다.
4. 분류는 전과 달리 NDC '일본십진분류표'에 따랐다.
5. 채록은 '서명', '편저자명', '출판연월', '판형', '페이지 수', '발행처' 등을 표기하는 방식을 택했다.
6. 분류항목 안의 배치는 연대순에 따랐다. 출판연월에서 월차가 불분명한 것은 '●—'로 표시하고 항목 내 말미에 배치했다. 계속 간행된 서적, 축차 간행물 등은 원칙적으로 초출연도에 따라 일괄 표기했다.
7. 판형은 옛 규격(국판(菊判), 46판(四六判) 등)에 따랐다. 지도처럼 특수한 형태는 cm로 표시하기도 했다.
8. 한자는 당용한자(當用漢子)를 사용했다. 당용한자에 없는 것, 혹은 고유명사 중 특수한 것은 일부 예전 한자를 사용했다.
9. 주제서명에는 일련번호를 붙였으며, 서명 및 저자 참조는 모두 그 번호에 따랐다.
10. 이 책은 소재를 알려주는 목록이 아니므로 소장된 장소는 기재하지 않았으나, 교정과정에서 편집부의 간곡한 요청에 의해 오늘날 주변에서 찾을 수 있는 것들을 대표로 기재했다. [시카타 문고(四方文庫)]는 고 시카타 히로시 교수의 조선문고, [구장(舊藏)]은 저자가 서울에 머물 당시에 모은 장서, [가장(架藏)]은 종전 이후 새로 수집하여 현재 소장하고 있는 책, [동경대(東經大)]는 [가장] 중 도쿄경제대학에 양도한 책, [구경성대(舊京城大)]는 구경성제국대 학 소장, [국회도(國會圖)]는 국립국회도서관 소장을 뜻한다.
11. 메이지기 간행물의 모습을 전해주는 표지 및 제목 78점, 지도 11점의 도판을 삽입했다.
12. 책 말미에 50음순 「서명 색인」과 「편저자명 색인」을 덧붙였다.

역자 범례

1. 이 책은 1979년 10월 15일 일본 용계서사(龍溪書舍)에서 출판된 사쿠라이 요시유키(櫻井義之)의 『조선연구문헌지－메이지 · 다이쇼편』(『朝鮮硏究文獻誌－明治 · 大正編』)을 번역한 것이다.
2. 원서는 [一]총기, [二]철학 · 종교, [三]역사 · 지지, [四]사회과학, [五]자연과학, [六]공학 · 공업(광업), [七]산업, [八]예술, [九]어학, [一〇]문학, [付]메이지기 간행 '조선지도'의 순서로 구성되어 있다. 여기 번역 · 출판하는 중권은 원서의 내용 중 [四]사회과학, [五]자연과학 부분을 실은 것이다. 하권은 현재 번역 작업 중이다.
3. 원서의 체제에 따라 번역했으나 서적에 관한 정보(저자, 출판연월, 판형, 페이지 수, 발행처, 소장처)와 목차를 표로 만들어 시각적 편의를 더했다.
4. 소장처 중 원서의 [東經大]는 '도쿄경제대학'으로, [國會圖]는 '일본 국회도서관'으로, [舊京城大]는 '舊 경성제국대학'으로 번역했다.
5. 한자표기는 정자체로 표기하되, 일본의 지명, 인명, 고유명사 등은 가급적 일본 상용한자를 따랐다.
6. 일본 인명과 지명 등의 표기는 국립국어원의 외래어 표기법을 기준으로 삼았고, 일본에서 음독으로 발음하는 한자는 한글 음독으로, 훈독으로 발음하는 한자는 일본어 발음을 한글로 표기했다. 다만 일부 고유명사 및 역사적 용어는 일본어 발음을 그대로 따른 것들도 있다. 개인의 호나 단체명 등, 일본어 발음이 확인 불가능한 경우에는 한글 음독을 그대로 적었다.
   예) '大阪朝日新聞 : 오사카아사히신문', '団団珍聞 : 마루마루진문', '文禄慶長の役 : 분로쿠 게이초의 역'
7. 원서에는 주가 없다. 본문의 주는 모두 역자들이 부기한 것이다.
8. 원서의 오기 및 탈자 등은 발견되는 대로 모두 수정했다.
9. 저자 사쿠라이 요시유키가 직접 서술한 부분에서 '씨', '군' 등 인물 뒤에 붙는 의존명사는 모두 생략했고, 인물에 대한 존경을 나타내는 일본어 표현 등은 가급적 일반적 표현으로 수정했다.
10. 색인의 '서명'은 연번이 붙은 서적, '저자명'은 연번이 붙은 서적의 저자, '사항'은 본문과 역주에 등장하는 각종 단체, 서적, 저자 및 주요 사건, '인물'은 본문과 역주에 등장하는 인물을 가리킨다.
11. 원서에 나오는 문제적 용어들(반도, 내지, 지나 등)은 원래 느낌을 살리기 위해 다른 표현으로 바꾸지 않고 그대로 사용했다.

차례

四
사회과학

1. 논문 · 일반

365) 일한분의 정략찬론日韓紛議政略纂論

저자	호시노 료키치(星野良吉) 編	출판연월	1882년 8월
판형	46판	페이지 수	103쪽
발행처	도쿄 감천당(甘泉堂) · 정렬당(井洌堂) · 류심당(柳心堂)	소장처	架藏

이 책은 1882년 7월의 조선사변에 관한 신문의 논조를 수록한 것이다.

> 대저 조선의 일은 근래 동양 정략에 관한 일대 문제로서 유지자가 주목, 유의해야 할 점이다. (…중략…) 이 책이 조선에 관한 내외 사정 및 이해利害의 평론 · 논설을 모아 공공연히 함으로써 오로지 논자들에게 참고가 되기를 바라는 바이다. 조선의 이번 사변의 전말을 기록하고 더욱 거슬러 올라가 그들과 우리 사이에 관련된 장소 및 그들의 내정이 어떠한가를 분명히 하고, 이를 통해 개전 강화 이해利害의 제설을 다루고자 한다. 서언

〈목차〉

제목	제목
서언	조선 병제개혁의 논의
조선폭도, 우리 공사관을 덮침	조선 완고당 수령의 이름

제목	제목
하나부사(花房) 공사[1]로부터의 전보	동(同) 개진가 수령의 이름
대신참의의 회론	쇄국당의 한 사람인 백낙관(白樂寬)[2] 외교의 불가함을 청하는 상소
이노우에(井上) 외무경,[3] 변리의 임무를 맡고 출발	조선의 지세
다카시마(高島) 소장,[4] 하나부사공사와 출발	조선의 육군
가와무라(河村) 해군경[5] 출발	무관
군함을 보내어 외국에 대비	조선의 해군
하나부사 공사 등이 제사(諸事)를 협의함	조선인의 골격
영국 군함 조선에 출항함	지나인의 조선책략
조선왕 생사불명으로 대원군이 국정을 맡는다는 전보	지나 리홍장이 조선인에게 건넨 의견서
고금피아(古今彼我) 관계의 대요	미국 군함장의 조선에 관한 건의
묘당(廟堂) 정한론의 결국	조선의 반도(叛徒) 토벌해야 한다 (『보지신문(報知新聞)』 사설)
한인이 우리 거류인을 해함	조선에 대한 정략을 논함 (『자유신문(自由新聞)』 사설)
조선내부의 사정(여러 당파)	조선사건을 논함 (『조야신문(朝野新聞)』 사설)
(부록) 조선사변실황 상기(詳記)(일본 및 조선 근해도 극채색)	

366) 청한론清韓論

저자	데니 O.N 原著, 아마노 다카노스케(天野高之助) 譯	출판연월	1890년 11월
판형	46판	페이지 수	95쪽

1 초대 조선 주재 일본국 공사관을 지냈던 하나부사 요시모토(花房義質, 1842~1917)를 말한다.

2 백낙관(1846~1883) : 개항기에 개화를 반대하는 상소를 올린 유학자.

3 조일수호조약, 제물포조약, 한성조약 체결 등을 이끈 정치가로서, 청일전쟁이 발발한 1894년에 조선 주재 일본 공사로 전임한 이노우에 가오루(井上馨, 1836~1915)를 말한다.

4 일본의 군인으로서 대만부총독, 육군대신 등을 지냈던 다카시마 도모노스케(高島鞆之助, 1844~1916)를 말한다.

5 초창기 일본 해군의 실질적 지도자 역할을 했으며 사후 해군대장으로 추대되었던 가와무라 스미요시(川村純義, 1836~1904)를 말한다.

발행처	도쿄 양륜당(両輪堂) 장판(藏版)	소장처	架藏

이 책은 Owen. N. Denny, *China and Korea*, 1888, Seoul.을 번역한 것이다. 원저자 오웬 N. 데니德尼는 미국인이며 상하이 영사를 지내다 고종 23년1886 3월 내무부 협변 겸 통리교섭통상사무아문 장교사 당상으로서 한국에 초청되었고, 동同 27년1890 2월 26일 임무를 마치고 귀국했다. 원저는 1888년 2월 경성에서 출판되었다. 국판 46쪽의 소책자로 청한종속 문제를 논한 것이다. 원저가 출판되고 얼마 지나지 않아 『재팬가제트*The Japan gazette*』 지에 그 전문이 게재되었다. 이후 1888년 말부터 1889년에 걸쳐 『시사신보時事新報』에 그 전문이 번역 연재되었다.

본서의 저작 겸 발행자로 아마노 다카노스케의 서명이 보이기에 역자로 기재했다. 실제 번역 작업에 힘을 쏟은 것은 한국에서 근무했던 육군 대위 시바야마 히사노리柴山尚則다. 권두에 실린 시바야마의 서문은 다음과 같다.

> 조선국왕의 고문관 미국인 데니 씨는 지난해 일찍이 청한론을 저술하고(서)청국의 정략을 공격하였다. 당시 논의를 일으켜 시비가 백출百出했고 사실과 다른 부분, 논지를 비판할 부분도 있다. 하지만 그 옳고 그름을 어찌 그에게 따지겠는가. 국가 사직을 위해 천년의 원유遠猷를 계획하는 자가 없

기에 타국 사람 중에도 나라를 근심하고 사랑하는 깊은 간절함이 생겨난 것이다. 어찌 관리전도冠履顚倒가 아니겠는가? 갈관자鶡冠子 가로대 "강 한가운데서 배를 잃으면 표주박 하나가 천금처럼 귀하다"고 하였다. 데니 씨가 바라는 바일 것이다. 그런 까닭에 나는 이 책을 친우에게 부탁해 번역, 간행함으로써, 한편으로는 조선의 쇠약을 슬퍼하고 한편으로는 데니 씨의 성실을 드러내고자 한다.(시바야마 히사노리 서)

이 책은 목차를 제시하고 있지 않으나, 내용은 다음과 같다.

〈목차〉

	제목
제1	청나라가 조선을 번병(藩屛)이라고 칭하는 것
제2	번병으로서 청나라의 대우
제3	국왕은 병약하여 치국의 임무에 견디지 못한다는 무망(誣妄)
부기	이동유괴사건

『청한론』의 번역서에는 이판異版으로도 불리는 『일청한국 간섭정략日清韓國 干涉政略』1890이 있다. 이 책은 『청한론』과 완전히 똑같다. 같은 책의 정정재판訂正再版이라고 표기되어 있지만, 단지 표지 인쇄만 다르고 내용은 그대로다. 또한 다나베 구마사부로田辺熊三郎가 번역한 『청한관계론清韓關係論』1889도 있다고 알려져 있으나 확인되지 않는다.

367) 대동합방론大東合邦論

저자	다루이 도키치(樽井藤吉) (모리모토(森本))	출판연월	1893년 8월 1910년(재판)
판형	국판	페이지 수	152쪽 148쪽(재판)
발행처	도쿄 마루젠(丸善)서점	소장처	架藏

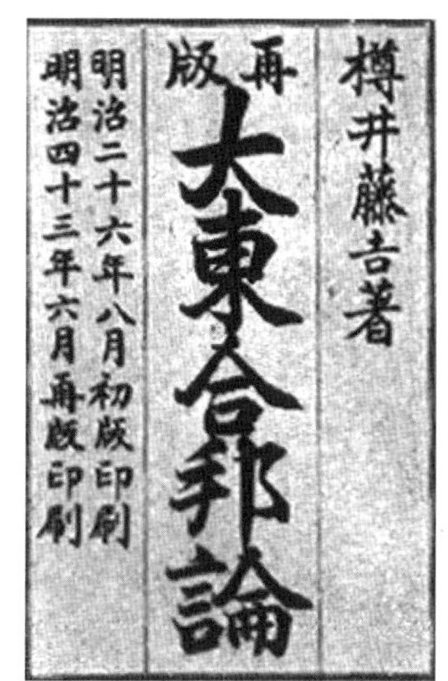
樽井藤吉著

再版

大東合邦論

明治二十六年八月初版印刷

明治四十三年六月再版印刷

저자는 야마토大和의 목재상 집안에서 태어났다. 이후 도쿄에 유학하여 이노우에 요리쿠니井上頼圀[6]의 한학숙漢學塾에서 공부했다. 일찍이 대륙에 뜻을 두어 조선 근해를 3년 동안 탐험했으며, 1882년 아카마쓰 야스스케赤松泰助 등과 일본의 첫 사회주의 정당인 동양사회당을 창립했다. 같은 해 집회조례위반으로 투옥되었고, 1884년에는 오이 겐타로大井憲太郎[7]의 오사카사건大阪事件에 연좌 기소되었으나 헌법반포 특별사면을 받았다. 1892년에는 나라현에서 대의사代議士에 선출되었는데, 피선거권을 얻기 위해 모리모토森本라는 성을 붙였다고 한다. 『대동합방론』 초판은 모리모토 도키치의 이름으로 출판되었다. 1910년에 재판을 냈는데 이때는 다루이라는

6 이노우에 요리쿠니(1839~1914) : 1882년 황전강구소(皇典講究所)를 설립한 국학자로서 국학원과 여자학습원 교수를 지냈다.

7 오이 겐타로(1843~1922) : 보신전쟁(戊辰戰爭, 1868~1869) 당시 막부의 포병대로 활동했으며, 이후 변호사로 지내면서 자유민권운동에 참가했다. 조선에 건너가 독립당 정권을 세우려는 계획을 세웠으나 발각되어 금고 9년의 판결을 받았다(오사카사건). 일본노동협회, 소작조례조사회, 보통선거기성동맹회 등에서 활약했으며, 남만주철도주식회사와도 관계했다. 일본 사회운동의 선구로 불리지만, 일본인이 아시아 혁신을 주도해야 한다는 사상을 가지고 있었다.

성으로 출판했다.

『대동합방론』의 원고는 잡지 『자유평등경륜自由平等經倫』에 처음 게재되었는데 모두 한문이다. 일본과 조선은 합방하고, 청은 이것을 받아들여서 동양에 일대 연방을 형성하자는 것이 주된 논지다. 다루이는 만년에 덴추구미天誅組[8]를 위해 메이지유신발상기념비 건립을 기획했으나 그 완성을 보지 못하고 1922년 1월 25일 73세의 나이로 타계했다. 저서에 『메이지유신 발상기明治維新發祥記』1919, 논문에 「국유 은행론國有銀行論」 등이 있고, 그 외 미간행 논저가 있다. 『대동합방론』은 한문으로 서술되었으나 범례를 일본어로 고쳐 쓰면 다음과 같다.

> 내가 이 책을 쓴 것은 1885년이지만, 그 후 사건에 휘말려서 감옥에 갇히는 바람에 원고를 잃어버렸다. 1890년에 다시 기초起草했는데, 때마침 친우들이 잡지 『자유평등경륜』을 발족하고 원고 등재를 청하길래 열두 편을 세상에 공개했고, 그 후 네 편을 추가하여 한 권으로 만들었다. 범례

이 책의 재판은 1910년에 다루이의 성으로 출판되었다.

> 초판 활자에 비슷한 글자의 오탈자가 많고 또한 글의 뜻이 잘 통하지 않는 부분이 있어서 재판을 내면서 개정했다. 여러 사람의 평어評語 가운데 앞

8 덴추구미 : 고메이 천황(孝明天皇, 1831~1867)의 시종이었던 나카야마 다다미쓰(中山忠光, 1845~1864)를 중심으로 결성되었던 존황양이(尊皇攘夷)파의 무장 집단. 1863년 8월 17일 막부의 직할지를 공격하고 나라(奈良)의 사쿠라이사(桜井寺)를 점거했다. 막부는 대군을 조직하여 토벌을 개시했고, 조정 역시 덴추구미를 역적으로 규정했다. 대부분의 병력이 체포되어 처벌을 받았으며, 초슈(長州)로 도망갔던 나카야마는 1864년 11월 15일 자객에게 암살당했다.

서 초판에 실었던 것은 제외하는 한편, 비평란 안에는 신고新古 저자의 말을 실었다. 초판에 실었던 우내宇內 독립국 일람표는 삭제했다. 재판 범례

1975년 장릉서림長陵書林에서 복각판이 발간되었다.

〈목차〉

제목	제목	제목
서언	우리나라(我國) 정황	국정 본원(本元)
국호 뜻풀이	한토(漢土) 정황	합방 이해(利害)
인생 대세	조선 정황	연합 방법
세태 변천	일본 정황	청국은 동국(東國)의 합종(合從)에 참여할 것을 논함
만국 정황	일한 고금의 교섭	(부록) 우내 독립 일람표

368) 견문수기 조선시사見聞隨記 朝鮮時事

저자	사쿠라이 군노스케(柵瀨軍之佐)	출판연월	1894년 8월
판형	국판	페이지 수	132쪽
발행처	도쿄 춘양당(春陽堂)	소장처	架藏

저자는 이와테현 사람이다. 1889년에 영국 법률학교를 졸업했고 『야마나시일일신문山梨日日新聞』 주필을 지냈다. 이후 오메이사嚶鳴社[9]에 들어갔다가 『마이니치신문每日新聞』 편집장이 되었다. 1893년 방곡령 사건이 벌어지자 기자로 한국에 건너갔고, 청일전쟁이 일어나자 『마이니치신문』 통신

9 오메이사 : 누마 모리카즈(沼間守一)가 1878년에 설립한 정치결사로서 자유민권 및 국회개설을 주장했다. 법률과 정치를 공부하면서 대중연설에 힘썼다. 『오메이잡지』와 『도쿄 요코하마 마이니치신문(東京橫浜每日新聞)』을 간행했으며, 독자적인 「오메이사헌법 초안」을 기초하기도 했다. 1882년 7월 해산했다.

원으로 특파되어 오시마大島 여단에 종군했다. 이 책은 당시의 시사견문기다. 책 안의 삽화는 구보타 베이센久保田米僊[10] 화백의 작품이다.

이번 이변에 대해 도한渡韓 동포에게 그 대강의 과정을 알리고자 했다. 만약 조선동란의 소용돌이에서 외부인인 내가 살아남아서 고국의 산천초목을 다시 보게 된다면, 변변찮은 소견에 대해 식자들의 가르침을 빌고자 한다.범례

〈목차〉

제목	제목
조선 재유(再遊)	원세개의 최근 거동
부산항 상륙	러시아 공사와 한정(韓廷)
부산·인천 간	혜성을 보고 한인이 두려워하다
인천항의 관토(觀討)	한전(韓錢)과 해관세(海關稅)
한강 양안의 풍경	일본함대의 내인(來仁)
이현(泥峴)의 거류지	경성물가의 고귀(高貴)
경성 잡견	철전(鐵錢) 방어운동
동묘를 보다	조선국왕 및 왕비가 일본인을 평하다
정치기관의 조직	원세개 씨의 정한론
영국 군함이 조선에 출항함	방곡금 수취의 곤란
집정관 및 배하(配下)	오호, 실로 괴이하도다

10 구보타 베이센(1852~1906) : 교토 출신의 화가로서 『교토일일신문(京都日日新聞)』에 삽화를 그렸고, 잡지의 편집에도 관여했다. 교토 미술계의 진흥을 위해 회화학교 설립에 노력했으며 파리만국박람회에서 금상을 수상하기도 했다. 이후 도쿄의 『국민신문(國民新聞)』에 입사했으며, 청일전쟁에 종군하면서 그림 기사를 남겼다. 1900년에 시력을 상실한 후로는 하이쿠(俳句) 및 평론활동에 종사했다.

제목	제목
대원군을 방문하다	신화폐 주조사업의 장애
원세개를 방문하다	지나상인의 기선(汽船) 매입
북한산행	방곡 제1회 상금의 완제(完濟)
남한산의 탐풍(探風)	대삼륜회변(大三輪會弁)의 진퇴
사대당의 발호(원세개의 내응(內應))	경성・인천 간의 겁적(刦賊)
민중(閔中)의 이종(異種)(질시반목)	조선의 당파 종별 및 성질
동학당의 동정 (항간에 떠도는 말)	한정(韓廷) 및 방곡 상금에 이의를 제기
일한교제의 현황 (식자가 경성(警省)할 부분)	민가(閔家) 크게 분열하다
국왕의 관병식(고풍의연)	조선정부 상하이에 영사관을 세우다
영의정 심순택(沈舜澤)(사표를 내다)	부산항의 상황(商況)
장영사 한규설(韓奎高)(면직당하다)	전라・경상 양도 연안의 어업

370) 조선론朝鮮論

저자	오바 간이치(大庭寬一)	출판연월	1896년 7월
판형	국판	페이지 수	273쪽
발행처	도쿄 동방협회(東邦協会)	소장처	架藏

저자는 도쿄제국대학 법과대학을 졸업하고 한국정부 내부고문으로 한국에 건너갔다. 이후 아이치현 지사를 거쳐 1910년 10월 초대 경성부윤이 되었다. 경성부의 기틀을 닦는 일에 종사했으며 1912년 4월에 퇴관退官했다.

과거의 조선을 알지 못하는 자는 마찬가지로 지금의 조선도 논하지 못할 것이다.

(…중략…) 이번 개혁이 또다시 과거의 전철을 밟아서는 안 된다. 편자가 과거의 조선을 순서대로 논하는 것에 힘을 쏟고, 독자에게 오늘날의 조선을 자세히 알려서 장래의 형세를 단정하는데 충분한 참고자료를 제공하려는 까닭이다. (…중략…) 편자는 조선에서 지내면서 사실 조사에 가장 큰 노력을 기울였는데, 그 논거를 분명히 제시하기 위해 하나하나 사례와 해설을 기재한다. 서언

〈목차〉

장	제목	장	제목	장	제목
제1장	총론		부담	제3장	국교론
제2장	국력론		재정	제4장	외교론
	유민(遊民)과 업민(業民)		형문(形文) 인습	제5장	결론

371) 조선혁신책朝鮮革新策 – 일명 일청개전론一名 日清開戰論

저자	가와사키 사부로(川崎三郎)	출판연월	1904년 8월
판형	46판	페이지 수	178쪽
발행처	도쿄 박문관(博文館)	소장처	架藏

가와사키 사부로의 호는 자산紫山으로 이바라키현 사람이다. 일찍부터 미토水戸의 유학자 구리타 히로시栗田寬,[11] 나이토 지소内藤耻叟[12]에게 사사하여 사적史籍을 배웠고, 국권주의를 표방한 『경세신보經世新報』를 발간하여 그 주필이

11 구리타 히로시(1835~1899) : 미토번(水戸藩)의 역사편찬기관 쇼코칸(彰考館)을 이끌었던 국학자, 역사학자다. 『대일본사(大日本史)』의 집필에 관여했으며, 도쿄제국대학 교수를 지냈다.

12 나이토 지소(1827~1903) : 미토번의 코도칸(弘道館)에서 공부했으며, 도쿄제국대학에서 역사, 문학, 법제 등을 가르쳤다.

되었다. 후에 스즈키 덴간鈴木天眼[13] 등과 잡지 『활세계活世界』를 발행했으나 언론기휘忌諱에 저촉되어 발행금지처분을 받았다. 이어서 『주오신문中央新聞』, 『시나노마이니치信濃每日』의 주필을 지냈다. 이때 청나라와 한국 땅을 두루 돌아다녔다. 1899년 제국당 창립에 참가하여 상의원常議員이 되었다. 박문관에 초빙되어 계몽적인 도서를 출판했는데, 『신선 지나국사新選支那國史』, 『보신전사戊辰戰史』, 『일청전사日淸戰史』, 『세이난전사西南戰史』 등 많은 저서를 남겼다. 『조선혁신책』은 나중에 재판이 출간되었다.

第三版
紫山川崎三郎著
朝鮮革新策 全
一名 日清開戰論
東京 博文館藏版

동학당의 변이 일어나니 일본도 병사를 보내고 청도 병사를 보냈다. 일본은 출병하면서 거류민을 보호한다는 명목을 내세웠고, 청은 조선정부의 요청에 응하여 내란을 진정시키기 위해서라고 했다. 양국의 출병은 조선의 혁신을 재촉하는 결과를 가져오지 못했지만, 이들은 멈추지 않았다. (…중략…) 오늘날은 조선의 혁신을 단행할 기회가 될 것이다. 4쪽

〈목차〉

제목	제목
조선혁신의 기(機)	기회
위치	일본과 청의 관계

13 스즈키 덴간(1867~1926) : 국수주의 계열의 저널리스트로서 나가사키(長崎)에서 『동양히노데신문(東洋日の出新聞)』 등을 창간했으며 중의원 의원을 지냈다.

제목	제목
청, 러시아, 영국의 대한책(對韓策)	일본과 러시아·영국의 관계
일본의 대책	일청러영의 동양 병력
러시아의 진취와 우리 국방의 관계	일청개전론
조선혁신책	성단(聖斷)
일본제국의 일대 천직, 「아세아전도」를 붙이고 말미의 일청개전론에서 전략의 대요를 서술함	

372) 대한사의對韓私議

저자	다나카 호즈미(田中穗積)	출판연월	1899년 7월
판형	국판	페이지 수	160쪽
발행처	도쿄 명법당(明法堂)	소장처	架藏

저자는 1876년 2월 나가노에서 태어났고 호는 중주中洲다. 1896년 와세다대학의 전신 도쿄전문학교 정치과를 졸업하고 1900년 『요미우리신문読売新聞』에 들어갔다. 1902년부터 구미에 유학했다. 귀국한 후 와세다대학 교수가 되었고 훗날 대학 총장이 되었다. 1910년 1월 법학박사 학위를 받았다. 저서로 『공채요론』, 『재무론』, 『생활문제와 농촌문제』, 『탈제정리론脫制整理論』을 비롯하여 다수의 논저가 있다. 이 책은 『요미우리신문』 입사 전에 쓴 것이다.

펜을 잡은 지 겨우 10일, 바로 가슴속 생각을 파헤쳐 평생의 사견을 쓴다. 물론 조선문제론을 끝낸다고 맺힌 것이 없어진다고 하지는 못할 것이다. 하물며 내 발은 아직 한 번도 한국 땅을 밟지 못했으니, 논하고자 하는 바나 사실에 어두운 부분이 있을 것이다. (…중략…) 오늘날 동아의 천지는 서구 열강의 각축장이 되어 방대한 노老제국의 운명이 바야흐로 정해지고자 하는 때에 이르렀으니, 우리 외교상의 선결문제인 조선 문제가 자칫하면 사람들로부터 등한시될 것이다. 이것이 좁은 견문과 재능이 없음을 돌아보지 않고 감히 길을 닦는 임무를 맡은 연유다.자서

〈목차〉

<table>
<tr><th colspan="2">제목</th><th colspan="2">제목</th><th colspan="2">제목</th></tr>
<tr><td>제1</td><td>서론(緖論)</td><td rowspan="2"></td><td>경제적 능력</td><td>제4</td><td>러시아의 대한정책</td></tr>
<tr><td rowspan="3">제2</td><td>조선의 운명</td><td>상무적 기상</td><td>제5</td><td>러시아 미래의 대한정책</td></tr>
<tr><td>국가적 개념</td><td rowspan="2">제3</td><td>조선에 있어서
열국의 관계</td><td>제6</td><td>우리나라의 대한정책</td></tr>
<tr><td>정치적 사상</td><td>프랑스・독일・영국</td><td>제7</td><td>결론</td></tr>
</table>

373) 대한의견對韓意見

저자	아다치 겐조(安達謙藏)	출판연월	1905년 1월
판형	국판	페이지 수	62쪽
발행처	도쿄 저자	소장처	架藏

저자 아다치 겐조는 1864년 구마모토에서 태어났으며, 구마모토 세세코済々黌[14]에서 배운 이후 삿사 도모후사佐々友房[15]에게 사사하고 그가 통솔하는 구마모토 국권당에 들어갔다. 이후 스승과 함께 한국으로 건너가 『조

선시보』 및 『한성신보』를 창립하여 활약했으나, 민비사건에 연좌되어 귀국했다. 중앙정계에 뜻을 두어 국민협회, 대동구락부, 중앙구락부, 입헌민정당의 중심인물이 되었다. 1931년 국민동맹을 조직하고 그 총재가 되었다. 각료에 여러 차례 참여한 정계의 중진으로 알려져 있다.

이 책은 저자가 러일전쟁 이후 조선 경영에 대한 의견을 쓰고 사가판으로 조야에 배포한 듯하다. 저자장판藏版 비매품이다. 권두에 1904년 12월 10일 탈고라고 적혀있으며, 다음 해 1월 간행되었다.

〈목차〉

	제목		제목
1	총론	9	농업경영
2	의정서 및 협약서	10	어업, 목축, 제염, 광업 및 식림
3	군사적 설비	11	한국의 3대 사업, 치수・토지조사・도량형 제정
4	교통기관의 완성	12	화폐제도와 일한은행
5	고문관	13	영사관의 위치 및 신축
6	자치기관과 경찰권의 확장	14	한국민심의 수람책(收攬策)
7	복심(覆審)재판소의 설립 및 퇴한령(退韓令)의 폐지	15	결론
8	교육과 위생		

14 세세코: 구마모토현 사족(士族)이었던 삿사 도모후사(佐々友房, 1854~1906)가 1879년에 '황실중심, 국가주의'를 건학정신으로 내걸고 설립한 '동심학사(同心學舍)'의 후신이다. 1882년에 발족했으며 구마모토의 보수 본류로서 교육계, 정계, 언론계의 많은 인물을 배출했다. 현재는 구마모토현립 세세코고등학교다.

15 삿사 도모후사(1854~1906): 구마모토 출신의 교육자, 언론인, 정치가다. 세이난전쟁(西南戰爭, 1877)에 구마모토 부대로 참전했다가 감옥에 수감되었다. 1879년에 출옥하여 곧장 동심학사를 설립했으며, 1888년에는 세세코부속여학교를 개교했다. 정치결사 자명회(紫溟會)를 결성했고 『규슈일일신문(九州日日新聞)』의 사장을 역임하기도 했다. 구마모토국권당을 조직했으며 동아동문회에도 깊이 관여하면서 쑨원, 위안스카이, 흥선대원군 등과 교섭했다.

374) 한국경영韓國經營

저자	가토 마사노스케(加藤政之助)	출판연월	1905년 8월
판형	국판	페이지 수	190쪽
발행처	도쿄 실업지일본사(實業之日本社)	소장처	도쿄경제대학

저자는 사이타마 사람으로 호는 성양城陽이다. 게이오의숙慶応義塾에서 배우고 후쿠자와 유키치福沢諭吉[16]의 『민간잡지』 편집에 종사했다. 이후 『홋카이도신문』 주필, 『오사카신보』 주간, 『보지신문報知新聞』 기자 등을 거쳐 동양척식주식회사 설립위원이 되었다. 중의원 의원에 여러 번 당선되었다. 구미 각국에 유람하며 『개진론改進論』, 『서양혈탐西洋穴探』1880, 『만주처분』1905 등을 저술하였다.

> 나는 일찍이 한국경영의 의견을 품고, 일청전쟁 후부터 누차 그 필요를 주창해왔다. (…중략…) 때마침 경부철도 개통식이 거행되어 그 기회를 이용하여 처음의 뜻을 이루고자 하니 (…중략…) 경성에 머무른 약 2주일 동안 한국의 수상 이하 대관 두어 명을 만나 그 소견을 듣고, 또한 재야의 한인 및 재류일본인 등을 접견하여 중앙지방 정치를 비롯한 농상공업 및 인정·풍속·교육 등에 이르기까지, 모든 힘을 다해 이를 조사하였다.서

〈목차〉

제목	제목	제목
총론	제실(帝室) 및 정부조직	일본인 거류지
인정·풍속 및 관습	통화(通貨)	대신과의 회견
교육	한제(韓帝) 및 양반	잡건(雜件)

16 후쿠자와 유키치(1835~1901) : 일본을 대표하는 계몽사상가이자 「탈아론」의 저자로서 유명하다.

제목	제목	제목
총론	제실(帝室) 및 정부조직	일본인 거류지
지방자치	한국의 사업	결론
인민의 생활	경성	부도(附圖), 사진 등

375) 최근의 한국最近の韓國

저자	마쓰미야 슌이치로(松宮春一郎)	출판연월	1905년 12월
판형	국판	페이지 수	319쪽
발행처	도쿄 와세다대학출판부	소장처	舊藏

저자는 와세다대학 교수로 외교사를 전공했다.

자료 대부분은 일한 및 구미의 신문이나 내가 직접 견문한 곳에서 얻었다. 몇몇 장은 앞서 외교시보에 게재했던 것으로 약간의 수정을 가해 수록했다. (…중략…) 이 책의 제목인 '최근의 한국'은 부르기 편하게 붙인 것이다. 엄정한 의미에서는 '일러전쟁 중 한국의 제문제'라 하는 것이 적절하다고 생각한다.서

〈목차〉

장	제목	장	제목
제1장	일러전쟁의 개시	제16장	한국민의 보호
제2장	일러개전 전후의 한국	제17장	고문정치의 진행
제3장	일한의정서의 정립	제18장	군정의 개혁
제4장	일한대사의 왕래	제19장	한국통신기관의 위탁
제5장	한궁 신왕성의 화재	제20장	일한 황족의 왕래
제6장	압록강 승리의 여향(餘響)	제21장	한국 하천 연안의 항행(航行) 자유

장	제목	장	제목
제7장	배(排) 일본의 통문	제22장	이권 계약의 무효
제8장	관전객 일행의 한국 황제 알현	제23장	정치단체의 웅약(雄躍)
제9장	황무지개간 사건	제24장	한국 내각의 전변(轉變)
제10장	시정 개선의 상막(床幕)	제25장	철도의 부설
제11장	대동구락부의 설립	제26장	재정의 정리
제12장	하세가와(長谷川) 대장[17]의 주한	제27장	경제적 경영
제13장	경성의 미국인 기업	제28장	교육의 현재 및 장래
제14장	한국 황태자비의 홍거(薨去)	제29장	한인의 생활문제
제15장	군정시행 및 군사경찰	제30장	강화(講和) 성립 전후의 한국
		제31장	한국의 지위

17 일본의 육군으로서 한국주차군사령관, 참모총장, 제2대 조선총독을 지낸 하세가와 요시미치(長谷川好道, 1850~1924)를 말한다.

2. 사정일반

376) 조선사정朝鮮事情 1집 상 · 하

저자	소메자키 노부후사(染崎延房)	출판연월	1874년 3월
판형	국판 화장(和裝)	페이지 수	각 권 25여 장
발행처	도쿄 조지야(丁字屋) · 오시마야(大島屋)	소장처	架藏

저자는 에도의 극작가 소메자키 슌스이染崎春水로 이름은 노부후사, 아명은 하치로八郞라고 하며 쓰시마對馬島번의 시타야시키下屋敷에서 태어났다. 성장한 후로는 다메나가 슌스이為永春水[18] 밑에 들어가 다메나가 슌소春笑의 이름을 받았고, 이후 스승의 호를 따라 2세 다메나가 슌스이로 칭했다. 1876년 도쿄에이리絵入り 신문사에 들어가 편집을 담당했고, 1886년 봄 69세의 나이로 세상을 떠났다. 창작 저서 『북설미담北雪美談』, 『시대경時代鏡』, 『근세기문近世紀聞』 등이 큰 호평을 받았다.

---

18 다메나가 슌스이(1790~1844) : 에도시대 후기의 유명한 통속소설 작가. 그의 작품은 많은 인기를 끌었지만, 1841년 내용이 음란하다는 이유로 50일간 양손에 수갑을 찬 채 자택에서 근신하는 형벌을 받은 이후 심한 신경증을 앓았다.

나는 그 나라 상관象官에게 전국의 그림 한 장을 모사하게 해서 소중히 간직해왔다. 서점들이 이에 관해 들었는지 여러 차례 나에게 그림을 부탁했다. 굳이 사양할 수도 없으니 요구를 받아들여 이를 인쇄하기에 이르렀다. 또한 치밀함을 위해 부록 한 편을 엮어 달라고 청하였다. 이에 전 쓰시마의 역관 오다小田 아무개가 쓴 『상서기문象胥紀聞』과 그 외 여러 책자를 발췌하여 부록으로 삼고 '조선사정'이라는 제목을 붙였다. 편자 식(識)

위에 따르면 이 책은 편자가 소장한 조선지도를 설명하기 위해 간행된 것이다. 소메자키 노부후사가 말하는 '전국의 그림'이라는 것은 『조선국세견전도朝鮮國細見全圖』1873, 하권 지도 1번 항목 참조를 가리키며, 그림의 아래 여백에 별지를 첨부하여 경위經緯, 도리道里 등을 기록했다. 마지막 부분에는 "부록 한 편을 작성하여 풍속의 다른 부분을 상세히 기재하고 방훈傍訓을 달아 그림을 묘사한다. 어린아이도 이것을 보면 금세 그 나라 사정을 알게 될 것이다. 서명書名을 왼편에 달아둔다. 조선사정, 제1집 2권, 메이지6년1873 11월 길일"편자 식이라고 적혀있다. 소메자키가 서점의 수요에 응해 『조선국세견전도』를 출판하고, 그 지도의 설명을 위해 『조선사정』을 간행했음을 알 수 있다. 즉 이 책은 오히려 지도의 부록으로 출판된 것이다.

또한 하권 말미에 "제1집은 이미 분량이 정해져 있어서 많은 것을 담지 못했다. 제2집을 엮어 가까운 시일 내에 출판할 것"이라고 적혀있으나, 2집 2권의 속간은 확인되지 않는다.

〈목차〉

제목		제목	
상권		하권	
제1	역세(歷世)	제4	도리 2
제2	조의(朝儀)(附 경속정령(京俗政令))	제5	절기
제3	도리(道里) 1(附 호수, 전록(田祿))	제6	복색(附 수도구(手道具))
		제7	인물

377) 조선문견록朝鮮聞見錄 상 · 하권2책

저자	사다 하쿠보(佐田白茅)	출판연월	1875년 3월
판형	국판 화장(和裝)	페이지 수	각 권 30쪽
발행처	충분의방루 장판(忠芬義芳樓藏版)	소장처	架藏

사다 하쿠보의 이름은 나오히로直寬, 소이치로素一郎이며 통칭 간보間放라 부른다. 구루메久留米의 번사로 아버지 또한 천하에 뜻이 있었다. 하쿠보는 메이지 유신 초기 군무관 판사보判事補가 되어 많은 국사를 맡아 보았으나, 1869년 군무관이 폐지된 이후에는 외무성에 출사했다. 때마침 대한對韓 문제가 중요해지자 하쿠보는 사와 외무경[19]의 명을 받고 1869년 12월 모리야마 시게루森山茂[20]

19 사와 노부요시(澤宣嘉, 1836~1873) : 존황양이파로서 미일수호통상조약 체결에 반대했으며 이쿠노의 변(生野の変)을 일으키기도 했다. 각지를 전전하다 1867년 관직에 복귀했으며 1869년 초대 외무경이 되어 조약개정 교섭의 발판을 놓았다.

20 모리야마 시게루(1842~1919) : 효고(兵庫)의 재판소에서 근무하다가 1869년부터 외무성에 출사

등과 함께 한국 부산으로 떠나 한국 측과 수교를 시도하였으나 순조롭지 못했다. 다음 해 3월 귀국하여 보고서를 올렸다. 이 책은 표제 그대로 하쿠보의 조선 견문기로서 상권 '교제交際'의 조목에 대한對韓 담판의 개요가 기록되어 있다. 이 책은 『정한평론征韓評論』1875.3과 동시에 간행되었고 장정裝訂도 동일하다. 1개월 후인 1875년 4월 가라후토樺太·지시마千島 처분 문제에 관한 여론을 기록한 『가라후토 평론樺太評論』을 냈으며, 1903년에는 『정한론의 구 몽담征韓論の舊夢談』상권 118번 항목 참조을 출간했다. 그 외 『정한평론』, 『일청관진日淸貫珍』, 『극론개화極論開化』, 『근세문체近世文體』 등을 썼으며, 『명예신지名譽新誌』, 『전기잡지傳記雜誌』, 『메이지 시문明治詩文』 등을 편집, 발행했다.

〈목차〉

제목	제목
(상권)	(하권)
교제	무비
관	형벌
혼	산천
상	호적
제	저축(儲蓄)
잡지(雜誌)	흠승(欽承)
조선 약도	관제

했다. 조선을 조사하기 위해 쓰시마와 부산에 출장을 다녔으며, 1870년에는 조선에 파견되어 수교를 추진했지만 쓰시마 측 인사 이외에는 참여가 거부당했기에 귀국했다. 이후로도 여러 번 조선에 건너가 각종 교섭을 담당했고, 조일수호조약 체결에도 참가했다.

378) 계림사략鷄林事略 초편 1 · 2권3책

저자	세와키 히사토(瀨脇寿人輯) 하야시 신조(林深造)	출판연월	1876년 4월
판형	국판 화장(和裝)	페이지 수	각 권 40쪽
발행처	도쿄 영불서림(英佛書林)	소장처	架藏

세와키 히사토는 난영蘭英학자로서 원래 이름은 데즈카 리쓰조手塚律蔵다. 하기萩 번사의 집안에 태어나 나가사키에 유학, 다카시마 슈한高島秋帆[21]에게 난서蘭書를 배웠다. 페리[22]가 내항했을 때 막부에 출사하여 외국 담당자가 되었다. 고향에 난학숙蘭學塾을 열고 제자를 가르쳤으며, 이후 영서를 독학했다. 지사들과 널리 교류하였으나 국수주의자들의 박해를 받아 번을 떠나 세와키 히사토로 이름을 바꾸었고 사쿠라佐倉 번사가 되었다. 메이지유신 후에는 가이세이조開成所[23]의 교관이 되었고 외무

---

21 다카시마 슈한(1798~1866) : 다카시마류 포술(砲術)의 창시자. 데지마(出島)의 네덜란드 사람들을 통해 서양의 포술을 배웠고, 사비로 총기 등을 마련하여 독자적인 포술을 개발했다. 아편전쟁 이후 막부에 화포의 근대화를 건의하는 상서를 올렸으며, 일본에서 처음으로 서양식 포술 및 진영에 관한 훈련을 행했다.

22 매슈 캘브레이드 페리(Matthew Calbraith Perry, 1794~1858) : 미국의 함대사령관으로서 1853년 7월 미국 대통령 밀러드 필모어의 친서를 휴대하고 일본 우라가(浦賀)에 입항하여 개항을 요구했다. 1854년 3월 미일화친조약을 성사시켰다.

23 가이세이조: 1863년에 설립된 서양 학문의 교육 · 연구기관이다. 서구식 학칙을 제정했으며, 네덜란드어, 영어, 프랑스어, 독일어, 러시아어 등을 비롯하여 천문 · 지리 · 궁리 · 수학 · 물산 · 화학 · 기계 · 활자 등의 과목을 가르쳤다.

성에 출사해 1875년 무역사무관으로서 블라디보스토크에서 근무했다. 1878년 59세의 나이로 병사했다.

공동 편집자 하야시 신조에 대해서는 명확하지 않으나, 가가와현 사족으로 글을 잘 쓰고 통역에도 능했다고 전해진다. 2권 후서에 다음과 같이 쓰여있다.

> 최근 히사토 선생과 나는 함께 조선의 서적을 살폈고, 대강의 정사 풍속의 요要를 알게 되었다. 마침 도쿄에 온 조선인 김 씨를 만나서 더욱 생생한 이야기를 들을 수 있었다. 그리하여 히사토 선생이 최근 조선에 체재하며 친히 견문한 바를 덧붙여 우선 초편 두 권을 집록하였다. 초편에서는 오늘날 조선에 일어나고 있는 일들과 법률을 다루었다. 그 뒤에 양국 교제에 일조할 수 있도록 이에 관계되는 것들을 다수 기재하고 지명, 관명 등은 김 씨에게 질문하여 방훈傍訓을 달아 실용적 편익을 꾀하였다. 그러나 이 작은 소책자에 조선의 정치와 제도, 풍속을 빠짐없이 기재할 수는 없다. 그저 독자에게 만에 하나만이라도 알리고자 할 뿐이다.후서

'김 씨'는 김인승金麟昇을 가리키며 함경도 경흥부 사람이다. 히사토가 블라디보스토크에 있을 때 그곳에서 교류하였고 히사토의 주선으로 도쿄에 머물면서 하야시 신조에게 조선의 사정을 소개하고 질문에 대답해주었다고 한다. 이 책에 한문으로 자필 서序를 남겼다. 또한 권두에는 쇼키쿠松菊 기도 다카요시木戶孝允[24]가 '계림사략'이라는 묵서를 남겼다.

---

24 기도 다카요시(1833~1877) : 메이지유신을 주도한 인물로서 오쿠보 도시미치(大久保利通), 사이고 다카모리(西郷隆盛)와 함께 '유신삼걸'로 불린다. 메이지유신의 기본방침을 선언한 '5개조의 서문'의 기초와

〈목차〉

제목		제목	
1권	전국의 위치	2권	병제
	도서(島嶼)		시취(試取)
	산천		병선(兵船)
	기후		성보(城堡)
	지미(地味)		군기 군장
	산물		경급(警急)
	국군도성(國郡都城)(附 호수)		봉화
	역참 도로 교량		연병
	정강(政綱)		시위(侍衛) 입직(入直) 행순(行巡)(附 문폐(門閉))
	문학과 언어 문자		부신(符信)
	풍속		병적(兵籍)
	자원 화폐		면역(免役)
	도량형		구휼 휴가
	양전(量田)		유방(留防)
	이정(里程)		포폄(褒貶)
			군형
			역마 목장

379) 조선사정朝鮮事情 – 원명 고려사략原名 高麗史略

저자	샤를 달레 에노모토 다케아키(榎本武揚) 重譯	출판연월	1876년 7월 1882년 재판
판형	46판	페이지 수	138쪽
발행처	도쿄 마루야 젠시치(丸屋善七)	소장처	架藏

프랑스 선교사 샤를 달레는 로마 교황의 뜻에 따라 조선에 오래 머물렀

감수를 맡았고, 판적봉환(版籍奉還), 폐번치현(廢藩置県) 등 주요한 정책을 이끌었다.

고 1874년 휴가로 귀국 중에 책 하나를 공개했다. 곧 Charles Dallet, *Histoire de l'église de Corée. 2 tome* Paris, 1874.『조선교회사』 2권1875으로 달레는 이를 교황에게 보고했다. 번역서 『조선사정』은 이 책의 서론緖論만을 발췌, 번역한 것으로 서론 15편 중 정치, 경제, 풍토, 민정 등 13편을 선별하고, 또한 교도 박해사건에 관한 외교사건의 대요를 제2권 4장, 5장에서 초역하여 『조선사정』이라고 제목 붙였다. 이 책을 번역, 간행한 경위는 아래와 같다.

> 처음 하나부사花房 서기관이 이 책이 있음을 듣고 내게 알려주었다. 급히 파리에 가서 이를 얻었으니 바로 지난겨울 12월 하순이었다. (…중략…) 한 편을 마칠 때마다 나는 즉각 이를 우리말로 번역하여 소리내어 읽었고 하나부사가 붓을 들어 이를 기록하였다. 매일 오후 4시간을 일과로 정하고 작업했다. 그리하여 12월 31일에 초안을 잡았고 1월 15일에 이르러 번역을 완성하였다.서

에노모토 다케아키는 정치가로 통칭 가마지로釜次郞, 호는 양천梁川이다. 어린 시절 쇼헤이코昌平黌[25]에서 공부했으며, 1853년 나가사키에 유학하면

25　쇼헤이코 : 에도막부 직할의 학교다. 막부의 문교를 담당했던 하야시(林) 가문의 사숙이었으나 18세기 말부터 실질적인 관학의 역할을 담당했다. 메이지유신 이후 쇼헤이학교가 되었고 1869년에는 대학교로

서 네덜란드인에게 기관학, 항해학을 배웠다. 후에 네덜란드로 유학을 명받았고 1866년에 귀국했다. 메이지유신 당시에는 하코다테函館 고료카쿠五稜郭에서 관군에 대적하여 수년간 하옥되었다. 사면 이후 1872년 개척사로 임명되었고, 1874년 1월 특명전권공사로서 러시아 재근을 명령받았다. 이 책은 그사이에 쓰인 것이다. 이후 주청駐清 전권공사를 겸임하면서 농상무, 체신, 문부, 외무의 각 대신을 거쳐 추밀원 고문관이 되었으나 1908년 10월, 73세의 나이로 타계하였다. 폼페Pompe van Meerdervoott는 네덜란드 해군의 군의로서 에노모토 다케아키의 초빙을 받아 1875년부터 1877년까지 러시아 도시 페트로그라드에서 오야토이 의사御雇醫[26]로 근무했다. 이때 폼페가 『조선사정』의 원문을 프랑스어에서 네덜란드어로 번역하였고, 에노모토가 네덜란드어를 일본어로 번역했다. 이른바 중역重譯이다. 폼페는 이보다 앞서 1857년부터 1862년까지 오야토이 의사로서 나가사키 데지마出島에서 일본인에게 서양 의술을 전수했다. 폼페는 귀국 후 『일본에서의 5년』 전 2권1863, 『일본 및 그 주민론』1868 등의 책을 저술했다. 1882년에 『조선사정』 재판이 나왔다. 출판사가 집성관集成館으로 변경되었으나 내용은 그대로다382번 항목 참고.

〈목차〉

편	제목	편	제목	편	제목
제1편	지리	제7편	계급	제12편	인민의 성질
	지질		학교		선행
	기후		(한국어에 관한 기술로 중요하지 않아 생략)		외행(猥行)

개칭했으나 1871년에 폐지되었다.

26 관청에 고용된 의사를 말한다.

편	제목	편	제목	편	제목
	물산	제8편	인민		습속
제2편	역사		사회	제13편	유희
	지나부용(支那附庸) 등		종족		극장
제3편	왕실	제9편	부녀의 상태		신년
제4편	정부		혼인		환력제
	정치	제10편	가족		1866년 프랑스 정한(征韓)출사의 근원
	병제		양자		프랑스 정한출사
제5편	법률 및 재판소		친족(戚族) 등		미국 정한출사
		제11편	교법(教法)		영불동맹의 베이징 함락에 관한 소식
제6편	학술검사		교도 등		

380) 조선근황기문朝鮮近況紀聞

저자		출판연월	1876년
판형	수진(袖珍)판	페이지 수	55쪽
발행처	도쿄 육군참모국	소장처	架藏

이 책은 군사용으로 편집되었던 것으로 포켓판 편람便覽이다. 간행연도가 빠져있으나 본서의 부도附圖로 출판된 육군문고판 『조선전도朝鮮全圖』1875로 추정해보면 1876년 무렵의 판본으로 여겨진다. 권말에 각종 통계 7장이 삽입되었다.

〈목차〉

제목	제목	제목	
위치	인정풍속	부록	조선국 각 관리구역의 석고(石高)·호수·물리 약표
분계(分界)	학교 및 진사급제		팔도 각관 일람표
도로	인민, 신교 및 불사(佛寺)		조선국 오위병비표

제목	제목	제목	
역참	지리지(誌)		조선국 제관 녹봉표
산하	외국인 내지행		조선국 팔도 육군병비표
병제	의약		조선국 팔도 수군병비표
오곡과 새, 짐승 및 기타 음식물	온천		조선국 팔도 각지 병선(兵船)표
광산 물산 및 교역	인재		
기후	형률		

381) 통속신편 조선사정通俗新編 朝鮮事情 상편

저자	아키노 요이치로(秋野要一郎)	출판연월	1880년 8월
판형	46판 화장(和裝)	페이지 수	7정(丁)
발행처	도쿄 풍뢰사(風賴舍)	소장처	

당시 『마이니치신문』의 조선통신기사를 발췌・수록한 것이다. 조선사정을 소개하는 통속적인 글로써, 강화조약 체결에 따라 통신사 김홍집이 방문한 시기를 노려 발매한 이른바 경품 출판물이다.

상편이라고 되어 있으나 다음 편 이하의 발행은 불명이다.

> 이 책은 조선국의 지세, 인정, 풍속, 문자 등부터 이번 수신사 방문의 연유까지 읽기 쉽게 기록한 것이다. 범례

〈목차〉

제목	
제1	지세, 풍속, 대강의 역사
제2	성곽, 관위(官衛)
제3	육해군

제목	
제4	인물
제5	가옥

382) 조선사정朝鮮事情 – 원명 고려사략原名 高麗史略

저자	샤를 달레 에노모토 다케아키(榎本武揚) 重譯	출판연월	1882년 8월
판형	46판	페이지 수	122쪽
발행처	도쿄 집성관(集成館)	소장처	架藏

1876년 판379번 항목 참조의 재판이다. 초판은 138쪽이었으나 재판은 공란과 행간을 줄여 122쪽이 되었다. 발행처가 마루야 젠시치에서 집성관으로 변경되었고 장정에도 다소의 수정을 가했으나 내용은 달라지지 않았다. 초판과 재판에 모두 지도를 붙이지 않았던 점에 대해 권말에 다음과 같이 쓰고 있다.

자서自序에서 이 책에 좋은 지도 한 장을 부록으로 넣었다고 공공연히 말했다. 그러나 처음 간행할 때 지도를 싣지 않은 것은 최근 일본에 계림의 지도를 만드는 자가 있어서 세상에 퍼지면 곤란했기 때문이다. 당시에는 그와 같은 상황이었다. 오늘날에는 이미 그 그림을 파는 자가 적지 않으니 굳이 이 책에 새로 실을 필요가 없다. 단지 서문에서 지도에 관해 적은

것에 대한 독자의 의문을 풀기 위해 여기 그 연유를 적는다. 1882년 8월. 119쪽

383) 조선근정朝鮮近情

저자	네무라 구마고로(根村熊五郞)	출판연월	1882년 8월
판형	46판	페이지 수	58쪽
발행처	도쿄 우사기야 마코토(兎屋誠)	소장처	架藏

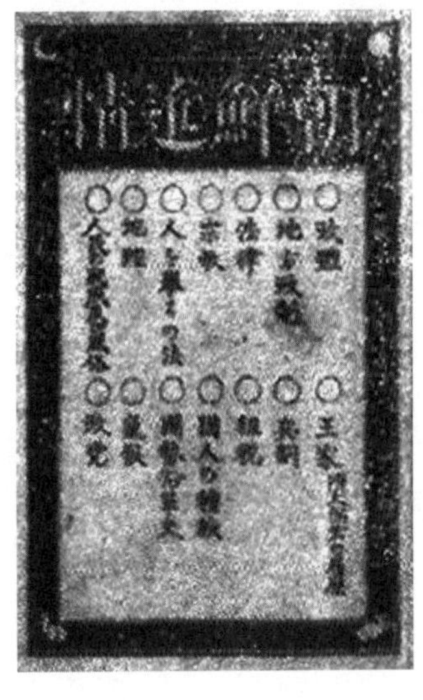

편자는 나가노현 사족이라는 것 이외에는 자세히 알려지지 않았다. 본문은 히라가나가 섞인 글이지만, 권두의 머리말은 한문으로 다음과 같이 적혀있다.

조선에 일어나고 있는 일들의 앞날을 예측할 수 없다. 그 사정을 아는 것이 오늘날의 급선무다. 여기 그 요점을 취합해 한 권의 책으로 만들어 살펴볼 수 있도록 했다. 그 나라의 국세와 민정, 재정, 외교 그리고 치란과 쇠퇴함의 소상한 내용에 관해서는 훗날 다른 책에서 저술하고 여기에는 싣지 않겠다. 따라서 이 책에서는 정치 제도의 개요, 풍토의 개략을 볼 수 있을 것이다. 소인

〈목차〉

제목	제목	제목
정체	조세	지리
왕가(附 대원군의 이력)	종교	기후
지방정제	국인의 종족	인민의 기풍 및 풍속
병제	사람을 뽑는 법	정당
법률	국세연혁사	

384) 병요조선사정兵要 朝鮮事情

저자	다카조 요시타카(高城義孝)	출판연월	1884년 10월
판형	46판	페이지 수	180쪽
발행처		소장처	架藏

이 책은 병요라는 표현에서 알 수 있듯이 군사상의 필요로 편술된 것이다. 판권장이 없어 편저자, 간행연도 등이 명확하지 않으나, 권두 '제언'에 1884년 10월이라는 날짜와 그 아래 "조선 경성에서"라고 적혀있다. 이어서 "보병대위 다카조 요시타카 식識"이라고 적혀있는 것을 보면 다카조 요시타카의 원고임이 분명하다.

요시타카가 1884년 4월에 조선행을 명 받아 급히 경성으로 출발할 때, 참모장이 요시타카에게 반드시 일지를 제작하여 조선의 사정을 기록하라고 지시했다. 이에 일지를 써서 병요에 관한 사정을 기록했다. 그리하여 주둔하는 동안 근무의 여가에 군정 병략에 필요한 사정들을 기록하였다. (…중략…) 보병소위 이와미쓰 나카타로岩満仲太郎 또한 이 일에 종사시켜서 함께 도와가며 책을 완성하고, '병요 조선사정'이라는 제목을 달았다. (…

중략…) 이 책에 어쩌면 불명확한 부분이 있을 수도 있다. 그러나 최대한 문화文華를 멀리하고 애써 정핵精覈에 따르고자 했다. 그저 장래 군정 병략에 참고가 되기를 바랄 뿐이다. 이 책이 일지보다 우수한 것이 된다면 다행이리라. 서언

〈목차〉

편	제목	편	제목	편	제목
제1편 지리	기후		논색(論色)		내무
	산물		의복		훈련
	성곽		음식		합계급여
제2편 제도 풍속	왕실		가옥 결구(結構)		무기
	정부·관아(公署)		관민이 어떻게 우리 일본인을 대우하는가		재판
	지방정치	제3편 병제	병과(兵種)		병원
	학제		병비 및 편제		병조대원사(兵曹大元師)
	형벌		징병법	제4편	(부록 생략)
	의(醫)		간부		
	종교		군기 및 풍기		

385) [조선사정朝鮮事情]

저자	다카야마 아쓰시(高山篤志)	출판연월	1884년 11월
판형	국판 화장(和裝)	페이지 수	26장
발행처	다카야마 기이치로(高山議一郎)	소장처	架藏

1882년 전후에 유학생으로 한국에 머물렀던 저자가 남긴 원고를 훗날 그 형인 다카야마 기이치로가 정리하여 출간한 것이다.

이 해제 사용본에는 표지, 판권장 등이 없어 책 제목을 확인할 수 없었

다. 그래서 [조선사정]이라고 가제를 붙였다.

이 책은 동생 아쓰시가 조선 유학 중에 채록한 것으로 아쓰시는 불행히도 병에 걸려 이역지귀異域之鬼가 되었다. (…중략…) 지금 그 원고를 모아보니 수십 권에 이르렀다. 이를 살펴보고 실로 슬픔을 견딜 수가 없었다. 이를 인쇄하여 오래 알고 지낸 친구에게 나누어주어서 아쓰시의 혼을 위로하고자 한다. 바라건대 지기知己 여러분, 즐겁게 일독하여 아쓰시가 귀국하여 이야기를 나누는 것과 다름없이 생각해준다면 그 생애의 뜻은 헛되지 않을 것이다. 다카야마 기이치로 부언(附言)

이 책 이외에도 『병요지지략兵要地誌略』, 『조선지지朝鮮地誌』 등도 인쇄할 예정이었다고 하나 간행 여부는 불분명하다.

〈목차〉

제목
왕통(王統)
경관(京官)
품위계급
외관
외무직(外武職)
제관 분록(頒祿)
팔도 군현 주부
폭원(幅員), 호구, 개항, 호시(互市), 국교, 도량, 권형(權衡), 전량(田量), 통화, 세입, 국산, 병원(兵員), 병선, 연혁
(부록) 운요호를 물리치다, 프랑스의 강화성 함락, 일본공사관 습격

386) 조선기문朝鮮紀聞

저자	스즈키 노부히토(鈴木信仁) 編	출판연월	1885년 5월 1894년 재판
판형	46판	페이지 수	190쪽
발행처	도쿄 애선사(愛善社)	소장처	架藏

이 책은 역사, 지리, 풍속, 인정의 대강을 기록한 것이다. 역사에 관한 부분은 오토리 게이스케大鳥圭介[27] 선생이 지학협회地學協會에서 연설한 것을 추렸고, 기타 지리, 풍속 등은 널리 여러 책에서 채집하였다. 또 직접 목격한 사람의 이야기를 참고로 이를 편찬했다. (…중략…) 여러 길 가운데 한 길만을 긴밀히 하고 다른 길은 소홀히 하는 것은 옳지 않을 것이다. 여기서는 일단 상세할 필요가 있는 바를 싣고, 빠진 부분에 관해서는 훗날 보완할 것을 기약한다. 예언

이 책 제2판은 1894년에 박문관에서 간행되었다392번 항목 참조.

〈목차〉

제목	제목	제목
역세	관제	복색
왕실	풍속	음식
예식	호적	제택(第宅)
사대(事大)	문예	산물

27 오토리 게이스케(1833~1911) : 메이지정부의 관리로서 미국, 영국 등에서 외채를 모집했으며, 공부대학교(工部大學校, 도쿄대학 공학부의 전신)의 초대 총장을 역임했다. 임오군란 및 갑신정변 당시 위안스카이와의 교섭을 담당했다. 일본 최초의 금속활자를 만들었으며, 온도계, 기구 등을 제작하는 등 다양한 방면에서 활약했다.

제목	제목	제목
지리	무비	금수(禽獸)
절서(節序)	형벌	농포(農圃)
인물	도량	잡문

387) 조선안내朝鮮案內

저자	하야시 다케이치(林武一) 編	출판연월	1891년 8월
판형	46판	페이지 수	113쪽
발행처	도쿄 쓰키지(築地) 활판제조소	소장처	架藏

편자 하야시 다케이치의 호는 송성松城이다. 스오周防 사람으로 하기성萩城 명륜관에서 한학을 배우고 후에 독일학교, 오사카공립영어학교에서 공부했다. 도쿄에 상경해 해군성에 봉직하고 1884년 2월 영국으로 출장을 갔다. 1888년 교제관 시보에 임명되었고 같은 해 7월 조선경성공사관 근무를 명 받아 부임했다. 1891년 10월 일시적으로 귀국하였다가 1893년 다시 조선으로 건너가던 도중 승선했던 배 이즈모마루出雲丸가 침몰하여 생각지 못한 죽음을 맞았다. 저서로는 이 책 외에 『화폐무역론』1887이 있다. 그는 사진가이기도 했는데 사후 미망인 가메코龜子에 의해 사진집 『조선국진경朝鮮國眞景』1893이 출판되었다388번 항목 참조.

『조선안내』는 그 후 저자의 간략한 전기와 초상을 더해 인천의 조선신보사朝鮮新報社에서 발매되었다.

〈목차〉

제목		제목
1. 조약	일본제국과 조선국의 고래 교제의	10. 경성 및 각 항

<table>
<tr><th colspan="2">제목</th><th colspan="2">제목</th></tr>
<tr><td rowspan="3"></td><td>간략한 연혁</td><td colspan="2"></td></tr>
<tr><td>일조조약 연월</td><td>부록</td><td>팔도 각지의 경성부터의 거리</td></tr>
<tr><td>조선국과 여러 외국의 조약 연월</td><td rowspan="9">부도</td><td>제국 기선 정기항해로</td></tr>
<tr><td colspan="2">2. 역년참고 이씨조선</td><td>경성도</td></tr>
<tr><td colspan="2">3. 토지호구 및 각지 거류 외국인원 표</td><td>경성부근도</td></tr>
<tr><td rowspan="2">4. 한서
(寒暑)</td><td>각지 한서표</td><td>인천항 경계도</td></tr>
<tr><td>경성기후경험표</td><td>원산항 경계도</td></tr>
<tr><td>5. 교통</td><td>조선 내지 역체(驛遞) 외</td><td>부산항 경계도</td></tr>
<tr><td colspan="2">6. 무역</td><td>남한산 여행도</td></tr>
<tr><td colspan="2">7. 산물</td><td>북한산 여행도</td></tr>
<tr><td colspan="2">8. 조선정부세입출</td><td>인천-경성간 수로(水路)도</td></tr>
<tr><td colspan="2">9. 잡건(雜件)</td><td colspan="2"></td></tr>
</table>

388) 조선국진경朝鮮國眞景

저자	하야시 가메코(林亀子) 編	출판연월	1892년 11월
판형	국판	페이지 수	85쪽 사진 80장
발행처	도쿄 하야시 가메코(林亀子)	소장처	架藏

이 책은 재조선경성공사관에 근무했던 하야시 다케이치『조선안내』의 저자, 387번 항목 참조 사후 미망인 가메코가 생전 촬영했던 조선의 풍물 사진 80장을 석판 인쇄하고, 한 장마다 설명을 붙여 책으로 만들어서 관계자에게 배포한 것이다. 오늘날 손에 넣기 어려운 자료가 많다. 권말의 편자 지誌에 다음과 같이 적혀있다.

남편은 사진회원으로 사진술을 좋아했다. 일찍이 조선 경성에 갔을 때 공무 중 여가에 사진기를 들고 한서寒暑를 불문, 산야를 활보하며 사진 120여 장을 촬영했다. 남편을 따라 조선 경성에 갔을 때 남편이 늘 사진학寫眞學에 뜻이 있음을 알았다. 지금 그 사진 중 일부를 골라 사진회원 오가와 잇신小川一真[28] 군과 상의해 사진 석판화로 만들어 널리 강호 제군의 열람에 이바지함으로써 조금이나마 남편의 유지를 잇고자 한다. 권말

[내용] 경희궁 진경 외 풍물, 풍경 사진 80장 및 해설.

389) 동방총서 조선휘보東邦叢書 朝鮮彙報

저자	동방협회	출판연월	1893년 11월 1894년 재판
판형	국판	페이지 수	335쪽
발행처	도쿄 야오서점(八尾書店)	소장처	架藏

동양 여러 나라 문제의 연구조사를 목적으로 1891년에 소에지마 다네오미副島種臣,[29] 스기우라 주고杉浦重剛[30] 등에 의해 설립된 동방협회는 그 조사

28 오가와 잇신(1860~1929) : 사이타마 출신으로 도쿄에 상경하여 토목공학을 배우던 중 사진에 흥미를 느껴 사진관을 열었다. 미국 보스턴에 건너가 현지 사진관에서 일하며 당시의 최신 기술을 배웠다. 귀국 이후 정부의 위촉을 받아 문화재 조사촬영에 대동했는데, 이를 계기로 어네스트 페놀로사(Ernest Francisco Fenollosa), 오카쿠라 덴신(岡倉天心)과 함께 작업하게 된다. 1910년 도쿄사진사조합을 조직하고 초대회장을 맡았다.

29 소에지마 다네오미(1828~1905) : 사가 출신으로 존황양이 운동에 참가했으며, 메이지유신 이후에는 정부 관리가 되어 청일수호통상조약 비준을 위해 청나라 황제를 알현하기도 했다. 외무경으로서 가라후토 국경 문제, 마리아루스호사건 등을 담당했다. 1873년의 정한론 정변으로 관리를 그만둔 뒤에는 '애국공당'을 설립하여 '민선의원설립건백서'를 제출했다. 그 후 중국에 건너가 리훙장 등과 교류를 맺었으며 '동방협회' 회장을 역임했다.

30 스기우라 주고(1855~1924) : 국수주의 사상가로서 메이지 천황의 어전 강연자 중 한 명이었으며, 어린

연구를 기관지 『동방협회보고』에 수록하여 발행했다. 『동방협회보고』는 1914년 통권 300호에 이르렀다. 『조선휘보』는 『동방협회보고』에 실린 기사 논설을 발췌하여 별책으로 간행한 것이다.

> 그 보고서의 기사, 혹은 논설 중에는 마땅히 이를 세상에 알려 뜻있는 자들에게 조금이라도 참고로 삼게 할 것이 적지 않다. 따라서 지금 이를 분류하고 수집, 기록하여 따로 책자를 만들어 뜻있는 자들과 함께 널리 이를 퍼뜨려 연구의 자료에 이바지하고자 한다. 출판의 이유

이 책과 동일한 총서 『지나휘보支那彙報』가 1894년에 간행되었다는 것을 부기한다.

〈목차〉

	제목
1	러시아 한국의 관계와 조선국 지도
2	조선론
3	조선 서안의 수로
4	조선탐험의 결과(가네다 나라타로(金田楢太郎))

쇼와천황에게 제왕학의 하나로 윤리를 강의하기도 했다. 영국에서 화학을 배웠으며 제1고등학교의 전신인 동대예비문(東大豫備門)의 교장을 역임했다. 『요미우리신문』과 『아사히신문』에 사설을 썼으며 잡지 『일본인』 및 신문 『일본』의 간행에 진력했다.

	제목
5	조선의 현세 및 일본과의 관계(스에나가 준이치로(末永純一郎))[31]
6	조선기행
7	조선북부기행 의주, 경흥(우메즈(梅津) 대위)[32]
8	조선의 외국무역 부록 어업의 경황(나카가와 고지로(中川恒次郎))
9	조선대원군 이하응을 기록함

390) 조선잡기朝鮮雜記

저자	여수거사(如囚居士)	출판연월	1894년 7월
판형	46판	페이지 수	188쪽
발행처	도쿄 춘상당(春祥堂)	소장처	架藏

여수거사如囚居士에 대해서는 자세히 알려진 바가 없다. 권두에 용음생龍吟生의 이름으로 쓰인 서序가 있다.

조선은 동양의 발칸반도라고 할 수 있으나 그 사회의 진상에 어두운 자가 열 중 일곱, 여덟이며, 득의양양하게 구운미우歐雲米雨의 풍정을 설하는 자가 오히려 가까운 계림의 광경은 모른다. (…중략…) 내 벗 여수거사는 이른바 만권의 책을 읽고 또한 천리의 길을 가는 자로, 정처 없이 팔도를 주유하며 본 것을 널리 탐구하여 『조선잡기』를 착안, 기발한 문필로 경묘히 그 땅의 사정을 상세히 서술하였다.서

31 스에나가 준이치로(1867~1913) : 후쿠오카 출신으로 도쿄제국대학에서 공부하고 신문 『일본』의 기자로 근무했다. 청일전쟁 종군기자로 많은 글을 썼다. 동방협회, 동아동문회 등에서 활동하면서 캉유웨이, 량치차오 등과 교류했다. 1905년 다롄에 건너가 『요동신보』를 창간했다.

32 오이타 출신으로 세세코(済々黌)를 졸업하고 육군사관학교를 나온 군인 우메즈 요시지로(梅津美治郎, 1882~1949)를 말한다. 1944년 7월 도조 히데키(東條英機)를 이어 참모총장을 역임했다. 일본의 패전 이후 극동국제군사재판에서 종신형 판결을 받고 복역하던 중 직장암으로 사망했다.

저자 여수거사는 천우협도天佑俠徒의 일원인 혼마 규스케本間九介[33]라는 설도 있다.

[목차] 조선사회, 풍속, 민정, 습관, 경제, 산업, 지방사정 등의 단편 잡기 151편을 엮은 것으로, 삽화를 배열한 행문편차行文編次는 없다.

391) 조선사정 닭의 장朝鮮事情 鷄の腸

저자	예천거사(睨天居士) 編	출판연월	1894년 7월
판형	국판	페이지 수	80쪽
발행처	도쿄 우메하라(梅原) 출장점	소장처	架藏

저자 예천거사睨天居士는 미에현 사람인 시미즈 기쓰로淸水橘郞다.

역사에 관한 부분은 오토리 게이스케 군이 지학협회에서 연설한 것을 추려 실었고, 정치, 풍속 등은 동방협회 회원들의 연설 혹은 담화 등에 의거했다. 그 외에는 에노모토 다케아키 군이 번역에 관계한 조선사정과 조선사, 고려사, 대통회전 등의 각 책을 참조하거나, 혹은 직접 동국인同國人으로부터 들은 것을 기술한 것이다. 제언

〈목차〉

제목	제목
역세	풍속

33 혼마 규스케(1869~1919) : 천우협, 흑룡회 등의 회원이었으며 『이륙신보(二六新報)』 특파원으로서 1893년 조선을 견문하고 『조선잡기』를 남겼다.

제목	제목
지리	교통
왕실	동식물
정치	잡문

392) 조선기문朝鮮紀聞

저자	스즈키 노부히토(鈴木信仁)	출판연월	1885년 5월 1894년 11월 재판
판형	46판	페이지 수	364쪽
발행처	도쿄 박문관(博文館)	소장처	架藏

이 책은 1894년의 재판이다초판은 386번 항목 참조. 초판이 190쪽인데 비해 재판에서는 364쪽으로 양이 늘었고, 내용도 크게 변경되었다. 발행소도 애선사에서 박문관으로 바뀌었다.

> 이 책 제1판은 1885년 세상에 공개되었다. 당시의 조사가 약간의 성긴 부분을 면하지 못하였으나, 다행히도 세상에 내놓았던 이래 몇 번인가 개찬하고 수정하여 지금은 기사가 구판의 거의 2배에 달한다. 지금은 실로 조선 사정 연구가 하루라도 급한 때다. 이에 다시 한번 인쇄하여 세상에 널리 퍼뜨린다.예언

〈목차〉

제목		제목	
조선국의 약사(略史)	고조선	재정	토지 조세 녹봉
	삼한		통화 및 도량형

제목		제목	
	삼국에서 고려까지	교육 및 문학	
	신조선	산업	농업
일한교통의 약사	삼한의 번속		상업
	다자이후(太宰府)의 방어		어업
	왜구의 표략(剽掠)		물산
	감합선(勘合船)의 왕래	풍속	관혼상제
	도요토미 히데요시의 출정		호적
	도쿠가와의 수교		의복
	메이지정부의 수교		음식
지리 약설	팔도의 형세		주거
	도부(都府)		절서(節序)
	개항장		인품
	하류	유희	
	산악	잡문	
	도서	조선국토 연혁 도표	
	일본에서 경성까지 연도(沿道) 및 이정(里程)	동(同) 역대 연혁 도표	
왕실과 지나조공		대원군 전(傳)	
관제		박영효 전(傳)	
외관 직제와 의장(儀仗)			
관리 등용 즉 과거			
병비			
형벌			

393) 일청한요사편람日清韓要事便覽

저자	이쿠라 가즈요시(井倉和欽) 編	출판연월	1894년 12월
판형	46판	페이지 수	264쪽
발행처	도쿄 군옥각(群玉閣)	소장처	일본 국회도서관

일청한 삼국의 정체, 병제, 지리, 인구, 조약 무역, 기타 여러 사물의 필수 긴요에 속하는 것을 모아 망라, 취합 (…중략…) 한 것으로, 참고 서적은 조약휘찬, 조선기문, 간례휘찬, 통계집지, 조선안내, 청국군비총람, 지나통람, 해군장교편람, 대청중추비람, 직원록, 해관연보, 해관보고, 통계연감 기타 여러 종류의 신문잡지에 의거하였다. 서언

〈목차〉(「조선의 부」만 발췌)

제목	제목
조선의 왕통	여러 외국조약 의정년월
역대 연혁 도해	각지 거류외국인표
경성의 지리	세입출(歲入出)
토지 호구	교통
각도 소관 호구, 세입(歲入), 군비	정기기선 선객료
각도 구획 명칭	수출입 중요품
구(舊) 정부의 각 관아 직사(職司)	금은수출액
신(新) 관아 직제	해관 징수세액 및 나라별 징수세액
군국기무소 장정(章程)	물산
신식 화폐 장정	

394) 한반도韓半島

저자	시노부 준페이(信夫淳平)	출판연월	1901년 9월
판형	국판	페이지 수	694쪽
발행처	도쿄 도쿄당서점(東京堂書店)	소장처	架藏

저자는 법학박사로 일본학사원 회원이다. 도쿄고등상업학교를 졸업한 뒤 공사관 참사관이 되었고, 인천 이사청 이사관, 총영사, 대사관 참사관 등을 역임했다. 퇴관 후 와세다대학 교수가 되었다. 국제법의 권위자로

알려져 있으며 『전시 국제법 강의』 4권이 학사원상을 받았다. 그 외 『발칸 외교사론巴爾幹外交史論』1921, 『근대외교사론』1927 등이 있다.

나는 1897년 가을에 임무를 맡아 경성에 건너온 이후 1년을 넘겨 2년을 보냈고, 아직 3년은 채우지 못했다. 귀국 시기가 이제 가까워졌음을 듣고 지난날을 회고하니, 겨우 4년이 채 되지 못하는 재한在韓의 나날은 본디 반도의 사물을 깊이 연구하기에는 모자랐다. 그러나 일찍이 전인前人의 저서에서 읽었던 것을 밤낮 눈과 귀로 접해 이것을 현실에서 터득하였고, 이후 조선의 실체를 어렴풋이나마 뇌리에 그릴 수 있었다. 얼마 전 훌륭하고 아름다운 말로 나를 송별해준 지기 동인의 후의에 답하기 위해 공무의 여유 시간을 빌려 붓을 잡아 본편을 작성하였다. 서언

〈목차〉

395) 만한대관滿韓大觀 – 태양 임시증간太陽臨時增刊

저자		출판연월	1904년 6월
판형	46배판	페이지 수	264쪽
발행처	도쿄 박문관(博文館)	소장처	도쿄경제대학

이 책은 잡지 『태양』 제10권 9호의 부록으로 같은 잡지의 형식을 따르고 있다. 「제1편 노국동침개관露國東侵槪觀」, 「제2편 한국」, 「제3편 만주」, 「제4편 시베리아」로 나뉘어 있다. 아래 목차는 한국 부분만을 실었다.

〈목차〉

장	제목
	제2편 한국
제1장	지리 총설
제2장	시부(市府)
제3장	무역항
제4장	정치
제5장	사회
제6장	일한관계
제7장	고대사
제8장	중고사
제9장	근세사
	(권두 그림, 사진 등)

396) 청급한淸及韓–세계대관 제2편世界大觀第二編

저자	야나이 와타리(箭內亙)	출판연월	1904년 9월
판형	국판	페이지 수	348쪽
발행처	도쿄 부산방(富山房)	소장처	시카타문고

저자는 후쿠시마현 출신으로 호는 상헌尙軒이다. 동양사의 권위자로 1901년 도쿄제국대학 문과대학을 졸업하고, 1907년 제1고등학교 강사를 맡아 동양사를 강의했다. 다음 해인 1908년 남만주철도주식회사 역사조사부의 부원이 되었고, 시라토리白鳥 박사[34] 밑에서 만한滿韓의 역사 지리 연구에 종사하였다. 1913년 9월 도쿄제국대학 문과대학 강사를 거쳐 1919년 10월 조교수에 임명되었고, 1921년 8월 「원조제도의 연구元朝制度の硏究」로 문학박사 학위를 받았다. 1925년 교수가 되었으나, 1926년 2월 10일 52세의 나이로 사망하였다. 저서로는 『동양역사평해東洋歷史評解』1906, 『동양독사지도東洋讀史地圖』1912, 『교정흑달사략校訂黑韃事略』1922을 비롯하여 동양사에 관련된 논문이 많다. 『청급한』은 박사의 초기 작품이다.

> 아직 청국과 한국에 방문한 적이 없는 저자가 본서의 편술을 감행한 것은 12년간 그 나라들에 재류한 사람의 관찰이 왕왕 경솔하여 추단에 빠지기 쉬운 것에 반하여, 수년 또는 수십 년간 살았던 서양인이 명해한 관찰의 결과를 세상에 내놓은 것을 여러 종류 정독하였기 때문이다. 직접 우리나라를 왕래한 양국 사람, 또는 그 나라들을 유람한 우리나라 사람에게 의문점을 묻고, 나아가 여러 서적, 신문, 잡지 등을 참고하였다. 양국의 사정을 소개하는 데 크게 틀린 부분이 없기를 바란다. 예언

34 시라토리 구라키치(白鳥庫吉, 1865~1942) : 동양사 연구자로서 도쿄제국대학 교수를 지내며 쇼와 천황의 교육에도 관여했다. 한국사에 관해서도 많은 연구를 남겼다.

〈목차〉

장	제목	장	제목
제1권 청		제2권 한	
제1장	총론	제1장	총론
제2장	청국의 지리 및 기후	제2장	한국의 지리 및 기후
제3장	청국의 역사	제3장	한국의 역사
제4장	청국의 개국	제4장	한국의 정치
제5장	청국과 일본과의 교섭	제5장	한국의 재정(附 군비)
제6장	청국의 정치	제6장	한국의 교통기관
제7장	청국의 재정(附 군비)	제7장	한국의 상업과 외국무역
제8장	청국의 교통기관	제8장	한국의 사회
제9장	청국의 상업과 외국무역	제9장	한국의 최근 사건
제10장	청국의 사회	(청제국 전도 및 사진 등)	
제11장	청국의 최근 사건		

397) 한국사정韓國事情

저자		출판연월	1904년
판형	46배판	페이지 수	309쪽
발행처	도쿄 외무성 통상국	소장처	시카타문고

외무성 통상국이 한국주재의 각지 제국帝國 영사관에 조사를 명하여 작성한 보고서다. 다음과 같은 내용으로 각지의 상황을 정리하였다.

목포 제국 영사관 내.

마산, 원산, 진남포, 부산, 평양, 군산, 경성의 각 제국 영사관 내 및 부록

– 울릉도 사정부산항 시가 및 부근 지도

〈목차〉

제목
지세, 면적, 인구 및 직업의 대요
관내 특장
의식주의 형태
기후와 위생
무역
상업과 시장
공업, 광업, 농업, 어업, 금융, 도량형
교통과 통신
거류지
공사상(公私上) 시설
토지 가옥의 매매와 임대차 가격
물가, 임금
일본인이 착목해야 하는 사업

398) 이면의 한국裏面の韓國

저자	오키타 긴조(沖田錦城)	출판연월	1905년 4월
판형	36판	페이지 수	143쪽
발행처	오사카 휘문관(輝文館)	소장처	架藏

저자는 신문기자다.

전후戰後 경영은 조선의 일이므로 박식한 척하면서 설명할 필요도 없다고 한다면, 굳이 거북한 책을 써서 독자를 곤란하게 할 일도 없었을 것이다. 소병素病을 앓으면서도 잡필雜筆을 그만두지 않았던 것이 이 책의 작은 특색이다. 머리말

〈목차〉

장	제목
제1장	극동의 비밀국(秘密國)
제2장	망국의 축도(縮圖)
제3장	세계 제일의 흡연국민
제4장	어리석은 생활
제5장	단조로운 홈(Home)
제6장	족제(族制)주의
제7장	세계적으로 게으른 나라
제8장	주막
제9장	음식물
제10장	시장
제11장	점포
제12장	한인의 일본관
제13장	한인 일석담(一夕談)
(부록) 한국 견문 이야기(눈의 집 주인)	

399) 한국사진첩韓國寫眞帖-사진화보 임시증간寫眞畫報臨時增刊 제25권

저자		출판연월	1905년 6월
판형	46판	페이지 수	사진 26매 본문 64쪽
발행처	도쿄 박문관(博文館)	소장처	도쿄경제대학

한반도의 경영은 앞선 일청전쟁의 유일한 목적이었고, 지금 일러전쟁의 주요한 정신이기도 하다. (…중략…) 이 반도 경영의 큰 책임을 짊어질 국민은 우선 반드시 반도의 형세에 통달해야 한다. 이에 나는 이번 경부철도 개통식 참석을 기회로 삼아 남쪽 부산부터 경성, 평양을 거쳐 북방의 의주까지 반도를 횡단하고, (…중략…) 연도沿道가 이르는 곳의 풍물을 찍어 본편을 간행하여 세상에 공개하는 까닭이다. 쓰보야 스이사이(坪谷水哉)[35] 식

400) 한국사진첩韓國寫眞帖

저자	통감부	출판연월	1910년 7월
판형	세로 25cm 가로 37cm	페이지 수	78매
발행처	경성 통감부	소장처	架藏

통감부가 편찬한 사진첩이다. 경성 남대문 그림부터 권말 「한국약도」동판까지 120장에 달하는 큰 책이다. 도판에는 간단한 해설을 붙였고, 모든 그림에 영문명이 부기되어 있다. 권두에 소네 아라스케曾禰荒助[36] 통감의 제자題字 및 데라우치 마사타케寺內正毅[37] 자작의 제자를 게재했다. 사진은 도쿄 교바시京橋의 오가와小川 사진제작소가 제작했다.

401) 한국지韓國誌

저자	러시아 대장성 조사 일본 농상무성 번역	출판연월	1905년 7월 1910년(4판)
판형	국판	페이지 수	636쪽
발행처	도쿄 농상무성 산림국	소장처	架藏

이 책은 Russia Ministerstvo finansov, *Opisanie Korei(S.Kartoi)* vol. 3, Pe-

35 박문사의 편집국장 및 이사를 지냈으며 일본도서협회 회장도 역임했던 쓰보야 젠지로(坪谷善四郎, 1862~1949)를 말한다. 스이사이는 호다.

36 소네 아라스케(1849~1910) : 이토 히로부미(伊藤博文) 내각에서 사법대신 등을 지냈으며, 제2대 한국통감을 역임한 관료.

37 데라우치 마사타케(1852~1919) : 소네 아라스케를 이어 한국통감을 지냈고 강제병합 이후에는 초대 조선총독이 되었다. 일본으로 돌아간 뒤에는 총리대신이 되어 데라우치 내각을 조직했으나 쌀소동이 벌어져서 사직했다.

terburg, 1900의 초역抄譯이다.

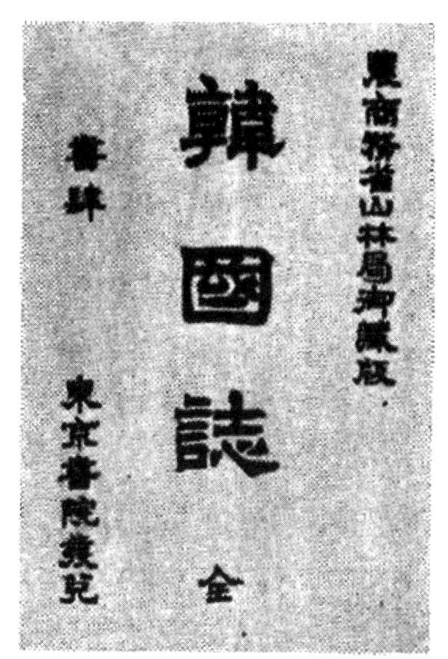

> 이 책은 본래 러시아 대장성이 조사, 편찬한 것으로 한반도 내 건국 연혁의 대요, 풍토, 민속, 한국 제도의 대강과 지방자치제의 상태를 명확히 밝히고 있다. 또 각종 산업 및 교통에 관한 현상과 기타 아직 개발되지 않은 부원富源을 정밀히 조사하고 있으며, 내용이 아주 적확하다. 이에 이 책을 초역하여 식산에 뜻을 둔 자의 참고자료로 한다. 소인

1905년 10월 제1판을 발행했고, 1907년 1월에 재판, 같은 해 8월에 3판을 발행했다. 1910년 11월에는 제4판을 냈다. 처음에는 농상무성 산림국이 소장하고 있었으나 후에 도쿄서원에 발매를 허가하여 정가 1엔으로 배포하였다.

참고로 덧붙이자면 러시아의 만주 경영에 관한 조사자료가 비테의 감독 아래 러시아 대장성에서 간행되었다. 동아동문회가 번역, 출판한 『만주통지滿洲通志』 1906.4가 바로 그것이다.

〈목차〉

제목	제목	제목
생산·농업	하천	기독교, 가톨릭교의 전파
수산	기후와 식물	러한조약

제목	제목	제목
수렵업	운수교통	러시아의 한병 교련 사관
임업	지질	연혁의 대요
광산(礦産)	국민	도로
제조업	지방자치제도	풍속
상업	교육과 학술	제도

402) 조선의 보고 제주도 안내朝鮮の寶庫 濟州島案內

–부록 제주도 경영론附錄 濟州島經營論

저자	아오야기 쓰나타로(青柳綱太郎)	출판연월	1905년 11월
판형	46판	페이지 수	107매
발행처	도쿄 융문관(隆文館)	소장처	架藏

저자 아오야기 쓰나타로의 호는 난메이南冥다. 일찍이 통신원으로 한국에 건너가 벼슬길에 올랐는데 이후에는 조선연구회를 일으켜 도서출판에 종사했다. 저서가 많아서 20여 책에 달한다. 이 책은 그 초기 작품이다 자세한 전기는 상권 47번 항목 참조.

나는 1901년에 유랑하면서 반년간 경성에 머물다가, 우연히 제주도 민란에 관한 소식을 듣고 제주에 방문했다. 난은 이미 평정되었기에 나는 십수일을 머무르며 민정과 풍속의 유래를 살펴보고 부족하나마 상황을 조사하고 기록하여 손궤 안에 넣어 두었다. 그 후 나는 체신성의 소리小吏가 되었다. 작은 관직이긴 하나 기뻤다. 이번 봄에 업무상 이 고도孤島를 방문하여 산의 용모와 물의 색깔을 직접 살폈다. 이를 통해 앞선 조사의 부족한 점을 보충하고 모아서 책자 한 권을 만들었다. 자서

부록 「제주도 경영론」은 1905년 3월 『목포신보』에 게재한 것을 채록한 것이다. 또 같은 해 『조선의 부원朝鮮の富源』을 출판했다고 전해지나 찾을 수 없다.

〈목차〉

편	제목	편	제목	편	제목
제1편	총론	제8편	어업	(부록) 제주도 경영론	
제2편	지리	제9편	농업	제1편	교통경영
제3편	교통	제10편	상업	제2편	어업적 식민
제4편	섬의 역사	제11편	임업	제3편	농업적 경영
제5편	섬의 정치	제12편	외인 포교	(사진 9장)	
제6편	인정풍속	제13편	제주도의 일본인		
제7편	기후와 풍경	제14편	신일본의 발전		

403) 한국 2대 항 실세韓國二大港實勢

저자	아이자와 니스케(相沢仁助) 編	출판연월	1905년 12월
판형	국판	페이지 수	303쪽
발행처	부산 일한창문사(日韓昌文社)	소장처	도쿄경제대학

아이자와 니스케는 『조선일보』 기자로 부산에 주재했다. 저서로 『부산항세일반釜山港勢一班』1906, 상권 309번 항목 참조이 있다.

일한교통의 연결고리인 한국의 두 개 주요 항구 부산, 인천의 현 상황에 대해 이를 아직 보지 못한 유지가에게 소개하고 장래 기획의 자원으로 삼을 수 있도록 하는 바이다. 또한 일반인들에게도 도움 될 만한 것이 적지 않을 것이라 믿는다. 부산 일한창문사의 아이자와, 나카가와中川 두 사람이 이

책을 편찬하니 그 뜻에 걸맞다고 하겠다. 서

〈목차〉

제목
토지의 부
행정사법 및 재정의 부
해관 및 교통의 부
교육 및 산업의 부
위생 및 종교의 부
인구 및 생활의 부

404) 동양의 이탈리아東洋の伊太利 – 일명 한국의 측면관一名韓國の側面觀

저자	아카누마 고시로(赤沼孝四郎)	출판연월	1905년
판형	46판	페이지 수	60쪽
발행처	도쿄 일본의 세계사(日本の世界社)	소장처	일본 국회도서관

반도에 뜻을 둔 지 여러 해, 특히 작년 말부터 올봄까지 시찰 조사를 하는데 생각대로 되지 않는 일이 많아서 가슴 아픈 적이 많았다. (…중략…) 여기 상술하고자 하는 반도의 측면관은 도쿄정치학교에서 개설槪說한 내용인데 (…중략…) 지금은 만주 문제가 곳곳에서 치열한 논쟁을 불러일으키고 있다. (…중략…) 바로 이러한 때에 한반도의 상태를 자세히 논술하여 사인士人의 외교 문제 연구에 참고가 되고자 한다. 권두

〈목차〉

장	제목
제1장	서언
제2장	아, 이 산계(山系)를 어찌할까?

장	제목
제3장	정취 있는 6대 강반(江畔)의 형세 (두만강론, 압록강론, 대동강론, 한강론, 금강론, 낙동강론)
제4장	은밀한 나라의 대표 한성
제5장	한반도와 사회주의
	왕손 묘하(墓下)의 피리
(부록) 한국식민통치론	

405) 최근의 한반도最近の韓半島 – 부 만주잡기附 滿洲雜記

저자	시오자키 세이게쓰(塩崎誓月)	출판연월	1906년 2월
판형	46판	페이지 수	302쪽
발행처	도쿄 아오키숭산당(青木嵩山堂)	소장처	도쿄경제대학

저자는 시오자키 유이치로塩崎祐一郎로 호는 세이게쓰誓月이다. 『조선신보』 기자로 수년간 조선에 머물렀으며 기자의 관점에서 이 책을 기술하였다.

특히 논의를 피하고 오로지 저자의 실제 경험에 따른 실화를 중심으로 인정풍속부터 전후戰後 경영의 자료에 이르기까지 최대한 재미있게 통독하고 어느 정도 얻는 바가 있도록 하였다. 저자 근백

전후에 바다를 건넌 자들의 안내에 도움이 되고, 또한 현지 기업가의 참고가 되는 자료를 제공하기 위해 『최근의 한반도』 한 편을 썼으며 이에 더해 「만주잡기」를 부록으로 제시한다. 자서

〈목차〉

제목	제목	제목
일러전쟁에 대하여	미래의 평양	평안도의 진보회
부산항과 목포, 전후의 인천	원산과 성진	조선의 장마
경성과 용산	청천강과 대령강	한인의 양잠
군산의 대발전	진남포 하구	평안도의 소
강의 풍경과 망암(望巖)	안악 온천	조선의 개
연안의 어촌	흘홍(屹紅) 견문	조선의 파리
북한 항로의 시찰	다시 한번 온천행	화적(火賊) 조난기
대동강변에 닿다	한인의 체격	(부록) 만주잡기 11항
빙상의 정월	한인과 의약	사진 4장
눈의 모란대	한인과 기차	

406) 한국의 실정韓國の實情

저자	엔조지 기요시(円城寺清)	출판연월	1906년 2월
판형	국판	페이지 수	202쪽
발행처	도쿄 낙세사(樂世社)	소장처	일본 국회도서관

저자는 사가현 출신 신문기자로 호는 천산天山이다. 도쿄전문학교 졸업 후 보지신문사에 들어갔으나, 개진당 당보국으로 옮겨 주간이 되었다. 그 후 헌정본당 당보의 주임기자가 되었고, 1899년 요로즈조보사万朝報社에 들어가 국민후원회, 정말丁未구락부 등의 조직에 관계했다. 또한 시마다 사부로島田三郎,[38] 고노 히로나카河野広中[39] 등과 함께 정계혁신회를 만들어 정

38 시마다 사부로(1852~1923) : 선교사가 지은 신학교, 대장성부속영학교(英學校) 등에서 수학했으며 『도쿄 요코하마 마이니치신문』의 주필, 사장 등을 지냈다. 입헌개진당 창립에 참가했으며 중의원 의원에 당선되었다. 노동조합 운동에도 관심을 보였으며 세례를 받고 기독교 신자가 되었다.

39 고노 히로나카(1849~1923) : 하급무사 가문에서 태어났으며, 20대에 존 스튜어트 밀(John Stuart Mill)의 책을 읽고 자유민권운동에 가담했다. 후쿠시마에서 구장(區長) 등을 지내며 민회를 열기도 했고, 각종 정치단체에서 활동했다. 1882년 내란음모의 용의로 체포되었고, 출옥 후 1890년에 열린 중의원 총선

계의 혁신에 힘 쏟았다. 정치재정론에 특히 뛰어나서 『재정정리안』, 『오쿠마 백 석일담大隈伯昔日譚』, 『비증조론非增租論』, 『일본의 부日本の富』 등의 책을 썼다.

> 작년 6월 초 나는 하라다 주에原田十衛[40] 군과 함께 국민후원회의 파견으로 한국시찰 길에 올랐다. (…중략…) 한국에 머무른 3주 동안 남선南鮮만을 시찰하고 일단 귀성한 뒤, 후원회의 인가를 얻어 시찰의 요령要領을 필자가 종사하는 『요로즈조보』에 연재했다. (…중략…) 앞으로 한국에 건너갈 이들에게 다소의 편의라도 제공할 수 있기를 바라며, 이제야 이 책을 출판한다.소인

〈목차〉

제목	제목
한국 여행상의 불편	한국의 면적, 인구, 강하, 항만, 농업, 광업, 어업
한국의 철도	대한 신디케이트
황제 · 관리 · 인민	대한 경영상의 주의
잘못된 대한(對韓) 정책	한국의 화폐제도
통일 없는 주파관(駐派官)	부상병(廢兵)과 한국
재한일본인의 악폐	부현 별 한국 거류민
바랴크(ワリヤーク)의 부상(浮上)	거류민의 희망
경성학당	한국 도항의 마음가짐
경성의 감옥	

거에서 당선되었다. 러시아에 대한 강경책을 주장했으며, 포츠머스조약에 반대하는 히비야방화사건(日比谷焼打事件)을 선동했다. 1909년에는 아시아주의 단체 '아세아의회'의 발기인으로 참가했다.

40 하라다 주에(1862~1941) : 구마모토 출신으로 세이난전쟁에 구마모토 부대로 참전했다. 1883년부터 3년간 자유민권운동의 이론적 지도자였던 나카에 조민(中江兆民)이 세운 학교에서 공부했다. 『규슈자유신문』, 『후쿠시마민보』 등에서 주필을 지냈고 『아키타일보』를 창간했다. 문부대신과 사법대신을 지낸 마쓰다 마사히사(松田正久)의 비서관으로 일했고, 1908년 중의원 총선거에서 당선되어 정계에 진출했다.

407) 최근 조선사정最近 朝鮮事情

저자	아라카와 고로(荒川五郎)	출판연월	1906년 5월
판형	국판	페이지 수	268쪽
발행처	도쿄 기요미즈서점(清水書店)	소장처	架藏

저자는 히로시마현 사람으로 1903년 중의원 의원에 당선되었고 1936년 12월에 의원 생활 30년 근속으로 헌정공로자 표창을 받았다. 주고쿠신문사中國新聞社 주필로 명성을 떨쳤고 이후 니혼대학日本大學 부속중학교장이 되었다. 『산업조합문답』, 『시정촌제 개정이유』 등의 저서가 있다. 러일전쟁 후 조선 각지를 시찰하고 이 책을 완성했다.

조선 경영의 급선무는 널리 일본인의 이주를 장려하는 것이다. 특히 개인의 이익이라는 면에서 보더라도 조선은 우리 국민의 보고寶庫라고 말할 수 있으며, 그중에서도 농·어·광업은 조선의 3대 산업으로 일본인이 개척하여 취득하는 이익이 결코 적잖을 것이다. (…중략…) 나는 작년 여름과 가을에 조선을 여행하면서 시찰하였고, 여러 서적을 참조하여 이 책을 썼다. 조선에 이주하고자 하거나 혹은 조선의 사정을 알고자 하는 이들의 참고가 될 것이다.서

이 책은 1906년 6월 재판이 나왔다.

〈목차〉

제목	제목	제목
지지(地誌)	사회	일본 조선 관계 등 세별(細別)
왕궁	산업	(사진 여러 장)
제도	경제	

408) 한국사정요람韓國事情要覽

저자		출판연월	1906년 7월
판형	46배판	페이지 수	50쪽
발행처	경성 통감부 총무부 내사과	소장처	일본 국회도서관

이 책은 한국 내 제국경영 및 재류 제국신민의 발전, 기타 한국의 경제사정 등을 간략하게 서술하여 내한자의 편람에 이바지하고자 하는 것이다.

이 책은 1907년 6월 제2집을 간행했고 그 후에도 여러 번 간행되었다. 1909년 5월 『최근 한국사정요람』으로 제목을 바꾸고 장정도 국판의 반절로 개정하였다. 1923년 총독부판 『조선요람』으로 개정되었고 1934년에는 『조선사정』으로 제목을 바꾸어서 1944년 마지막 판이 나올 때까지 매년 간행되었다.

〈목차〉

제목	제목
한국에 관한 주요 조약	한국정무기관
통감부 및 소속 관서의 관제	한국 각 고문부 소재지 및 주요 용빙자(傭聘者)
통감부 및 소속 관서 소재지	관찰부 소재지
각 이사청 경찰관서 배치표	감리서(監理署) 소재지

제목	제목
통감부 및 소속 관서 분과표	한국 관측소 소재지
통감부 및 소속 관서의 주요 직원	한국 고문경찰관서 배치표
재한일본인 호구표	한국 주요물산표
한국 내 일본인 교육사업의 현황에 관한 도표	외국에서 수입되는 외국품
재한국일본인 상업회의소 및 조선 해수산조합 사무소 소재지	외국에 수출되는 내국품
한국의 연해 및 내하의 항행에 종사하는 일본선박표	각 개항장의 외국무역액
조선 일본해 출어선 및 종사자의 수	외국무역 나라별 조사
우편선로 이정	외국에 수출하는 지금(地金)
전신전화선 긍장(亘長) 및 연장 이정	세관수입 비교표
전화가입자 수 등	한국 입항선박 수 및 톤(ton) 수, 선적별 표
우편국 수	(한국약도)
우편환 거래소	

409) 한국총람韓國總覽

저자	도쿠나가 이사미(德永勲美)	출판연월	1907년 8월
판형	국판	페이지 수	1490쪽
발행처	도쿄 박문관(博文館)	소장처	도쿄경제대학

저자는 당시 농상무성 상공국원으로 근무했다. 이 책은 1904년 여름부터 3년간 공무 중 여유 시간을 이용해 편찬한 것이라고 한다.

> 적어도 한국에 관한 것이라면 신문잡지에 이르기까지 모조리 열독하고 되도록 적확한 사실을 얻고자 노력하여 (…중략…) 독자에게 한국 전반의 사정을 두루 알리고자 힘썼다. 책에 기재된 사항은 되도록 논쟁을 피하고자 했으며, 또한 문장은 꾸미지 않았다. 이 책이 널리 대한對韓 경영에 뜻있는 자를 위한 지침이 되기를 바랄 뿐이다.예언

〈목차〉

장	제목	장	제목	장	제목
제1장	총론	제8장	사회조직	제15장	산림
제2장	지리	제9장	풍속 습관	제16장	교통 운수
제3장	연혁	제10장	농업	제17장	금융기관
제4장	근세사	제11장	상업	제18장	통화(通貨)
제5장	행정조직	제12장	공업	제19장	도량형
제6장	재정	제13장	수산업	제20장	조약과 법규
제7장	교육	제14장	광업	부도(附圖), 사진 등	

410) 한국최근사정일람韓國最近事情一覽

저자		출판연월	1908년 1월
판형	46배판	페이지 수	20쪽
발행처	경성 통감부 총무부	소장처	도쿄경제대학

이 책은 『한국사정요람』408번 항목 참조에 이어 "한국 내 제국경영 및 재류 제국신민의 근황을 적확히 기술하여 1907년 6월 발행한 한국사정요람 제2집의 부족한 점을 보완"서하기 위해 간행되었다.

〈목차〉

장	제목
제1장	재한일본인 호구표
제2장	거류민단표
제3장	재한일본인단체 조사
제4장	각지 발전상황 일람표
제5장	재한일본인 교육 및 보육기관표
제6장	한국 광산지
제7장	한국 금융기관 일람표

장	제목
제8장	통신통계표
제9장	철도통계표
제10장	한국 융희원년 및 융희2년도 세입출 및 특별회계 세입출표
제11장	통감부 및 소속 관서 분과표
제12장	신(新)관제 시행 후 한국정무기관 일람표

411) 신찬 한국사정新撰韓國事情

저자	고마쓰 에쓰지(小松悅二)	출판연월	1909년 6월
판형	국판	페이지 수	1400쪽
발행처	도쿄 동아연구회(東亞硏究會)	소장처	일본 국회도서관

저자는 신문기자로 대륙연구에 뜻을 두어 동아연구회를 세우고 이 책을 펴냈다. 1,400쪽에 달하는 큰 책이다.

> 나는 두셋의 동지와 함께 동아 연구를 목적으로 모임을 조직하고, 작년에 직접 한국에 건너가 여러 조사를 했다. 그 여행 중 얻은 자료를 모아 책으로 엮어서 제목을 한국사정으로 지었다. 한국의 모든 사정과 실태를 서술하여 크게는 국가발전의 자료가 되고 작게는 개인 조사의 참고에 이바지하고자 한다. 이는 무용하지 않을 것이다. (…중략…) 이 책은 동아 사정 조사의 첫 걸음으로서 먼저 한국 연구의 결과를 공개하기 위해 발간한 것이며, 앞으로 중국, 시암, 인도, 필리핀 등을 직접 조사하고 동아의 진상을 세상에 발표할 것을 기약하는 바이다. 자서

이 책에는 주로 한국의 정치, 경제, 산업, 종교, 교육, 지리, 법규에 관한

사항을 게재하였다. 그 자료는 통감부, 한국정부 및 각지 거류민단, 상업회의소 등의 조사보고, 기타 한국고문서 등에서 인용, 참작한 것이다. 범례

〈목차〉

편	제목
제1편	총론
제2편	정치
제3편	재정 및 경제
제4편	농업
제5편	삼림
제6편	어업
제7편	광업
제8편	교육, 종교
제9편	도부(都府) 및 항만
제10편	법규
(부록) 한국 신사록(紳士錄)	

412) 한국충청북도일반韓國忠淸北道一斑

저자		출판연월	1909년 10월
판형	국판	페이지 수	1,002쪽
발행처	충청북도 관찰도	소장처	舊藏

이 책은 충청북도 내무부장 가미야 다쿠오神谷卓男[41]가 재임 당시에 정리한 지방 정황 조사서다. 전편·후편으로 나누어 전편286쪽에서는 여러 가

41 가미야 다쿠오(1872~1929) : 교토 출신으로 교토중학교와 도시샤(同志社)를 거쳐 미국의 스탠포드대학, 콜롬비아대학에서 공부했다. 귀국 후 대한제국에 건너가 일진회 고문을 맡았다. 함경북도 서기관 등을 지냈으며 강제병합 이후에는 평안북도 내무부장을 역임했다. 1913년에 퇴관했으며 1917년의 중의원 총선거에서 무소속으로 당선되었다. 후쿠자와 유키치의 데릴사위였던 후쿠자와 모모스케(福沢桃介, 1868~1938)가 경영하던 나고야전등회사의 이사직을 맡기도 했다.

지 정황을 총론적으로 기술하고 후편716쪽에서는 각 군郡의 상황을 각론적으로 기재했다. 약 천 쪽에 달하는 큰 책이다.

지방 정황 조사는 한국의 관민에게는 완전히 새로운 경험이다. 관리가 어떻게 조사해야 하는지 알지 못할 뿐만 아니라 인민 또한 그 뜻을 이해하지 못하니, 자칫하면 징세의 자료가 될 것이라 오해하여 사실을 왜곡하고 혹은 은폐하고자 한다. 가뜩이나 도량형도 균일하지 않고, 단위 호칭도 천차만별이라 같은 단위, 같은 호칭이라도 실제 수량이 달라 각종 통계표의 경우 도저히 정확성을 기대하기 어려웠다. 착임 이래 20개월, 그 사이에 여러 번 방법을 바꾸고 몇 번인가 방면을 전환하여 조사에 조사를 거듭한 결과, 간신히 이 한 권을 편찬할 수 있었다.서언

〈목차〉

413) 북한안내北韓案內

저자	아사오카 시게키(浅岡重喜)	출판연월	1909년 6월
판형	46판	페이지 수	192쪽
발행처	청진(淸津) 북한신보사	소장처	架藏

저자의 호는 남명南溟이다. 실업가로 한국에 거주했고 청진일본인 회장, 『북한신보』 사장 등을 역임하였다. 이 책은 청진 개항 1주년을 기념하여 북한신보사에서 간행한 것이다.

제목은 북한안내지만 실제로는 간도와 훈춘琿春을 포함하여 그 중심인 청진항에 대해 조사한 내용이 주를 이룬다. 이 책을 발간하면서 간도의 발견자 나카이 기타로中井喜太郎[42] 씨, 청진 개항의 주역 메가타 다네타로目賀田種太郎[43] 남작, 개항 전 이사관이었던 오에다 요시스케大枝義祐 씨와 하시모토 도요타로橋本豊太郎 씨, 개항 첫해의 이사관 마쓰모토 시게토시松本重敏 씨 등에게 많은 도움을 받았다. 예언

〈목차〉

제목		제목		제목	
서론		제7장	전망 밝은 목축과 양잠	제2편	간도
제1장	북한의 지리와 역사	제8장	무한한 광업	제3편	서간도
제2장	기후와 인정	제9장	활발한 수산업	제4편	도항안내, 여관안내
제3장	저명한 시읍(市邑)	제10장	미숙한 제조업	(부록) 한국세관률 일람표, 북한	

42 나카이 기타로(1864~1924) : 신문기자이자 수필가다. 1889년 요미우리신문사에 입사하여 여러 논설을 남겼다. 동아회에 관여했으며 조선에 건너가 『한성신보』의 사장, 함경북도 서기관을 지냈다.

43 메가타 다네타로(1853~1926) : 쇼헤이코, 가이세이조 등에서 공부했으며 신동으로 불렸다. 16세의 나이에 시즈오카학문소의 교수에 취임했다. 하버드법률학교에 유학하고 귀국 후 문부성에 출사했다. 귀족원 의원, 추밀원 고문관 등 요직을 역임했으며, 1904년 제1차 한일협약으로 대한제국에 파견되어 재정고문을 맡았다.

제목		제목		제목
제4장	교통기관	제11장	상업 및 무역	명사와 성공인, 한어 안내
제5장	유망한 농업	제12장	금융 및 화폐	
제6장	희망적인 임업	제13장	결론	(북한 및 간도 지도, 사진 등)

414) 최근 한국요람最近 韓國要覽

저자	조선잡지사 編	출판연월	1909년 10월
판형	국판	페이지 수	392쪽
발행처	경성 일한서방(日韓書房)	소장처	舊藏

오늘날 우리 일본인이 한국에 대해 대부분 알고자 하는 바는 제도, 문물, 풍속으로 하나도 필요하지 않은 것이 없다. 그러나 보다 절박하고 시급한 것은 한반도의 부원富原 개척, 경제적 시설, 실업적 경영의 자료와 지식이다. 이것이 이 책에서 제도문물의 설명을 생략하고 실업적 자료와 재한일본인 조선개척의 형세 묘사를 자세히 하고, 또한 각종 통계와 법령을 되도록 많이 게재하여 실용적 편리에 무게를 둔 이유다. 따라서 이 책에 가장 적절한 제목을 붙이자면 '한국실업요람'이 무엇보다 좋을 것이다. 예언

〈목차〉

장	제목
제1장	지리
제2장	관제 및 예산
제3장	농업
제4장	공업
제5장	상업
제6장	임업
제7장	교통, 통신

장	제목
제8장	수산업
제9장	광업
제10장	일본인단
제11장	거듭된 조약 및 여러 법령

415) 한국통람韓國通覽

저자	농상공부	출판연월	1910년 4월
판형	46판	페이지 수	226쪽
발행처	경성 농상공부	소장처	舊藏

한국정부 농상공부가 편찬한 한국 사정 소개서로, 나고야名古屋와 후쿠오카福岡의 공진회共進會 반포용 책자이다.

나고야와 후쿠오카 두 지역에서 개최될 공진회에는 사방에서 관람자가 운집할 것이다. 이 기회를 이용하면 편익이 있으리라 생각하여 한국의 산업 상태 및 사회 총제總濟 사항 일반을 수집하여 소책자를 만들었다. 반도의 현 상황을 세상에 소개함으로써 왕래의 뗏목으로 삼을 수 있기를 간절히 바란다. 서언

〈목차〉

제목		제목		제목	
제1	지리	제12	재정	제23	위생
제2	농업	제13	금융기관	제24	수도
제3	임업	제14	금리	제25	정부 및 지방 관서
제4	광업	제15	물가	제26	한국정부 직원

제목		제목		제목	
제5	수산	제16	노은(勞銀)	제27	한국정부 용빙의 일본관사
제6	척식사업	제17	공업소유권 및 저작권의 보호	제28	지방행정
제7	공업	제18	도량형	제29	통감부 및 소속 관서
제8	상업	제19	교육	제30	통감부 및 소속 관서 직원
제9	관세	제20	종교	제31	재류일본인 호구
제10	교통	제21	사법 및 법전 조사	제32	재류외국인
제11	통신	제22	경찰	제33	신문잡지

416) 한국사진첩韓國寫眞帖

저자		출판연월	1910년 7월
판형	국배판 횡철(橫綴)	페이지 수	사진 80매
발행처	경성 통감부	소장처	架藏

통감부가 편집 발행한 사진첩이다. 26.5×19.0cm의 대형 사진첩으로 도쿄 오가와 사진제판소가 제작했다. 남대문 사진을 비롯하여 관아, 각지 명승, 산업, 풍속 등 120장에 대해 각각의 설명과 그림에 연관된 시가詩歌를 부기했다. 관변에서 낸 첫 번째 사진첩으로 보인다.

417) 조선요람朝鮮要覽

저자		출판연월	1910년 9월
판형	46판	페이지 수	238쪽
발행처	경성 농상공부	소장처	舊藏

한국 정부 농상공부가 편찬한 반포용 책자다. 별책 『한국통람』415번 항목 참조과 내용이 완전히 동일하다.

내지인의 왕래와 기업起業을 촉진하기 위한 최선의 수단은 반도의 산업 상태를 내지인에게 주지시키는 것이다. 당국자가 이 수단을 취한 이래 상당히 힘써왔으나 효과가 아직 널리 퍼지지 못한 것이 유감이다. 올봄에 나고야, 후쿠오카 두 지역에서 개최된 공진회에서 『한국통람』이라는 제목의 소책자를 널리 반포하고자 했던 것도 그 때문이다. (…중략…) 마침 군마현에서 공진회를 개최하므로 이에 맞추어 앞서 인쇄했던 소책자를 보수, 개정하여 『조선요람』이라고 제목 짓고 재차 이를 널리 세상에 반포함으로써 왕래의 뗏목으로 삼고자 한다.서

〈목차〉

제목		제목		제목	
제1	지리	제10	교통	제19	교육
제2	농업	제11	통신	제20	종교
제3	임업	제12	재정	제21	사법 및 법전 조사
제4	광업	제13	금융기관	제22	경찰
제5	수산	제14	금리	제23	위생
제6	척식사업	제15	물가	제24	수도
제7	공업	제16	노은	제25	재류외국인
제8	상업	제17	공업소유권 및 저작권의 보호	제26	신문잡지
제9	관세	제18	도량형		

418) 조선의 실정朝鮮之實情

저자	이데 쇼이치(井手正一)	출판연월	1910년 10월
판형	46판	페이지 수	246쪽
발행처	도쿄 공우사(公友社)	소장처	일본 국회도서관

조선에 관해 알려야 할 것은 극히 많다. 만약 상세히 쓰고자 하면 일부의 풍속사도 막대한 양의 책이 될 것이다. 지금 내지의 사람은 오히려 대체적인 것을 신속히 아는 것이 필요하다. 따라서 얕고 넓게, 성긴 부분이 있더라도 되도록 많은 부분을 취급하고자 한다. 범례

저자에 대해서는 알기 어렵다.

〈목차〉

장	제목	장	제목	장	제목
권두 한국병합 조서 병합조약		제6장	사회계급	제13장	상업
		제7장	교육	제14장	수산업
제1장	합병의 의의	제8장	종교	제15장	광업
제2장	합병과 교육	제9장	문학	제16장	산림업
제3장	합병의 전말	제10장	풍속인정	제17장	교통운수
제4장	연혁	제11장	농업	제18장	항항(港航)의 안내
제5장	지리	제12장	제조업	제19장	철도와 역

419) 조선일반朝鮮一斑

저자	다구치 하루지로(田口春二郎)	출판연월	1911년 4월
판형	국판	페이지 수	427쪽
발행처	경성 일한서방(日韓書房)	소장처	舊藏

나는 경찰 사무에 수년간 종사하고 있다. 직무상 참고할 자료로 쓰기 위해 최근의 여러 책에서 조선 사정에 관한 일절一節을 발췌하고 모아서 한 권의 책으로 만든다. (…중략…) 이 책의 편찬은 올해 12월 조선 각지에서 보내온 상황 통보를 기초로 기타 각 관아에서 간행한 각종 보고 가운데 재료를

모아 이를 적당히 취사하였다. 그리고 서목書目은 또한 이하를 참고했다. 동국통감, 삼국사기, 대동야승, 평양지. 서언

〈목차〉

편	제목	편	제목	편	제목
총론		제8편	위생	제16편	공업
제1편	일반지지	제9편	금융기관	제17편	상업
제2편	도읍지	제10편	물가표	제18편	세관
제3편	명소고적지(誌)	제11편	노은	제19편	조선략사
제4편	통치기관	제12편	교육	제20편	계급 및 풍습
제5편	경비기관	제13편	종교	부록	일본, 청, 조선, 유럽 대조 연대표
제6편	도량형	제14편	산업지(誌)		
제7편	교통	제15편	척식사업		내지 및 조선간 전신 및 전화, 위체(爲替), 소포요금표

420) 조선반도朝鮮半島

저자	야마지 조이치(山道襄一)	출판연월	1911년 5월
판형	국판	페이지 수	327쪽
발행처	경성 일한서방(日韓書房)	소장처	架藏

저자는 히로시마현 사람으로 와세다대학 정치경제과 출신이다. 『돗토리신보鳥取新報』, 『대한일보』, 『주고쿠신문』 등의 주필이었다. 1903년 경성에서 한반도사를 창설하고 잡지 『한반도』를 주재했다. 중국, 시베리아에 뜻을 두고 여러 차례 건너가 그 지방을 만유漫遊했다. 중의원 의원에 당선되어 민정당 및 국민동맹의 각 간사장을 지내며 정계의 중진으로 활약했다.

이 책에 수록한 것은 새로운 판도와 경영에 대한 사견이다. 제도와 옛 관습에 속하는 사실의 기록이며, 또한 정치 · 종교 · 문학 · 사회 등에 관한 평론이다. 이를 일괄해 『조선반도』라고 이름 지었다. (…중략…) 이 책 전편은 저자가 『대한일보』 주필이 된 이래의 사견이며 (…중략…) 후편은 한국 내부 및 조선총독부 경무총감부 등의 촉탁을 받아 조사한 제도, 옛 관습 자료를 골자로 하였다. 이를 통해 논의의 근거를 보충하고 일관된 주지를 유지하고자 했다. 예언

〈목차〉

제목	제목
(전편 신판도 경영책)	(후편 제도 및 구관)
경영의 근본방침	반도의 자치적 하급 행정
조선인 교육의 과거와 장래	반도 자치제도의 편영(片影)
기독교와 인심	반도의 사회조직과 계급제도
조선민족의 신앙과 불교	귀족
조선과 만주의 철도경영과 그 가치	평민
조선반도의 산업정책	노비
조선의 농업과 상공업	혼가(婚嫁)
새로운 판도의 국제관계 사정	장제(葬祭)
	묘지
	미신
(부록) 일본인이라 칭하는 모하당(暮夏堂) 김충선(金忠善)	

421) 조선의 연구朝鮮の研究

저자	야마구치 도요마사(山口豊正)	출판연월	1911년 9월 1914년 8월(2판)
판형	국판	페이지 수	340쪽
발행처	도쿄 엄송당(嚴松堂)	소장처	일본 국회도서관

저자는 전 한국정부 재무관으로 한국에 재임했다.

나는 이전에 조선에 수년간 머문 적이 있다. 공무의 나머지 시간에 각지에서 직접 견문한 것과 선배 여러분이 조사한 것 등을 참작, 수집하여 필자의 부족함을 돌아보지 않고 이 책을 편찬한다. 소인

통계는 사정을 파악하는 굴강屈强의 재료가 된다. 하지만 조선과 같이 통계기관의 설비가 여전히 빈곤한 땅에서 민간 조사는 매우 불충분할 수밖에 없다. 이 책에서는 되도록 정확하게 최근 사정을 제시하기 위해 대강의 조사에 관계된 것 모두를 실어 함부로 어림짐작하는 일을 피했다. 범례

이 책은 1914년 8월에 증보 제2판을 간행했는데 분량이 1판의 2배로 늘어 654쪽이 되었다. 제2판에는 「사법, 감옥 및 경찰」, 「외사 관계」 두 장을 더하고 「조선약도」를 첨부하였다.

〈목차〉

장	제목
제1장	총설
제2장	조선의 풍속

장	제목
제3장	조선인의 성정
제4장	농업
제5장	수산
제6장	광업
제7장	임업
제8장	공업
제9장	상업
제10장	금융기관
제11장	교통
제12장	통신
제13장	내지인 발전상황
제14장	재정
제15장	은사금(恩賜金) 사업
제16장	결말
(부록) 관계 법령 및 여러 표 등 50쪽	

422) 조선상황경개朝鮮狀況梗槪

저자		출판연월	1912년 5월
판형	46판	페이지 수	183쪽
발행처	조선주차헌병대 사령부	소장처	舊藏

이 책은 조선에 이주를 계획하는 자에게 참고를 제공하기 위해 그 상황의 경개를 서술한 것이다. 곧 무모한 계획을 피하게 하고 견실한 이주를 촉진하고자 한다. 권두

〈목차〉

제목	제목	제목
총론	통신기관	상업

제목	제목	제목
기후	농업	금융기관
생활	광업	노동
보호기관	어업	여러 법규
교육 및 위생	임업	(헌병경찰 배치도)
운수교통	공업	

423) 조선시찰개요朝鮮視察概要

저자	가쓰다 도모히사(勝田知久)	출판연월	1913년 1월
판형	국판	페이지 수	165쪽
발행처	히로시마 조선시찰단	소장처	일본 국회도서관

히로시마와 조선의 밀접한 관계를 위해 1912년 1월 '히로시마 조선협회'가 결성되었고, 그 사업의 일환으로 히로시마 조선시찰단이 조직되었다. 이 책은 1912년 4월 12일부터 단원 21명이 12일간에 걸쳐 조선 각지를 시찰한 보고서다.

〈목차〉

제목	제목	제목
서언	4. 경성	10. 마산
히로시마 조선협회의 조직	5. 경성	11. 진해
조선시찰단의 편성	6. 인천	12. 시모노세키 도착
1. 조선시찰	7. 신의주	단원 감상록
2. 부산	8. 안동	
3. 대구	9. 평양	

424) 군인필독 조선의 연구軍人必讀 朝鮮の硏究

–부 조선부임자 심득附朝鮮赴任者心得

저자	압강생(鴨江生)	출판연월	1916년 9월
판형	46판	페이지 수	331쪽
발행처	도쿄 후생당(厚生堂)	소장처	일본 국회도서관

이 책은 조선 제반의 사정을 망라하여 군사상 관계된 사항을 상세히 서술하고, 덧붙여 부임자를 위한 지침이 될 자료를 열거하여 조선 재근자나 부임자는 물론 제국군인의 필독참고서가 되고자 한다. 서

〈목차〉

425) 조선의 근정朝鮮の近情

저자		출판연월	1921년 3월
판형	국판	페이지 수	40쪽
발행처	경성 조선총독부	소장처	架藏

1921년 3월, 오사카부 외 10개 현의 조선시찰단을 위해 강연한 내용을 수록한 것이다.

〈목차〉

강연자	제목
미즈노(水野) 정무총감[44]	내지의 대표적 유식자 여러분을 맞이하며
아카이케(赤池) 경무국장[45]	조선통치와 여론
와타나베(渡辺) 사무관	조선의 행정조직
마루야마(丸山) 사무관[46]	현재 조선의 치안

426) 조선민정시찰보고朝鮮民情視察報告

저자		출판연월	1923년 2월
판형	국판	페이지 수	80쪽

44 조선총독부 정무총감을 지냈던 미즈노 렌타로(水野錬太郎, 1868~1949)를 말한다. 도쿄제국대학 법과대학을 졸업했으며, 1912년 입헌정우회 소속으로 귀족원 의원이 되었다. 데라우치 마사타케 내각의 내무대신을 역임했으며 1919년 3·1운동 이후 조선총독부 정무총감을 맡았다. 1923년 관동대지진이 벌어지자 그 수습을 진두지휘했다.

45 도쿄제국대학 법과대학을 졸업하고 내무성 관리를 지냈던 아카이케 아쓰시(赤池濃, 1879~1945)를 말한다. 1919년 3·1운동 이후 조선에 건너가 내무국장, 경무국장 등을 역임했다. 1922년 일본으로 돌아가 척무국 관장, 경시총감 등의 직위에 올랐다.

46 도쿄제국대학 법과대학을 졸업하고 내무성 관리를 지냈던 마루야마 쓰루키치(丸山鶴吉, 1883~1956)를 말한다. 경시청 보안과장, 시즈오카현 내무부장 등을 역임했고, 1919년 조선총독부 경무국장에 취임했다. 1929년 경시총감으로 부임했고, 노동쟁의를 적극적으로 진압하는 한편 폭력단 적발 및 풍기단속에 진력했다.

발행처	도쿄 동광회(同光會) 본부	소장처	도쿄 경제대

이 책은 도쿄 동광회가 대의사代議士 우에쓰카 쓰카사上塚司,[47] 아라카와 고로荒川五郎, 소에지마 기이치副島義一[48] 외 2명을 조선에 파견하여 민정을 시찰한 보고서다. 전술한 3명의 보고 외에도 「조선민의 청취록」과 이기만李起晩 외 33명의 의견서를 수록했다.

〈목차〉

제목
제언(題言)
일정
우에쓰카 쓰카사(上塚司) 보고
아라카와 고로(荒川五郎) 보고
소에지마 기이치(副島義一) 보고
조선민의 청취록

427) 조선朝鮮

저자	상애회(相愛會) 오사카본부 문화부 編	출판연월	1925년 5월
판형	46판	페이지 수	272쪽
발행처	오사카 상애회 오사카본부	소장처	일본 국회도서관

이 책은 '내선융화' 문제가 제기된 1925년 당시 조선의 사정을 내외에

47 우에쓰카 쓰카사(1890~1978) : 구마모토 출신으로 남만주철도주식회사에서 근무했으며 중의원 의원을 지냈다.

48 소에지마 기이치(1866~1947) : 천황기관설(天皇機關說)을 주장한 헌법학자. 도쿄제국대학 법과대학을 졸업했고 베를린대학에 유학했다. 하인리히 데른부르크(Heinrich Dernburg)의 저서 『독일민법론』을 번역했으며(1899), 『일본제국헌법론』(1905), 『일본제국헌법강화』(1928) 등을 저술했다.

주지시키기 위해 상애회 오사카본부가 편집, 출판한 것이다. 집필은 신문균申文均이 담당한 것으로 보인다.

〈목차〉

제목		제목		제목	
(조선역사개요)	이조 오백년 왕실 세보 계통		임업		계급별
			광산		지방자치제도
	조선민족기원		제조업		교육 및 학술
(생산, 농업)	토지의 점유		상업 경개		기독교
	농경 총설		하천		러한조약
	수확 계산법 농작물의 종류		기후 및 음식		풍속
	목축		운수교통	(조선을 잘 아는 명사 이케다 류조(池田龍藏) 씨의 이야기)	
	수산		지질		
	수렵업		국민		

3. 정치 · 외교

428) 조선정체朝鮮政體 – 일명 초역대전회통一名抄譯大典會通

저자	마노 이헤이(間野遺秉) 編	출판연월	1882년 9월
판형	46판	페이지 수	113쪽
발행처	도쿄 게이오의숙(慶應義塾) 출판사	소장처	架藏

이 책은 이태왕李太王의 명으로 편찬한 『대전회통』 6권 5책이조 최후의 법전 중 정체政體에 관한 사항을 초역한 것이다. 편자 마노 이헤이의 호는 유심재留心齋로 옛 나카쓰中津 번사였다. 1877년 상경하여 니쇼가쿠샤二松學舍에서 미시마 주슈三島中洲[49]에게 배웠으며 한문을 전수專修했다. 1879년 니쇼가쿠샤 사숙장塾頭이 되었고, 게이오의숙 한문 교수를 역임했다.

이 책은 『대전회통』의 최초 일본어 번역판이며, 이후 중추원판 『역문 대전회통譯文 大典會通』1924, 534번 항목 참조과 중추원판 『교주 대전회통校註 大典會通』1939이 나왔다.

49 미시마 주슈(1831~1919) : 도쿄고등사범학교와 도쿄제국대학에서 교수를 역임했던 유학자다. 니쇼가쿠샤의 창립자로서 시게노 야스쓰구(重野安繹), 가와타 오코(川田甕江)와 함께 메이지 3대 문종(文宗)으로 불렸다.

이 책은 조선의 정체에 관한 긴요한 사항을 그 나라의 법전에서 초역한 것으로, 오늘날의 이른바 정체서政體書와는 그 형식이 크게 다르다. 다만 현재 그 나라 정부의 조직 여하를 아는 것에는 오히려 적절한 부분도 있을 것이다. 범례

〈목차〉

장	제목	장	제목
이전(吏典)		병전(兵典)	
제1장	명부(命婦)	제1장	경관직(총 9항)
제2장	경관직(총 40항)	제2장	외관직(총 9항)
제3장	외관직(총 9항)	제3장	제도(諸道) 병선(총 8항)
附 호전(戶典) 녹과(祿科)			

429) 외교지고 부 연표 2책外交志稿 附 年表 二冊

저자	외무성 기록국 纂修	출판연월	1884년 7월
판형	국판	페이지 수	822쪽 연표 301쪽
발행처	도쿄 외무성	소장처	架藏

1877년 외무대서기관 기록국장 와타나베 고키渡辺洪基[50]가 외무대신 데라시마 무네노리寺島宗則[51]에게 건의하여 외교지의 편찬을 기획했다. 저술에 3년이 걸렸고 1881년 4월 처음으로 『외교지략外交志略』의 원고가 완성되었

50 와타나베 고키(1848~1901) : 후쿠자와 유키치에게 배웠으며, 제국대학 초대 총장, 도쿄부(東京府) 지사, 문관시험국 장관, 국가학회 회장, 중의원 의원, 귀족원 의원 등을 지낸 관료다.

51 데라시마 무네노리(1832~1893) : 일본 전기통신의 아버지라 불리며 제4대 외무경을 지낸 관료다. 나가사키에서 난학(蘭學)을 배웠고 후쿠자와 유키치 등과 함께 막부 사절단의 서양사정 탐색 요원으로 선발되었다. 메이지유신 이후 외교관이 되어 스페인, 하와이 등과의 조약 체결에 관여했고, 1873년 외무경의 자리에 올랐다.

으나, 여러 논쟁이 생겨 인쇄에 이르지 못하고 이후 몇 차례나 원고를 수정한 끝에 1884년 7월 『외교지고外交志稿』라는 제목으로 간행되었다. 편찬원 중에는 외무4등 속 이시바타 사다石幡貞, 첫 번째 주한일본공사관원의 이름도 보인다.

조선은 신라, 백제, 고구려, 임나, 탐라부터 고려, 조선까지, 한토漢土는 한, 위, 진, 송부터 수, 당, 원, 명까지, 숙신은 그 옛날 출사 토벌부터 도이刀伊의 입구入寇와 올량합兀良哈의 전투까지, 서남 제국諸國은 루손呂宋, 마카오부터 베트남, 통킹, 시암, 캄보디아, 파타니太泥에 이르기까지, 유럽과 아메리카 대륙은 포르투갈, 스페인, 이탈리아, 네덜란드, 영국, 프랑스, 러시아, 북아메리카 합중국 등에 이르기까지, 즉 개국 이래 2천여 년 동안 이들 외국과 관련된 사건의 자취를 열거했다. 또한 가에이嘉永, 1848~1854 · 안세이安政, 1854~1860 연간에 미국 배가 입항한 이후부터 메이지 초년에 이르기까지를 33권으로 엮었으며, 부록으로 연표 5권을 첨부한다. 범례

〈목차〉

권	제목	권	제목
권1~권5 교빙(交聘)	조선		인도 및 서남 제국
	한토		유럽 제국 및 아메리카
	발해	권21~권24 학술 · 종교 편	조선
	서남 제국		한토
	유럽 제국 및 미국		인도 및 서남 제국
권6~권10 전쟁	조선		유럽 및 아메리카
	한토	권25~권29 증수(贈酬) 편	조선
	숙신		한토
	서남 제국		발해

<table>
<tr><th>권</th><th>제목</th><th>권</th><th>제목</th></tr>
<tr><td></td><td>유럽 제국</td><td rowspan="2"></td><td>서남 제국</td></tr>
<tr><td>권11 판도 연혁 편</td><td>조선</td><td>유럽 및 아메리카</td></tr>
<tr><td rowspan="5">권12~권16 표류 편</td><td>조선</td><td rowspan="5">권30~권33 무역 편</td><td>조선</td></tr>
<tr><td>한토</td><td rowspan="2">한토</td></tr>
<tr><td>숙신, 발해, 만주 및 러시아 동부</td></tr>
<tr><td>서남 제국</td><td>서남 제국</td></tr>
<tr><td>유럽 및 아메리카</td><td>유럽 및 아메리카</td></tr>
<tr><td rowspan="2">권17~권20 귀화이주 편</td><td>조선</td><td colspan="2" rowspan="2">권34~권38 연표</td></tr>
<tr><td>한토</td></tr>
</table>

430) 조선朝鮮

저자	오다기리 마스노스케(小田切万寿之助)	출판연월	1890년 4월
판형	국판 화장(和藏)	페이지 수	163쪽
발행처	저자	소장처	架藏

저자는 옛 요네자와번米沢藩의 번사로 호는 부향富鄕이다. 도쿄 외국어학교 지나어과를 졸업했으며, 1884년 외무성 유학생으로 톈진天津에 파견되어 영사관 서기생, 일등영사, 상하이 총영사 등을 역임하며 명망을 쌓았다. 1905년 관직에서 내려와 요코하마정금은행横浜正金銀行에 들어가 대對지나 차관사업에 종사했다. 1934년 9월 정금은행 재임 중 향년 67세로 병사했다. 이 책은 사가한정판이며 비매품이다.

저자 본래의 목적은 이 책을 2편으로 나누어 제1편에서 조선 외교의 실정을 쓰고 제2편에서 조선 내부의 실정을 쓰고자 하였으니 본편은 실로 그 제1편이다. (…중략…) 그리 많지 않은 부수를 인쇄한 것은 오로지 세상에 수정과 비평을 구하기 위함이며 (…중략…) 저자는 앞서 경성에 주재할 때 공사관 소속 육군보병 대위 시바야마 히사노리柴山尚則 군과 함께 머물면서 아침저녁으로 조선의 형세를 담론했고, 일찍이 알지 못했던 것들을 들을 수 있었다. 저자가 이 책을 기초할 때도 시바야마 군은 그 뜻에 찬성하여 자신이 가진 자료들을 빌려주었는데 큰 도움이 되었다. 책을 인쇄할 때 인천주재 부영사 하야시 곤스케林權助[52] 군이 친히 교열하는 수고를 해주었다. 이에 여기에 적어 감사를 표한다. 서언

〈목차〉

제목	
제1	일본의 관계
제2	청국의 관계
제3	러시아의 관계
제4	영국, 미국, 프랑스, 독일, 벨기에 등 여러 나라의 관계
제5	조선반도의 미래
조선정략	

431) 아시아에서 러시아의 형세와 조선의 동양관계

亜細亜ニ於ケル露國ノ形勢竝朝鮮ノ東洋ニ於ケル關係

저자	아가와 기이치(阿川義一)	출판연월	1891년 8월
판형		페이지 수	
발행처	미에현(三重県) 쓰시(津市) 저자	소장처	일본 국회도서관

52 하야시 곤스케(1860~1939) : 1887년 외무성에 들어갔고 인천 영사를 역임했다. 영국과 청나라에서 수석서기관으로 근무했고, 1900년 주한공사로 임명되었다. 한일의정서 조인, 제1차 한일협약, 제2차 한일협약 등을 주도했다. 그 공적을 인정받아 1907년 남작의 서훈을 받았고, 훗날 가쓰라 다로(桂太郎), 고무라 주타로(小村壽太郎)와 함께 강제병합의 '세 남자'로 불리게 되었다.

아가와 기이치중의원 의원의 정치적 견해를 인쇄하여 각 방면에 배포한 것이다.

〈내용〉

제목	
1	러시아
2	조선
3	조선과 지나
4	조선과 러시아
5	청나라와 러시아와 영국
결론	

432) 조선인김옥균 모살 · 박영효 모살 미수 및 유 대리공사 이임과 귀국에 관한 건朝鮮人(金玉均謀殺 朴泳孝謀殺未遂)幷兪代理公使離任歸國ニ關スル件 – 메이지 27년 외교문서 휘찬 건별 유집明治二十七年外交文書彙纂件別類輯

저자		출판연월	1894년 3월~5월
판형	46배판 화장(和裝)	페이지 수	18장
발행처	외무성	소장처	架藏

이 책은 김옥균 암살사건에 관한 상하이총영사 대리 오코시 나리노리大越成德[53]의 보고와 일본에 체류 중이던 이일직李逸稙[54] 호송에 관한 임시대리

53 오코시 나리노리(1856~1923) : 막부의 하급 관리 집안에서 태어났다. 막부가 무너진 후 집안이 기울었고, 곤궁한 생활을 보내던 와중에 외무성 양어학소(洋語學所)에 들어가 프랑스어를 배웠고 1872년부터 외무성에서 번역을 맡게 되었다. 영국에서 경제학을 배웠고『외국무역확장론』(1889) 등을 저술하여 좋은 평가를 받았다. 1893년 상하이 영사, 이듬해 총영사의 자리에 올랐고 김옥균 암살사건이 벌어지자 홍종우를 상하이 공동조계로 넘기라고 청나라에 요청하기도 했다. 이후 남미로 파견되어 브라질, 아르헨티나 등지에서 근무했다.

54 이일직 : 김옥균 암살을 위해 민영소가 일본으로 파견했던 인물. 금전적인 어려움을 겪고 있었던 김옥균을

공사 유기환兪箕煥[55]의 서간을 수록한 것으로, 『외교문서 휘찬 건별 유집』으로 관계 방면에 배포되었다.

〈내용〉

제목
'김옥균 피살사건의 전말' 재상하이 오코시총영사 대리의 보고
'김옥균 살해 사건에 대한 한국 조정의 태도' 오토리(大鳥) 공사의 보고
'김옥균 암살사건에 관한 주의점 및 입회재판' 등의 전보에 대한 오코시총영사 대리의 회신
'김옥균 사체 처분 방법에 관하여 상하이 지현(知縣)과의 왕복의 건' 오코시총영사 대리의 보고
김옥균 시체 처분 방법에 관해 재청 고무라(小村) 임시 대리공사[56]에게 보낸 통지
김옥균 피살에 대한 한국 조정의 감정(感情) 및 류(柳)·이(李) 두 사람의 거동 주의 및 박영효 귀국 등에 관한 오토리 공사의 보고
이일직(李逸稙) 호송에 관해 유 임시 대리공사로부터 온 서간 두 건

433) 일청한조약요람日淸韓條約要覽

저자		출판연월	1894년

상하이로 유인하고 홍종우를 포섭하여 암살을 성공시켰다. 이후 박영효도 암살하려고 했으나 실패했다.

55 유기환 : 대한제국의 관료. 외부협판으로 명성황후 발인 때 조위 각국 공사·영사를 반접(伴接)하였다. 군부대신서리로 독립협회가 국제(國制)를 변경하여 공화정치를 실시하려 한다는 익명서를 거리에 붙이게 하여 개화세력을 탄압했다. 주일한국대리공사로서 청나라 정부와 교섭하여 홍종우를 귀국시켰다.

56 고무라 주타로(小村壽太郎, 1855~1911) : 영일동맹 체결, 포츠머스조약 체결, 관세자주권 회복 등 굵직굵직한 외교적 성과를 올린 관료다. 미야자키의 하급 무사 집안에서 태어났다. 도쿄에 올라가 공부하던 중 제1회 문부성 해외유학생에 선발되어 하버드대학에 갔다. 이후 뉴욕의 법률사무소에서 견습으로 근무했고, 귀국하여 사법성에 출사했다. 외무성, 번역국 등에서 근무한 후 1893년 공사관 참사관으로 베이징에 부임했다. 동학농민전쟁이 벌어지자 청나라 정부와의 각종 교섭을 담당했다. 청일전쟁이 시작된 후에는 제1군민정 장관으로 현지에 파견되었고, 종전 후에는 외무성 정무국장으로 강화교섭에 참여했다. 1895년 10월 명성황후가 암살되자 진상 조사 및 사태수습을 위해 조선에 파견되었다. 아관파천으로 조선에 친러 반일 내각이 성립하자 러시아 공사 베베르와 교섭하여 '고무라 베베르 협정'을 맺었다. 1896년 6월 일본에 귀국하여 외무차관에 부임했다. 주미공사, 주러공사, 주청공사 등을 역임했고 1901년 외무대신에 올랐다. 1909년 4월에는 가쓰타 다로 수상과 함께 이토 히로부미를 만나 한국병합의 방침을 전했다.

판형	46판	페이지 수	47쪽
발행처	도쿄 의용각(義勇閣)	소장처	일본 국회도서관

이 책은 우리나라와 청국, 한국 사이의 조약 중 주요한 것을 간추려 모은 것이다. 지금은 실로 동양의 위급한 시기로, 이 책이 만약 우리 동포의 요구에 응할 수 있다면 편자의 영광 또한 적지 않을 것이다.서언

제목
일청수호조규
일청통상장정
일청통상장정 중 개정의 서간 적요
톈진조약
조선수교조규
조선수교조규부록
附 무역규칙
조선수호조규속약
조선경성변란에 관한 담판결약

434) 건건록蹇蹇錄

저자	무쓰 무네미쓰(陸奥宗光)	출판연월	1896년
판형	4절판	페이지 수	420쪽
발행처		소장처	架藏

이 책은 제2차 이토伊藤 내각의 외무대신 무쓰 무네미쓰 백작이 1895년 6월부터 오이소大磯에서 병으로 요양하던 시기에 집필한 것이다. 다음 해인 1896년에 인쇄하고 '비秘' 도장을 찍어 관계 방면에 한정 배포했다. 그 후 여러 차례 번각이 기획되었으나 외교상의 기밀이라는 이유로 허가받지

못했다. 그러나 상당수의 이본異本이 유포되었다. 이 책이 완전한 형태로 공식 간행된 것은 1929년 『백작 무쓰 무네미쓰 유고』라는 제목으로 이와나미서점岩波書店에서 출판된 것이 처음이다. 이후 1933년 이와나미 문고본이 원형 그대로가타카나를 히라가나로 수정했을 뿐 국판 반절半載로 축소, 재간되었다.

〈목차〉

장	제목
세1장	동학당의 난
제2장	조선을 향한 일청 양국 군대의 파견
제3장	오토리 특명 전권공사의 귀임 및 취임 후 조선의 형세
제4장	조선국의 내정을 개혁하기 위해 일청 양국 공동위원을 파견해야 한다는 제안
제5장	조선의 개혁과 청한종속 문제에 관한 개설
제6장	조선 내정개혁 제1기
제7장	구미 각국의 간섭
제8장	6월 22일 이후 개전에 이르기까지 리훙장(李鴻章)의 위치
제9장	조선사건과 일영(日英)조약개정
제10장	아산(牙山)과 풍도(豊島)의 전투
제11장	조선 내정개혁 제2기
제12장	평양 및 황해 전승의 결과
제13장	영사재판제도와 전쟁의 관계
제14장	강화담판 개시 전 청국 및 유럽 열강의 거동
제15장	일청강화의 발단

장	제목
제16장	히로시마 담판
제17장	시모노세키 담판(上)
제18장	시모노세키 담판(下)
제19장	러시아, 독일, 프랑스 삼국간섭(上)
제20장	러시아, 독일, 프랑스 삼국간섭(中)
제21장	러시아, 독일, 프랑스 삼국간섭(下)

435) 외교의 위기 한국문제外交之危機 韓國問題

저자	오우치 조조(大内暢三)	출판연월	1900년 9월
판형	국판	페이지 수	42쪽
발행처	도쿄 정유사(丁酉社)	소장처	架藏

저자는 1874년 3월 후쿠오카에서 태어났으며, 도쿄전문학교 및 미국 콜롬비아대학에서 정치학, 헌법학을 수학하고 고노에 공작을 따라 구미를 유람했다. 이후 중의원 의원에 당선, 일찍부터 조선에 뜻을 두고 농업 및 식민 사업을 경영했다. 권두에 고노에 아쓰마로近衛篤麿[57]의 서문이 있다.

57 고노에 아쓰마로(1863~1904) : 좌대신(左大臣) 고노에 다다후사(近衛忠房)의 장남이다. 1885년 유럽에 유학하여 라이프치히대학을 다녔다. 귀족원 의장, 학습원(學習院) 원장을 역임했고, 아시아주의의 입장에서 중국 문제에 지대한 관심을 드러냈다. 동아동문회의 회장으로서 아시아먼로주의를 주장하면서, 중국, 조선에서의 일본의 권익 보호를 강조했다.

지식인들은 대개 청국에만 주목하는 경향이 있었고 조선에 관한 관심은 적었다. 오우치 군은 일찍부터 이 점을 안타까워했다. 지금은 모든 일에서 조선이 대단히 중요하다고 생각해 얼마 전 스스로 조선에 건너가 직접 조사, 연구하고 돌아왔다. 그 후 더욱 소신이 견고해졌고 마침내 이 책을 만들어 마음속 생각의 일단을 드러내게 되었다. 고노에 공(公) 서

〈목차〉

제목	제목	제목	제목
총론	일청전쟁의 원인	일러협상의 단서	러한은행
정한론	일청전쟁 후의 한국	일러협상 의정서	그 후의 형세
강화도사변	10월 8일 사변의 원인	각서 의정서	독립협회의 용약(勇躍) 및 그 영향=러시아의 퇴양(退讓)
수호체결 후의 일한	10월 8일 사변	러한비밀잠정조약	러시아 퇴양 후의 한성
1882년의 변란	사변 후의 한성	협상 전후 열국의 태도	거제도 불할양 조약
1884년의 변란	11월 28일 사건	용병문제	마산포 문제
톈진조약	러시아의 음모	절영도 치입 신청	안권(安權) 사건
조약 후의 조선	2월 11일 사변	개항문제	한국의 광산
원산방곡령	사변 후 열국의 동정과 일본의 태도	탁지(度支) 고문 사건	한국 현재의 고문 및 기사(技師)
김옥균 살해	일러 교섭	러한합동조약	한국 각국 어학교 및 주임 교관

436) 일러간지한국日露間之韓國

저자	시데하라 다이라(幣原坦)	출판연월	1905년 12월
판형	국판	페이지 수	200쪽
발행처	도쿄 박물관(博物館)	소장처	架藏

저자는 1870년 9월 오사카에서 태어났다. 시데하라 기주로幣原喜重郞[58] 남작의 형이며 1893년 도쿄제국대학 국사과를 졸업, 가고시마 조사관 교수, 야마나시중학교장, 경성중학교장, 도쿄고등사범학교 교수, 한국정부 학정참여관, 문부성 시학관視學官, 히로시마 고등사범학교장 및 문부성 도서국장을 거쳐 타이페이제국대학 총장이 되었다. 사학자, 특히 조선통으로 알려져 있으며 조선에 관한 논저가 많다. 저서로는 『한국정쟁지韓國政爭誌』1907, 439번 항목 참조, 『일한관계로 본 대마도연구日韓關係よりの對州硏究』1914, 상권 154번 항목 참조, 『조선교육론』1919, 685번 항목 참조, 『조선사화朝鮮史話』1924, 상권 187번 항목 참조, 『남도연혁사론南島沿革史論』, 『만주관滿洲觀』, 『식민지교육』, 『학교론』, 『세계소관론世界小觀論』 등이 있다. 『일러간지한국』에 관해서는 범례에서 다음과 같이 기술하고 있다.

> 이 책은 나의 견문기로서, 여기 수록한 사실들의 대부분은 한국의 여러 신문에서 발표되었던 것들이다. 외교상, 군사상의 기밀은 내가 다룰 수 있는 것이 아니다. 단 육해군 보고의 경우, 책임 있는 장관이 발표한 것은 후일 좋은 사료가 되길 바라며 원문 그대로 보존하여 싣고자 힘썼다. 범례

〈목차〉

장	제목	장	제목
제1권 일러개전 이전의 한국		제2권 일러개전과 한국	
제1장	러시아의 만주철병 제1기일부터 제2기일까지 한국 내 일러의 관계	제1장	개전부터 한일의정서 발표까지의 상태

58 시데하라 기주로(1872~1951) : 외교관이자 정치가로서 제3고등중학교를 수석으로 졸업하고 도쿄제국대학 법과대학을 다녔다. 이후 외무성에 들어가 인천과 부산영사관에서 근무했다. 1924년 외무대신이 된 이후 국제협조노선을 취한 걸로 잘 알려져 있다. 패전 이후 1945년 10월 내각총리대신에 임명되었다.

장	제목	장	제목
제2장	철병 제2기일부터 제3기일까지 한국 내 일러의 관계	제2장	의정서 발표부터 이토(伊藤) 대사 도한(渡韓)까지의 상태
제3장	철병 제3기일부터 개전까지 한국 내 일러의 관계	제3장	대사 도한부터 압록강전투(九連城戰捷)까지의 상태
		제4장	압록강전투부터 러한 양국의 조약 폐기까지의 상태

437) 통감부시정일반統監府施政一斑

저자		출판연월	1907년 2월
판형	46배판	페이지 수	233쪽
발행처	경성 통감부	소장처	도쿄경제대학

이 책은 통감부의 개설 이래 조약 및 법령이 정한 바에 따라 경영, 시설한 정무의 대강을 약술한 것이다. 권수

〈목차〉

제목		제목		제목	
1	재한 제국(帝國)의 여러 관청 및 예산	9	통감부 통신사업	17	통감부 권업모범장 사적(事蹟)
2	한국 고문제도	10	한국지방제도	18	면화 재배 사적
3	재한 제국민에 대한 행정	11	한국재판제도	19	한국임업
4	한국경찰	12	이민보호법 제정	20	농림학교 설립
5	한국의 재정 및 금융	13	한국교육	21	원예모범장 사적
6	한국광업	14	한국토목사업	22	대한부인회 부속 양잠전습소 사적
7	한국 토지제도	15	대한의원(大韓醫院) 설립	(부록) 주요 조약 및 법령	
8	통감부 철도사업	16	공업 전습소의 설립		

438) 한국시정개선일반韓國施政改善一斑

저자	통감부 총무부 비서과	출판연월	1907년 2월
판형	46배판	페이지 수	29쪽
발행처	도쿄 민우사(民友社)	소장처	일본 국회도서관

이 책은 통감부 각 부국과 한국정부 고문부가 통감에게 제출한 1906년 사무보고를 편집한 것이다.

> 이 책의 목적은 오로지 한국의 시정 개선에 관해 제국이 원조한 바를 밝히는 것에 있다. 이에 제국정부의 당연한 권리에 속하는 재류일본인에 대한 전반적 행정, 철도 및 통신기관에 관한 시설 등은 생략한다.

권두

〈목차〉

	제목
1	도로수리
2	수도공사
3	교육확장
4	병원건설
5	경찰쇄신
6	궁중숙청
7	지방제도 개선
8	재판제도
9	재정정리
10	법전편찬
11	광업시정개선
12	이민보호
13	식산흥업 장려

439) 한국정쟁지韓國政爭志

저자	시데하라 다이라	출판연월	1907년 6월
판형	국판	페이지 수	214쪽
발행처	도쿄 삼성당(三省堂)	소장처	

저자는 사학자, 문학박사다. 『일러간지한국』436번 항목 참조 등 논저가 많다자세한 전기는 436번 항목 참조.

나는 전에 한국정부의 초빙에 응하여 그 교육 행정에 참여하면서 (…중략…) 공무의 여가에 국정의 연혁에 관해 탐구한 바가 있다. 이 책에서 다룬 정쟁은 그중 하나다.서언

이 책은 한국의 정쟁에 관해 논술한 것으로서, 정쟁이 벌어지는 원인의 규명에 주안점을 두었다. 생각건대 그 원인의 규명은 정쟁 문제를 해결하는 최고의 수단이자 또한 국정의 심사에 가장 유익한 일이 될 것이다.범례

〈목차〉

편		제목
제1편		개론
제2편 동서분쟁론	제1장	동인 서인의 분쟁은 이조당쟁의 시초인가
	제2장	이조민(李肇敏)의 서실에서 김효원(金孝元)의 침구가 발견된 것은 분쟁 상 어떠한 가치를 가지는가
	제3장	동서분당의 주안점은 무엇인가
	제4장	서원이 분당의 기원에 관계가 있다는 것은 과연 정당한 견해인가
	제5장	심의겸(沈義謙)과 김효원은 어떤 인물인가
	제6장	심의겸 · 김효원 두 사람은 어떤 제재(制裁)를 왜 받았는가
	제7장	제재가 효과가 없었다는 것은 어떠한 사실로 증명할 수 있는가

편		제목
제3편 노소분쟁론	제1장	윤휴(尹鑴)의 이설(異說) 주창은 어떤 결과를 낳았는가
	제2장	윤증(尹拯)은 송시열(宋時烈)과 어떤 관계이며, 또 송시열에 대해 어떤 생각을 가지고 있었는가.
	제3장	윤증이 묘문을 송시열에게 청한 사실이 어떻게 와전되었는가
	제4장	왜 윤증은 송시열에게 등을 돌리기에 이르렀는가
	제5장	왜 김익훈(金益勳)은 비의원한(誹議怨恨)의 중심이 되었는가
	제6장	송시열은 김익훈에 대해 어떠한 조치를 취했는가
	제7장	윤증이 송시열과 절연한 은밀한 동기는 어디에 잠재되어 있었는가
	제8장	왜 송시열은 고향으로 돌아갔는가

440) 제1차 통감부 통계연보第一次統監府統計年報

저자		출판연월	1907년 12월
판형	46배판	페이지 수	249쪽
발행처	경성 통감 관방문서과	소장처	架藏

제2차 통감부 통계연보는 1910년에, 제4차는 『조선총독부 통계연보朝鮮總督府統計年報』로 개정되어 1911년 간행되었다. 그 후 『조선총독부 통계연보』라는 제목으로 1944년까지 매년 간행되었다. 게재된 통계는 당해 연도 제반諸般의 통계를 다루고 있으며 기재사항도 매년 차이가 있다. 제1차는 13과목, 제2차는 19과목, 제3차는 20과목, 제4차는 25과목이다. 여기서는 제1차, 즉 본 연보의 목차만을 간추려 기록한다.

〈목차〉

	제목
1	토지

	제목
2	호구
3	교육
4	자선단체
5	경찰 및 감옥
6	민형사 및 재판
7	은행 및 금융
8	산업
9	무역
10	철도
11	통신
12	재정
13	직원

441) 각도 관찰사에 대한 이토 통감의 자문과 훈시

各道觀察使ニ對スル伊藤統監ノ諮問竝訓示

저자		출판연월	1908년 6월
판형	46배판	페이지 수	119쪽
발행처	경성 통감관방	소장처	舊藏

〈목차〉

제목
각도 관찰사 회의 개요
기설(旣設) 징세기관의 지방행정청 병합 건의
1908년 6월 5일 만찬회 석상 이토 통감 연설
1908년 6월 17일 만찬회 석상 이토 통감 훈시 연설

442) 면에 관한 조사面ニ關スル調査

저자		출판연월	1908년 10월
판형	국판	페이지 수	72쪽
발행처	경성 탁지부 사세국(度支部 司稅局)	소장처	舊藏

면장의 임면·감독 및 면의 재정과 기타 현행 제도는 지역마다 제각기 달라서 그 실황을 파악하기 어렵다. 이에 각 재무감독국이 조사한 보고를 종합하여 본서를 편찬한다. 단 기술 사항 중 어떤 부분은 자세하고 어떤 부분은 간단한데, 이는 되도록 원래의 보고서를 그대로 게재하였기 때문이다. 이를 통해 각지 관행의 이해에 편의를 제공하고자 한다. 서언

〈목차〉

	제목
1	면의 광협(廣狹)
2	면장의 임면, 임기 및 자격
3	면장의 직무
4	면장, 기타 이원(吏員)의 수입
5	면의 재정
6	면장의 감독
7	동리에 관한 사항
8	면제(面制) 개량에 관한 사항

443) 한국시정연보(제1차)韓國施政年報(第一次)

저자		출판연월	(1906년, 1907년) 1908년 12월
판형	46배판	페이지 수	420쪽
발행처	경성 통감관방	소장처	架藏

한국시정연보는 통감부 개청 후 1908년에 제1차가 간행됐다. 『제2차 한국시정연보』1908를 1910년에 내고, 이어서 『제3차 한국시정연보』1909를 1911년에 간행했다. 1912년내용은 1910부터 『조선총독부 시정연보』로 개정하여 매년 간행했으며, 1944년에 마지막 판이 간행되었다. 편별 내용은 매년 당해 연도에 시행된 정무의 대강을 기술한 것이다. 따라서 연도별 내용과 목차에 차이가 있다. 여기에서는 제1차1906~1907의 목차만을 게재한다.

〈목차〉

	제목
1	협약 및 의정서
2	통감부의 조직
3	한국의 제도
4	궁중제도
5	외국 및 외국인 관계 사무
6	사법(附 법제)
7	경찰
8	치안
9	재정(附 금융)
10	산업
11	공공사업
12	통신
13	철도
14	교육
15	위생
16	거류제국민을 위한 시설

444) 순행경무휘찬巡幸警務彙纂 – 경찰월보 제9호 부록警察月報第九號附錄

저자		출판연월	1909년 4월
판형	국판	페이지 수	160쪽
발행처	경성 내부경무국	소장처	

책의 제목은『순행경무휘찬』이지만 순행에 관한 제반 사항 역시 대체로 망라하였다. 단지 책의 취지에 따라 경무에 무게를 두었을 뿐이다. 지방순행에 관한 경위警衛, 기타 시설에 관해서는 참고할 수 있는 어떤 선례도 없다. 따라서 일단은 편의 적응의 조치를 취했다. 훗날 참고가 될 수 있기를 바라며 이 책을 편찬한다. 예언

〈목차〉

제목		제목	
남한 행행(幸行)의 부		서한 순행의 부	
1	조칙(詔勅) 및 친전(親電)	1	행행 일정
2	행행 일정	2	경위
3	준비사항 시달	3	경무국원의 선발
4	경무국원의 선발	4	각도의 준비
5	경위(警衛)	5	일본국기 게양 및 휴대
6	경찰관의 배치	6	행행 상황
7	철도관리국의 준비	7	봉영송(奉迎送)의 상황
8	각도의 준비	8	통감의 연설 및 이에 대한 반응 상황
9	행행 상황	9	행행 중의 사고
10	칙사 차견(差遣)	10	천람품
11	통감의 주상(奏上), 전주(電奏) 및 연설	11	헌상품
12	각도 환영의 상황	12	하사금
13	배알을 허가받은 자		
14	하사금		
15	국민의 감상		
16	행행 중의 사고		

	제목	제목
17	헌납품	
18	천람품(天覽品) 목록	

445) 한국경찰통계韓國警察統計

저자		출판연월	1909년 5월
판형	국판	페이지 수	77쪽
발행처	경성 내부경무국	소장처	架藏

이 책은 주로 경찰이 조사한 자료에 의거하여 편찬했다. 통감부의 통계서 중 한국 경찰에 관계된 사항도 또한 기재하였다. 이 책에는 주로 1908년의 일을 기재하였다. 단 해당 연도의 자료를 얻지 못했을 경우, 같은 해의 일부 또는 그 전년도의 자료 중 일부를 포함시켰다. 해당 연도에 들어서 조사한 사항은 이를 게재했다. 이 책의 기재사항에는 아직 그 정확성이 떨어지는 것이 적지 않고, 또한 본서에 게재해야 하지만 빠진 것도 있다. 이런 것들은 차차 보정할 것이다. 범례

〈목차〉

제목	제목	제목
직원 배치	일본인 설립 사원	관부연락선승객 요금
순사 가족수	일본인 설립 신사	공사립 병(의)원
순사 근속연수	총포화약류 영치(領置)	일본인 변호사 및 송사대리인 수
순사 연령	경찰 단속 영업자	한국인 변호사 수
각도군면의 수	범죄 건수 및 체포 수	의사, 약제사, 산파, 간호부, 매약업자
호구	화적 습격	전염병 환자
반도인구 분포수	위조화폐 발견수	월별 전염병 환자

제목	제목	제목
반도인구 분포도	강도범죄 수	지방별 콜레라 환자 발생
한국의 현주(現住) 인구	절도범죄 수	두묘(痘苗) 배부구(配付具) 수
저명 시가지 호구	사기취재범죄 수	아편흡용 및 모르핀 주사
국적별 외국인	해적피해	매춘부 인원
일본국 출가자 수	난파선	금별(金別) 대금업
외국 재류한국인	도우(屠牛) 수	엽전 거래
러시아령 출가자 수	화재	지방 물가
각도 면적 및 경지 비교약도	자살 수	각도 산미 예상 수량 가격
반도면적 및 경지 추계	광산채굴허가 수	
종교	철도승객 요금	

446) 융희 3년 경찰사무개요隆熙三年 警察事務概要

저자		출판연월	1909년 1월
판형	46배판	페이지 수	180쪽
발행처	경성 내부경무국	소장처	架藏

1909년도의 경찰 사무는 몹시 바빴고 많은 일이 있었는데 (…중략…) 사회적으로 중대한 사건의 발생 역시 적지 않았다. 1월부터 2월까지는 일찍이 없었던 성대한 규모의 한국 황제의 한국 서남부 순행이 있었고, 3월에는 민적법의 공포 및 실시, 7월 이후에는 사법권 위임에 관한 일한협정에 따라 사법경찰사무 전속 준비 및 그 실시, 12월에는 일한합방문제에 대한 집회결사 단속을 단행했다. 또 이완용 총리 조난사건의 흉행兇行 연루자 수사에 힘을 쏟기도 했다. (…중략…) 기타 중앙 및 지방 경찰 시설개선 및 실행의 세부 사항의 경우 너무 많아 일일이 셀 수 없을 정도다. 그러나 이를 모두 적기에는 너무나 번잡하기 때문에 생략하였다. 서언

〈목차〉

제목		제목		제목	
서언		제18	순사의 복무 및 근무	제36	우편물 호위 및 여행관민의 보호
제1	경찰 직원의 조직 및 배치	제19	순사급여	제37	순행
제2	순사청원 배치	제20	조위금 및 치료 요금	제38	폭도 토벌 사무
제3	노동자 단속에 관한 순사 특별배치	제21	경찰서 청사 및 관사의 신축 증축·수리	제39	출판물 단속
제4	간도(間島) 재근 경찰관의 귀환	제22	경비 전화	제40	신문잡지 발행허가 및 폐간
제5	경찰기관의 확장	제23	경찰 순시	제41	신문압수
제6	경시로 임명해야 하는 경찰서장의 증원	제24	경찰부장회의 및 경찰서장회의	제42	실직노동자 구제
제7	경찰 직원의 임명	제25	시찰사회의에서 경무국장 연설	제43	측량업자 단속
제8	경찰 직원의 파면	제26	도서기관회의에서 I 경무국장의 희망	제44	복권
제9	순사의 상벌	제27	재한외국인에 대한 경찰권 집행	제45	도선(渡船)영업 단속
제10	경찰관의 사상병자	제28	이사청 보고사무에 관한 훈달	제46	기부금품 모집 단속
제11	전(戰)병사자 조혼제(弔魂祭)	제29	문서취급	제47	소방조 현황
제12	시험 및 징계 기관설립	제30	방역사무	제48	수해
제13	경찰관의 교양	제31	민적사무	제49	기근
제14	경찰관의 어학연구 장려	제32	사법경찰사무	제50	여러 범죄
제15	법령예규의 제정발포	제33	재판사무의 보조	제51	위조화폐에 관한 건
제16	관찰사 위임사항의 확장	제34	감옥사무의 보조	제52	경찰예산
제17	경찰서 분서(分署) 업무처리규정	제35	행정관청사무의 원조		

447) 고문경찰소지顧問警察小誌

저자	이와이 게타로(岩井敬太郎) 編	출판연월	1910년 3월
판형	국판	페이지 수	308쪽
발행처	경성 한국정부 내부경무국	소장처	시카타문고

이 책은 한국경무고문부의 연혁과 시설, 실행에 관한 사적事蹟을 기술하고 동시에 당시 경찰의 대상이었던 사건들의 상태를 적록摘錄 편찬한 것이다. 이 책은 경무국 보안과장 이와이 게타로 씨가 편찬한 것으로서 제목을 고문경찰소지로 지었다. 상하 두 권으로 나누어 상권에서는 1895년부터 1896년까지를 기술하고, 하권에서는 1907년 말부터 경무고문부 폐지에 이르기까지를 기술하였다. 상권을 인쇄한 목적은 현재 한국경찰의 전신인 고문경찰의 성격을 명확히 하여 훗날 집무의 참고자료로 삼고자 함에 있다. 인쇄하여 복사본을 만든 것은 경찰관 중 특별한 뜻을 지닌 자에게 한정 배포하기 위함이며 다른 곳에는 반포하지 않는다. 예언

참고로 1966년에 복각판이 나왔다.

〈목차〉

장	제목	장	제목
제1편 창조시대		제2편 확장시대	
제1장	개론	제1장	고문경찰의 발전
제2장	경무고문 용빙	제2장	순검교양기관
제3장	관정소식	제3장	보안경찰
제4장	결사단체	제4장	위생
제5장	소위 의병	제5장	감옥제도
제6장	신문검열	제6장	회계
제7장	관삼(官蔘) 단속	(부록) 영사경찰의 개요	
제8장	사법제도의 상태		

448) 한국경찰일반韓國警察一斑

저자		출판연월	1910년 3월
판형	국판	페이지 수	410쪽
발행처	경성 한국정부 내부경무국	소장처	舊藏

이 책은 1909년 9월 제2회 각도 경찰부장 회의에서 자문 사항에 대해 각도 경찰부장이 답변한 내용을 기초로, 조사를 더하고 보충한 후 종류별로 모아 편찬한 것이다. 또 회의 석상에서 마쓰이松井 경무국장이 한 훈시와 비판의 일부도 함께 기록하였다. 이 책을 편찬한 것은 창업시대라 할 수 있는 오늘날 한국경찰의 정세를 명확히 하여 집무에 참고할 자료를 제공하기 위해서다. 인쇄로 등사를 대신하여 경찰관 가운데 당시 회의 관련자에게만 배포한 것으로, 다른 곳에 반포할 계획은 없다. 예언

〈목차〉

장	제목	장	제목
제1장	일본인과 한국인의 화친	제11장	형사경찰
제2장	양반과 유생	제12장	민적법의 실시
제3장	한국 경찰의 특질	제13장	풍속경찰
제4장	경찰부 개시 후의 시설	제14장	영업경찰
제5장	경찰관의 교양	제15장	위생경찰
제6장	순사의 근무	제16장	수축(獸畜)경찰
제7장	순사의 생활상태	제17장	수상(水上)경찰
제8장	출판물	제18장	소방
제9장	종교와 교육	제19장	경찰법령의 제도 의견
제10장	폭도의 상황	제20장	다른 관청에 대한 원조

449) 통감부 임시 간도파출소 기요統監府臨時間島派出所紀要

저자		출판연월	1910년 3월
판형	46배판	페이지 수	410쪽
발행처	통감부 임시 간도파출소 잔무정리소	소장처	架藏

1908년 4월 통감부 임시 간도파출소의 관제가 발표되어 소장 통감부 어용 육군중령 사이토 스에지로斎藤季治郎[59]를 비롯하여 총무과장 시노다 지사쿠篠田治策,[60] 조사과장 오가와 다쿠지小川琢治,[61] 경무과장 사카이노 다케노신境野竹之進,[62] 감찰과장 최기남崔基南[63] 이하 여러 직원이 임명되었다. 임시파출소는 1909년 1월 1일 폐쇄되었다. 이 책은 1월 2일 총영사관이 개설될 때까지 시설의 대략을 기술한 것이다.

〈목차〉

장	제목
제1장	간도문제의 내력
제2장	파출소 조직
제3장	간도 답사

59 사이토 스에지로(1867~1921) : 육군대학을 졸업하고 베이징공사관 등에서 근무한 육군 중장이다. 중국통으로 알려졌으며 시베리아에 제11사단장으로 출병했다. 1921년 블라디보스토크에서 병사했다.

60 시노다 지사쿠(1872~1946) : 도쿄제국대학 법과대학을 졸업했으며, 러일전쟁에서 국제법 고문으로 종군했다. 1912년 통감부 간도파출소 사무관, 통감 비서관, 평안남도지사, 이왕직장관, 경성제국대학 총장 등을 역임했으며, 간도문제에 관한 글을 여러 편 발표했다.

61 오가와 다쿠지(1870~1941) : 교토제국대학 이학박사로 지질학, 지리학을 공부했다. 1895년 도쿄지학협회의 위촉을 받아 『대만제도지(臺灣諸島誌)』를 집필했다. 독일, 오스트리아 등지에 유학했고, 러일전쟁 때는 대본영을 따라 중국의 지질을 조사했다.

62 사카이노 다케노신 : 1893년 육군사관학교를 졸업하고 오구라(小倉)헌병대장, 한국주차헌병대장, 도쿄헌병대장 등을 역임했다.

63 최기남(1875~1946) : 함경북도 경성군 출신으로 대한제국 말기와 일제강점기 초기에 통감부, 조선총독부 소속으로 간도에서 경찰로 근무했다. 1916년 정7위 고등관 6등에 서임된 뒤, 관직을 그만두고 금강산에 입산해 불교 관련 연구와 수행을 했다고 알려진다.

장	제목
제4장	파출소 개청
제5장	간도 경계문제 연구
제6장	한민(韓民) 보호에 관한 시설
제7장	재판관할 문제
제8장	청국관헌의 태도
제9장	청국관헌과의 중요 교섭사건
제10장	간도 서부 답사
제11장	산업조사사업
제12장	파출소 철수
제13장	파출소 경비(經費)

450) 한국관제통람韓國官制通覽

저자		출판연월	1910년 5월(현재)
판형	국판	페이지 수	132쪽
발행처	경성 탁지부대신 관방문서과	소장처	舊 경성제국대학

〈목차〉

장	제목
제1장	내각 소관
제2장	궁내부 소관
제3장	각 부 관제 통칙
제4장	내부 소관
제5장	탁지부 소관
제6장	농상공부 소관
제7장	학부 소관

451) 한국직관표韓國職官表

저자		출판연월	1910년 7월(현재)
판형	46배판	페이지 수	36쪽
발행처	경성 탁지부대신 관방문서과	소장처	架藏

한국정부의 마지막 직관표다. 칙임勅任, 주임奏任, 판임判任의 항목을 나누어 정원을 표시하고, 아래 목차에 따라 부서 직관의 등급과 연봉을 표로 만들었다.

〈목차〉

제목	제목
내각	학부
중추원	농상공부
내부	궁내부
탁지부	무관

452) 조선 경상북도 경주군 정치일반朝鮮慶尙北道慶州郡政治一斑

저자		출판연월	1911년 10월
판형	국판	페이지 수	72쪽
발행처	경상북도 경주군청	소장처	架藏

이 책의 목적은 일한병합 후의 행정 일반에 관한 고시에 있다. 서술과 통계 일부에서 동경지東京誌, 여지승람輿地勝覺을 참조했으며 조선개화사, 조선사를 비롯하여 조선반도의 여러 책을 다소 인용하였다. 범례

이 책의 조사, 편찬은 경주군 서기 성연식成年植과 『신라구도 경주지新羅舊

都 慶州誌』1912, 상권 333번 항목 참조의 저자 경주군 서기 기무라 시즈오木村静雄[64] 두 사람이 담당했다.

〈목차〉

관(款)	제목
	총총(總叢)
제1관	군치(郡治) 연혁
제2관	행정구획
제3관	토지
제4관	인구
제5관	산업
제6관	교육
제7관	재정
제8관	여러 관청
제9관	고적명소

453) 임시 은사금 유래 및 사업개요臨時恩賜金由來及其事業概要

저자		출판연월	1911년 11월
판형	46배판	페이지 수	182쪽
발행처	경성 조선총독부	소장처	舊 경성제국대학

1910년 8월 한국병합 당시 정부는 국폐國幣 일금 7백만 엔을 지출하여 수산授産, 교육 및 흉겸凶歉 구제 자금을 충당함으로써 새로 따르게 된 민중들이 오래도록 황화皇化의 혜택을 입을 수 있도록 했다. 이 사업은 이제 막 시작되

64 기무라 시즈오 : 1909년 일본에서 조선총독부 관료 모집에 응모, 합격하여 1910년 경상북도 경주군의 주사로 부임한 인물이다. 나라(奈良)와 교토에서 어린 시절을 보낸 그는 평소 불교문화유산에 관심이 많아서 신라 고도 경주 부임을 반겼다고 한다. 유지들과 경주 고적보존을 위한 '신라회'를 조직하고, 나아가 1912년 경주고적보전회를 설립했다.

었고 아직 충분한 효과를 보지는 못하고 있다. 이에 임시 은사금의 유래 및 그 사업 일반을 기록하여 훗날 고증의 자료가 되고자 한다.서

〈목차〉

장	제목	장	제목	장	제목
(제1편) 총설		제3장	충청남도	제11장	평안북도
제1장	임시 은사금 유래	제4장	전라북도	제12장	함경남도
제2장	수산(授産)사업	제5장	전라남도	제13장	함경북도
제3장	교육사업	제6장	경상북도	(제3편) 관계법령 고시	
제4장	흉겸 구제 사업	제7장	경상남도	제1장	부령
(제2편) 각 도		제8장	황해도	제2장	훈령
제1장	경기도	제9장	강원도	제3장	고시
제2장	충청북도	제10장	평안남도	부록	

454) 조선 각 도의 우량면 조사朝鮮各道ニ於ケル優良面調査

저자		출판연월	1911년 12월
판형	46배판	페이지 수	85쪽
발행처	경성 조선총독부	소장처	舊 경성제국대학

이 책은 우량면優良面을 다룬 것으로, 각 도의 조사보고 중 관계된 부분을 일괄 수집한 것이다. 각 면의 우열은 일정하지 않을뿐더러, 우량면이라는 말을 아직 쓰기 어려운 측면도 있다. 그러나 과거에 비추어 보면 면의 진보가 두드러짐을 알 수 있다. 잠정적으로 이를 우량면이라는 이름으로 출판하여 지방행정직에 있는 자의 참고로 삼고자 한다. 다만 평안북도와 함경북도에서는 아직 보고를 받지 못하였기에 일단 제외한다.서언

〈목차〉

제목	제목	제목
경기도	전라남도	강원도
충청북도	경상북도	평안남도
충청남도	경상남도	함경남도
전라북도	황해도	

455) 민정사적일반民政事績一斑

저자		출판연월	1912년 1월
판형	국판	페이지 수	162쪽
발행처	경성 조선총독부	소장처	舊藏

조선 지방 인민의 실정을 살핌에 있어 오랜 세월 지속된 유타遊惰·나태懶怠의 적폐를 일소하여 근면·성실의 양풍을 양성하고, 식산·흥업의 방도를 지도하여 그 복리를 증진시키는 것은 지방 개발의 최대 급무라 할 것이다. 이 책은 총독부 직원의 시찰 보고, 지방 관헌의 상황 보고 등에서 각 사항의 장려에 관하여 참고자료로 쓸 만한 재료를 발췌, 수집한 것이다. (…중략…) 이 책이 민중을 지도하는 데 어느 정도 참고가 된다면 편찬의 목적을 조금은 달성할 수 있을 것이다. 범례

〈목차〉

제목
은사금 관련 기념사업
농림업 장려
취업 수산(授産)
근검 저축
교풍장선(矯風獎善)

제목
공익사업
구휼자선
특지독행(特志篤行)

456) 메이지45년 행정정리전말서明治四十五年 行政整理顚末書

저자		출판연월	1912년 1월
판형	46배판	페이지 수	157쪽
발행처	경성 조선총독부	소장처	舊 경성제국대학

조선총독부 및 소속 관서, 관제는 1910년 10월 한국병합 때 제정, 실시되었다. 이후 1년여의 실제 경험에 비추어 중앙 여러 관청과 그 부국, 사법기관을 폐합 정리하여 사무의 계통을 획일화하고 집무의 간결함과 신속함을 도모했다. 또한 일반 산업의 발달에 따라 나날이 복잡해지는 지방행정 사무 관련 기관을 확충할 필요가 있기에 중요한 개정을 실행했다. 권두

〈목차〉

제목
훈시훈령
예산
법령

457) 조선시정과 외평朝鮮施政と外評

저자		출판연월	1912년 9월
판형	국판	페이지 수	320쪽
발행처	경성 조선총독부	소장처	舊 경성제국대학

이 책은 주로 한국병합 전후에 외국 언론신문, 잡지에 실린 조선 문제에 관한 사설 기사, 그리고 여러 명사의 평론을 본부에서 번역하여 초록한 것이다. 범례

〈목차〉

<table>
<tr><th>편</th><th colspan="2">제목</th></tr>
<tr><td>제1편</td><td colspan="2">병합 전의 시정에 관한 평론</td></tr>
<tr><td>제2편</td><td colspan="2">병합에 관한 평론</td></tr>
<tr><td rowspan="2">제3편</td><td colspan="2">총독정치에 관한 평론</td></tr>
<tr><td>(갑) 일반 신문의 평론</td><td>(을) 선교사의 평론</td></tr>
<tr><td>제4편</td><td colspan="2">잡편</td></tr>
</table>

458) 조선음모사건朝鮮陰謀事件

저자		출판연월	1912년 12월
판형	46배판	페이지 수	250쪽
발행처	경성 서울프레스사	소장처	架藏

이 책은 1911년 여름에 나온 조선총독 암살음모사건의 기소장, 논고論告, 판결 및 미국 기독교 장로파와 데라우치寺內 총독의 회견 각서, 이 사건에 관련한 외국 언론신문, 잡지의 논조를 수록한 것이다.

〈목차〉

	제목
1	기소장
2	검사 논고
3	윤치호 외 121명 판결서
4	1912년 1월 미국 기독교 장로파 선교사 대표와 데라우치 조선 총독의 회견 각서
5	미국 장로파 외국 전도국 간사와 주미 일본 대사 간 왕복 서신
6	영국 '에든버러' 종교회의 상치(常置)위원에 부치는 진정서(번역문)
7	영국 '에든버러' 종교회의 상치위원에 부치는 진정서에 관한 『서울프레스』 기서(奇書)(번역문)
8	조선인 목사의 일본 관광에 관해(번역문)
9	영국 '에든버러' 종교회의 상치위원에 부치는 진정서에 관한 신문 사설(번역문)
10	본 건에 관한 신문 기사 수록

459) 조선폭도토벌지朝鮮暴徒討伐誌

- 조선주차군사령부 편朝鮮駐箚軍司令部編

저자		출판연월	1913년 3월
판형	46배판	페이지 수	182쪽
발행처		소장처	架藏

이 책은 1906년 3월부터 1911년 6월까지 조선 각지에 일어난 반란 폭도 토벌대의 출동 상황을 연차 별로 기술한 것이다. 주차군의 움직임을 중심으로 기술되었다.

권두에 "본서는 비밀서秘密書에 준하는 취급을 요함"이라고 적혀있으며, 관계 방면에 한정 배포되었다.

1968년에 복각판이 나왔다.

〈목차〉

편	제목
제1편	폭동의 기인 및 경과 개요
제2편	1906년의 폭도 토벌
제3편	1907년 한국 황제의 양위 및 군대 해산
제4편	1907년 지방 폭도 토벌
제5편	1908년 폭도 토벌
제6편	1909, 10, 11년의 폭도 토벌
삽화 46점, 표 3개	

460) 조선총독 암살음모사건朝鮮總督 暗殺陰謀事件

저자	아리마 요시타카(有馬義隆) 編	출판연월	1913년 11월
판형	국판	페이지 수	246쪽
발행처	고베 복음관(複音館)	소장처	시카타문고

이 책은 1911년 여름에 나온 조선총독 백작 데라우치 마사타케 암살음모사건의 판결, 논고를 모아 수록한 것으로, 『재팬크로니클*The Japan Chronicle*』 기자 아리마 요시타카가 편찬했다.

〈목차〉

제목
서언
경성지방재판소 판결 이유
경성복심법원 공소 공판
조선음모사건 고문(拷問)의 사실
하나이(花井), 우자와(鵜澤) 두 박사의 관할권 결여 제기의 대요
하나이, 우자와 박사의 공소 불수리 제기
경성복심법원 데라다(寺田) 검사 논고

제목
경성복심법원 나카무라(中村) 검사장[65] 논고
도쿄 변호사 오가와 헤이키치(小川平吉)[66] 씨의 변론
법학박사 하나이 다쿠조(花井卓藏)[67] 씨의 변론
법학박사 우자와 후사아키(鵜澤總明)[68] 씨의 변론
경성변호사 오쿠보 마사히코(大久保雅彦)[69] 씨의 변론

461) 망국 비밀 눈물인가 피인가亡國秘密 なみだか 血か

저자	무라카미 고도(村上浩堂), 고토 모쿠도(後藤默童)	출판연월	1914년 1월
판형	국판	페이지 수	220쪽
발행처	도쿄당(東京堂)	소장처	架藏

북수남진北守南進도 물론 좋을 것이다. 그러나 대륙의 경영이 더더욱 급선무임을 어찌할 것인가? 이에 우리 정부는 뜻을 세워 일찍이 병합을 단행하

65 도쿄제국대학 법과대학을 졸업하고 도쿄구재판소 판사, 도쿄지방재판소 검사 등을 거쳐 통감부 판사, 조선총독부 검사, 경성복심법원 검사장 등을 역임한 나카무라 다케조(中村竹藏, 1869~1945)를 말한다.

66 오가와 헤이키치(1870~1942) : 상하이에서 고노에 아쓰마로의 동아동문서원 창립에 참가했으며, 중의원 의원을 지낸 변호사다. 러일전쟁 때는 주전론을 강하게 주장했고, 히비야방화사건의 주모자로서 투옥되기도 했다. 정우회에 가입하고 하라 다카시(原敬) 내각에서 국세원(國勢院) 총재를 역임했다. 『일본신문』의 재발행에 관여했으며 '일본주의'를 강조했다.

67 하나이 다쿠조(1868~1931) : 히로시마의 사족 집안에서 태어났으며 자유민권운동에 참가했다. 1890년 23세의 나이로 '대언인(代言人)시험'에 합격하여 당시 가장 어린 나이로 법조계에 들어간 인물이 되었다. 인권파 변호사로서 아시오광독사건(足尾鉱毒事件), 고토쿠 슈스이(幸德秋水) 사건 등 굵직한 중대 사건의 변호를 맡기도 했다. 한편 중의원에도 총 7회 당선되는 등 정치 방면에서도 활발히 활동했다.

68 우자와 후사아키(1872~1955) : 치바의 부농 집안 출신으로 제1고등학교, 도쿄제국대학 법과대학을 졸업했다. 1899년 요코하마에서 변호사 사무소를 세웠다. 대역사건, 히비야방화사건, 혈맹단사건 등의 변호를 맡았고 입헌정우회 소속으로 중의원을 여러 번 지냈다. 메이지법률대학에서 가르쳤으며, 대동문화학원의 총장 등을 역임했다.

69 오쿠보 마사히코(1870~1922) : 영길리(英吉利)법률학교에서 공부했고, 도쿄제국대학 법학부 학부장을 지냈던 호즈미 노부시게(穗積陳重) 밑에서 수학했다. 1889년 변호사시험에 합격했고, 1902년에는 중의원 의원에 당선되었다. 3·1운동 당시 손병희 등의 변호를 맡았다.

였다. 이후의 치적에 높이 평가할 만한 점이 있지만, 아직도 유도誘導 계발이 필요하다. 이는 오늘날 국민이 연구해야 하는 점이다. 또한 장래 정책은 과거를 연구함으로써 비로소 가능해진다. 따라서 우리는 같은 뜻을 가진 사람들과 함께 우선 반도의 사실史實을 연구하고자 하며, 천학비재淺學菲才에도 불구하고 감히 이 책을 만들었다.자서

〈목차〉

장	제목
제1장	보호정치 초기
제2장	고문정치 진척
제3장	통감정치 초기
제4장	밀사사건과 혁변(革變)
제5장	통감정치 말기
제6장	반도병합 전말
제7장	병합 후의 개관

462) 조선통치 3년간 성적朝鮮統治三年間成績

저자		출판연월	1914년 1월
판형	46배판	페이지 수	72쪽, 부록 85쪽
발행처	경성 조선총독부	소장처	도쿄경제대학

한국병합 이후 3년간에 걸친 시설과 경영은 신정新政 창업의 기초를 마련했다. 이에 그 대략을 일관되게 서술하고 또한 그 사적事績을 한국 시대와 대조하여 고금의 변천을 고찰함에 도움이 되고자 한다. 지난해 11월 조선총독 백작 데라우치 마사타케는 출경出京의 명을 받고는 먼저 천황 폐하를 알현하여 조선통치 3년간의 성적 개요를 주문奏聞했다. 이 책은 당시 주문한

내용을 기초로 삼고, 일반의 참고를 제공하는데 필요한 부분을 보충하여 편찬한 것이다. 또한 병합 이래 조선총독이 발포한 유고 및 훈시 중 특히 중요한 것을 발췌하고 이를 권말에 첨부하여 편람을 제공한다. 권두

[목차] 통치 3년간 성적 경개梗概 및 총독 논고 훈시, 1910년 8월부터 1913년 5월까지의 21건.

463) 조선시정의 방침 및 실적朝鮮施政ノ方針及實績

저자		출판연월	1915년 10월
판형	46배판	페이지 수	481쪽
발행처	경성 조선총독부	소장처	舊藏

신정新政 실시 이후 5년 동안 제반 시설은 대부분 궤도에 오르기 시작했고, 식산흥업의 발전 또한 약간의 성과를 올리고 있다. 이에 시정 5년 기념 조선물산공진회를 개최하여 널리 전 국토의 물산을 수집하고, 그 개선의 실적을 고시한다. 동시에 이를 비교 연구하여 한층 더 산업 발달을 고무시키고자 한다. 이 기회에 본서를 편찬하여 조선의 시정 방침과 실적을 서술하고, 총독부 직원의 집무에 자료를 제공하는 한편 세상 사람들의 참고로 삼고자 한다. 서언

〈목차〉

장	제목	장	제목	장	제목
총설		제8장	사법	제16장	광업
제1장	이(李) 왕가 및 귀족	제9장	재정	제17장	수산업

장	제목	장	제목	장	제목
제2장	중앙 및 지방행정	제10장	무역	제18장	토목
제3장	경찰	제11장	금융	제19장	철도
제4장	위생	제12장	홍삼 전매 및 소금 제조	제20장	통신
제5장	구휼 및 자선	제13장	농업	제21장	해사(海事)
제6장	교육	제14장	상공업	제22장	전기
제7장	관측	제15장	임업	제23장	조사사항

464) 총독훈시집 제2집總督訓示集 第二輯

저자		출판연월	1916년 5월
판형	46배판	페이지 수	
발행처	경성 조선총독부	소장처	시카타문고

조선총독의 훈시집은 1913년에 제1집1910.8, 1913.7이 나왔다. 그 후 3년마다 간행되었고, 마지막으로 전쟁 중인 1943년 11월에 『유고 훈시 연술 총람諭告訓示演述總攬』 제2집이 나왔다. 각 집에 대해서는 지금 참조할 수 없으므로, 아래에는 1916년 판 제2집의 목차를 게재해둔다.

〈목차〉

제목
유고(1916년)
교원의 마음가짐(1916년)
1913년
1914년
1915년(26건)
1916년(10건)

465) 신구대조 조선전도 부군면리동 명칭일람

新舊對照 朝鮮全道府郡面里洞名稱一覽

저자	오치 다다시치(越智唯七) 編	출판연월	1917년 5월
판형	국판	페이지 수	1096쪽
발행처	경성 중앙시장	소장처	架藏

1913년 12월에 모든 부군府郡이 폐합 정리됨에 따라 옛 이름과 새 이름의 이동상위異同相違를 1917년 4월 10일 기준으로 편찬한 것이다. 편자 오치 다다시치는 간사이대학 교우校友라고만 알려져 있고 그 이상은 알 수 없다.

이 책의 특색은 옛 군, 면, 리, 동을 판명할 때 하단의 관할과 좌측 칸 밖의 도, 군과 비교하면서 새로운 도, 군, 면, 리, 동을 확인할 수 있는 점에 있다. 또한 새로운 면, 리, 동 이름의 하단에 옛 군, 면, 리, 동을 기입하여 신구대조의 맥락과 계통을 명확히 했다. 또한 부군청 및 면사무소의 소재를 명확히 하였다. 권두

〈목차〉

제목
부령 제111호 도부군의 명칭, 위치, 관할 구역, 기타
조선전도연혁
경기도 외 7도(이하 생략)
조선전도에 관한 연혁 기타

466) 면제의해面制義解

저자	요시다 에이자부로(吉田英三郎), 다나카 도쿠타로(田中德太郎) 訳	출판연월	1917년 10월
판형	46판	페이지 수	200쪽
발행처	경성 파본(播本)인쇄소	소장처	도쿄경제대학

이 책은 1917년 6월 발포된 면제面制 및 시행규칙을 해설하고, 언문 번역을 첨부한 것이다. 저자 요시다 에이자부로에 관해서는 상권 285번 항목 참조. 저서로는 『조선지朝鮮誌』1911, 상권 285번 항목 참조, 『조선서화가열전』1915, 상권 214번 항목 참조, 『거류민단법요의居留民團法要義』, 『궁시의해弓矢義解』 등이 있다. 언문 번역을 담당한 다나카 도쿠타로는 조선총독부 통역관이다.

〈목차〉

제목
1. 면제에 대해서
1. 면제시행규칙

467) 면제설명서面制說明書

저자		출판연월	[1917년 10월]
판형	국판	페이지 수	59쪽
발행처	경성 조선총독부	소장처	도쿄경제대학

1917년 6월 법령 제34호에 의해 면제시행규칙이 반포되었고 같은 해 10월 1일부터 시행되었다. 이 책은 새로운 제도의 설명서로 간행되었다. 판권장이 없어서 간행연도나 발행자 등을 알 수 없다. 총독부에서 관계 관

서에 배포한 설명 자료로 생각된다.

〈목차〉

장	제목
제1장	총설
제2장	면의 사무
제3장	면직원
제4장	면의 지출 및 수입
제5장	면의 재무
제6장	면조합
제7장	면의 구역이 변경될 경우 재산의 처분
제8장	면의 공고(公告)

468) 조선의 보호 및 병합朝鮮ノ保護及併合

저자		출판연월	1918년 3월
판형	46배판	페이지 수	445쪽
발행처	경성 조선총독부	소장처	架藏

이 책은 총독부 촉탁위원 아무개에 의해 편찬된 것으로, 조선 보호부터 병합에 이르기까지의 진상을 어느 정도 파악할 수 있다. 행문行文 사이의 논의들은 모두 편찬자의 사견으로 하나하나 이를 삭제하지는 않았다. 이제 막 교정이 끝났음을 알린다. 극히 적은 부수를 필사 대신 인쇄하여 자료 보존에 이바지하고자 한다. 권두

우방友邦협회가 복각판을 낸 적이 있다.

〈목차〉

제목		제목	
총설		(제2장 조선의 병합)	
(제1장 조선의 보호)		제1절	일진회의 병방(併邦) 성명
제1절	일한의정서 체결	제2절	병합방침 결정
제2절	보호협약 체결	제3절	병합조약 체결
제3절	통감부 설치	제4절	병합선언
제4절	배일(排日) 소요	제5절	병합에 대한 열국의 의향
제5절	한국 내각의 변동	제6절	조선총독부 설치
제6절	한국 황제의 양위	(부속)	각국의 이권획득경쟁
제7절	일한신협약 체결과 열강의 여론		만한 문제에 관한 일러교섭
제8절	대한(對韓) 시설 요강		일러전쟁 전의 일한관계
제9절	사법권 및 감옥사무위탁		
제10절	이토(伊藤) 공작의 암살 및 이(李) 총리대신의 조난		
제11절	재외배일단		
제12절	경찰권위임		

469) 지방행정구역명칭일람地方行政區域名稱一覽

저자		출판연월	1918년 9월
판형	국판	페이지 수	550쪽
발행처	경성 조선총독부	소장처	도쿄경제대학

이 책은 1918년 7월 1일 현재의 조선총독부 도道, 부, 군, 도島, 면 및 정, 동, 리의 명칭을 수록한 것이다. 권말에 부, 군, 도 이름의 이로하以呂波[70] 색인을 첨부하여 검색의 편의성을 추구했다. 범례

70 일본의 전통적인 '이로하 노래'의 첫 3글자를 가리키며, 이로하 노래의 글자 순서를 '이로하 순번'이라고 한다. 알파벳의 abc, 한글의 가나다와 유사하다.

이 책은 이후 여러 번 개정판이 나왔으며, 1935년도 이후 46판으로 개정하여 제국지방행정학회 조선본부에서 발매되었다.

470) 총독정치總督政治

저자	아오야기 난메이(青柳南冥)	출판연월	1918년 9월
판형	국판	페이지 수	591쪽
발행처	경성 조선연구회	소장처	시카타문고

저자 아오야기 난메이쓰나타로(綱太郎)에 관해서는 상권 47번 항목 참조.

일본인 총독정치를 맹평盲評하고 조선인에 대한 인정仁政에 열복悅服하지 못하는 이들이 있다. 이는 아직 정치의 내용을 이해하지 못했기 때문으로, 내가 본서를 편찬하는 작은 뜻이 여기에 있다. 이 책을 통해 우리 일본과 조선 백성이 현재 조선의 개발 상황을 알고 총독부 정치를 이해하며, 이에 따라 조선의 정치적 향상과 경제적 일단의 발전을 촉진할 수 있다면 저자의 바람은 충족될 것이다. 제언

〈목차〉

편	제목	편	제목	편	제목	편	제목
제1편	서론	제9편	사법	제17편	농업	제25편	수산업
제2편	일선일가 사론(日鮮一家史論)	제10편	토지조사	제18편	산업동화론	제26편	교통 및 통신
제3편	한말의 회고	제11편	조선병합론	제19편	치수사론	제27편	관영사업
제4편	일한합병	제12편	방비와 치안	제20편	척식사업	제28편	위생
제5편	이(李) 왕가의 우대	제13편	경무기관	제21편	공업	제29편	조선사민(士民) 이여, 어서 일본

편	제목	편	제목	편	제목	편	제목
							건국의 정신을 이해하라
제6편	조선인이여, 모름지기 큰 목표를 세워라	제14편	종교	제22편	상업	제30편	조선사민에게 부치는 글
제7편	행정	제15편	교육	제23편	광업	제31편	재정독립론
제8편	재정경제	제16편	조선인 팽창론	제24편	임업		

471) 소위 조헌문란문제所謂朝憲紊亂問題

- 여운형사건의 내용呂運亨事件の內容

저자		출판연월	[1919년 12월]
판형	국판	페이지 수	42쪽
발행처	도쿄 외교문책동맹회(外交問責同盟會)	소장처	架藏

1919년 11월 28일, 상하이 프랑스 조계의 조선독립 임시정부의 현 외무차장 여운형 등 불령선인 일행이 갑작스레 제국 수도의 중앙에 나타났다. 그 전날 27일에는 일행이 숙박하던 제국호텔에 『재경在京신문』 통신 기자를 초대해서 대낮에 공공연히 조선독립의 대대적 선전을 감행하였다. 문제의 중대함을 통감하고 12월 9일에 동지들을 모아서 외교문책동맹회의 이름으로 먼저 준열한 선언을 공표한 것은 세상이 주지하는 바와 같다. 이후 우리 동지들은 한층 깊이 문제의 내용을 탐구하여 사건의 진상을 밝히고 이를 통해 천하의 공정한 비판을 불러일으킴과 동시에, 한편으로는 잠들어있는 우리 현대인들의 마음에 국가적 관념 각성의 일대 경종을 울리고자 한다. 이에 백방으로 고심한 결과 어렵사리 이 보고서 한 편을 만들기에 이르렀다. 권두

〈목차〉

제목		제목		제목	
1	조선인 일행의 인물	5	입경과 환대(歡待) · 우우(優遇)	9	조선독립선언
2	해당 사건의 관계자	6	이궁(離宮)의 국화 배관(拜觀)	10	일행 퇴경(退京)과 물의
3	일행 초치(招致)의 동기	7	관계 비용의 출처	11	명명백백한 문제
4	초치운동의 개시	8	주요 접견자	12	일행의 체경(滯京)일지

472) 조선 소요사건의 개황朝鮮騷擾事件ノ概況

저자		출판연월	1919년
판형	국판	페이지 수	455쪽
발행처	경성 조선헌병대사령부 조선총독부 경무총감부	소장처	舊藏

이 책은 1919년 3월 1일 조선 각지에서 발발한 이른바 3 · 1독립운동 사건의 발단과 소요 정황에 관한 각 도 경찰부 보고를 중심으로, 전편全篇을 '개황'과 '사상 및 운동'으로 나누어 기술한 것이다.

이 책은 1969년 3월에 『조선 3 · 1독립소요사건朝鮮三 · 一獨立騷擾事件』이라는 제목으로 복각되었다. 김정명金正明의 해제가 있으며 엄남당嚴南堂에서 출판되었다.

〈목차〉

제목		제목	
개황		사상 및 운동	
1	사건 기획 등 8항목	제1장	1919년 3월 소요 시의 독립사상
2	1919년 4월	제2장	독립운동의 경과

제목		제목	
3	소요와 민심 등 4항목	제3장	경성의 만세운동
4	조선 외 각 방면의 개황	제4장	지방에의 영향

473) 다이쇼 8년 조선소요사건상황大正八年 朝鮮騷擾事件狀況

–다이쇼 8년 6월 헌병대장 경무부장 회의 석상 보고大正八年六月憲兵隊長警務部長會議席上報告

저자		출판연월	1919년 1월
판형	국판	페이지 수	513쪽
발행처	경성 조선헌병대사령부	소장처	시카타문고

부제가 가리키듯이, 1919년 3월의 조선소요사건 상황에 관해 헌병대장, 경무부장 회의 석상에서 보고된 것을 인쇄하여 '비秘' 도장을 찍어 한정 배포한 것이다.

이 책은 1969년에 복각판이 나왔다엄남당(嚴南堂) 및 극동연구소출판회.

〈목차〉

	제목
1	소요발생 전 민심의 상황
2	관내 각지의 소요발생 동기 및 발생 당시 폭민(暴民)의 심리상태
3	소요의 경과
4	소요와 종교의 관계
5	진압을 위한 조치, 특히 좋은 수단으로 인정된 사항 및 미연 방지를 위해 유효한 수단
6	현재 민심 일반의 상태 및 장래 예측
7	기독교, 천도교에 대한 민중의 감상 및 천도교도, 시천교(侍天教) 교도, 각파 외국 선교사의 태도
8	장래 경무기관 인원 및 배치에 관한 의견
9	조선인 사이에서 이야기되는 불평과 희망

	제목
10	소요가 주재 내지인에 끼치는 영향과 일본·조선인 상호의 관계상황
11	소요가 교육, 산업 등에 미치는 영향과 경찰이 이에 대해 취한 조치

474) 조선문제의 진상朝鮮問題の眞想

저자	오카 요이치(岡与一)	출판연월	1920년 6월
판형	국판	페이지 수	20쪽
발행처	경성 서울프레스사	소장처	架藏

이 소책자에 수록된 논문은 과거 6년 동안 경성에 거주했던 미국 선교사 프랭크 헤론 스미스Frank Herron Smith 씨가 쓴 것이며, 지난달 도쿄에서 발행된 『재팬어드버타이저*The Japan Advertiser*』에 발표된 것이다. 이 신문이 이러한 논문을 기초起草하고 발표한 취지는, 조선문제에 관해 스코필드 씨나 기타 외국인이 잡지에 실은 논문은 편파적이며 오류가 많고 문제의 진상을 다루지 못한 것이 많아서 세상 사람들이 오인할 것을 염려해 사실을 알려 반박하고자 위함이다. 내가 스미스 씨와 어드버타이저 지 발행자의 승낙을 얻어 이 책을 번역, 간행하는 이유는 세상 사람들이 문제에 관해 정확한 판단을 하길 희망하기 때문이다.발행 취지

〈목차〉

제목	제목	제목
내지인의 이주	헌병과 경찰	조선인의 무관심
동양척식회사	세평(世評)에 답하다	종교교육
종교박해	차별대우	조선어
정치와 선교	태형과 고문	조선역사
일본인의 사추(邪推)	소요의 원인	

제목	제목	제목
일본인의 기독교 사업	병합 이전 상태	

475) 조선병합의 이면朝鮮併合之裏面

저자	고마쓰 미도리(小松綠)	출판연월	1920년 9월
판형	국판	페이지 수	269쪽, 부록 39쪽
발행처	도쿄 중외신론사(中外新論社)	소장처	시카타문고

저자는 1906년 통감부 서기관 취임 이후, 1916년까지 약 11년 동안 경성에 주재하며 통감부 참여관, 외무부장, 외사국장, 중추원 서기관장 등을 역임했으며, 총독부 설치와 함께 사퇴한 뒤 중외신론사를 세웠다.

이 책의 목적은 표제에서 알 수 있듯이 조선병합의 이면을 말하려는 것이다. 이 책은 역사도 아니고, 이야기도 아니다. 오히려 일기를 종합한 것, 혹은 비망록의 발췌라고도 볼 수 있다. 즉 현대의 특수한 사건, 나아가 저자가 현장에서 직접 목격하고 청취한 특수한 사건을 있는 그대로 묘사한 실록이다. 서술 중에 왕왕 저자를 주主로 하고 사실을 객客으로 삼는 특이한 형태가 보이는 것은 이 때문이다. 이 점은 본서의 결점일지도 모르지만, 어쩌면 특색이라고도 할 수 있다. 권두

〈목차〉

장	제목	장	제목
제1장	어떤 국운신장(國運伸張)인가?	제11장	병합조약안의 내시(內示)
제2장	레이난자카의 삼두밀의	제12장	어전회의와 병합조약조인

장	제목	장	제목
	(靈南板の三頭密議)		
제3장	한국 조정의 정세와 음모	제13장	당사국의 감개(感慨)
제4장	송병준의 선구와 이토(伊藤) 공의 사망	제14장	병합과 외교관계
제5장	일한합방의 건의	제15장	왜 병합 당시에 소요가 일어나지 않았는가?
제6장	소네 통감부터 데라우치 통감	제16장	바다와 같은 천은(天恩)
제7장	한국병합의 근본방침	제17장	병합 후 시설
제8장	괴뢰사(傀儡師)의 인형상자	제18장	창업의 기초
제9장	심야의 밀담	(부록) 누근일가설(桑槿一家說)	
제10장	병합담판		

476) 조선의 신시정朝鮮に於ける新施政

저자		출판연월	1920년 10월 1922년 6월(재판)
판형	국판	페이지 수	94쪽
발행처	경성 조선총독부	소장처	架藏

이 책은 1919년 총독부 관제 개혁 이래 실시, 또는 기획된 신시정을 열거하고 그 경과를 간략히 서술한 것이다.

〈목차〉

절	제목
제1절	신시정의 방침
제2절	주요 시정개선사항
	제1 일시동인(一視同仁) 제2 형식주의 쇄신 제3 민의창달 제4 교육 쇄신 제5 지방행정 제6 산업개발 제7 교통 제8 위생 제9 경찰제도 개혁

절	제목
	제10 재무 사무 제11 구휼 제12 종교 제13 관습 및 문화 존중
제3절	재외조선인 상황
(부록) 병합 및 관제개혁, 총독의 유고	

477) 조선소요의 진상朝鮮騷擾の眞相

저자	가토 후사조(加藤房藏)	출판연월	1920년 11월
판형	국판	페이지 수	118쪽
발행처	경성 경성일보사	소장처	시카타문고

본 논문은 올해 8월 28일부터 10월 8일까지 『경성일보』와 『매일신보』에 게재된 것입니다. 기고의 취지는 본문의 서론에 적었으므로 여기에 서술할 필요는 없으나, 본 논문을 쓴 것은 주로 조선인이 읽어주기를 바라는 마음이었음을 재차 적어둡니다. 예언

〈목차〉

장	제목	장	제목
제1장	서언	제10장	진정한 자각
제2장	상호 불양해(不諒解)	제11장	실력양성
제3장	조선인의 몰이해	제12장	정치열
제4장	민족적 관념의 활동	제13장	선교사에 부탁함
제5장	민족자결의 설(說)	제14장	내지에서 본 조선
제6장	친류(親類) 관계	제15장	신정(新政)과 조선인
제7장	구미사상	제16장	제휴부지(提携扶持)
제8장	제삼자의 관찰	제17장	조선인의 장래

장	제목	장	제목
제9장	소위 '무단(武斷)'과 '문치(文治)'	제18장	결론

478) 조선통치론朝鮮統治論

저자	우에다 쓰토무(上田務)	출판연월	1920년 12월
판형	국판	페이지 수	137쪽
발행처	다롄(大連) 저자	소장처	시카타문고

저자의 호는 흑조黑潮로 신문인이다. 1904년 겨울 부산에 건너가 『조선일보』 창립에 참가했다. 경성, 인천, 대구 등에 머물렀으며 이후 다롄의 『만주일일신문』의 주필이 되었다. 항상 조선 문제에 주의를 기울였으며, 1919년 9월에는 『조선통치사견』을 써서 조선의 중요한 지위에 있는 자들에게 반향을 불러일으켰다.

본고를 등사 대신 인쇄하여 우리 조정과 재야의 식자층, 만주・조선의 유지, 선배 교우 여러분들에게 증정했다. 이 책은 조선통치에 관한 비견을 개진하여 그 고견을 청하기 위해 집필한 것이다. 그리고 지난봄 이후의 소요 사건 경과와 전망 등에 관한 내용 조사를 동지들에게 부탁했었는데, 이를 부록으로 실어 참고하도록 했다. 범례

〈목차〉

제목	제목
조선통치 본론	재조선외국인

제목		제목
결론		조선인단체
조선현상의 연구자료	조선인 소요의 경과와 전말	기독교도의 비밀결사 대한국민회 검거
	사상의 추이	재외조선인 분포
	상하이임시정부의 실체	재외조선인 동정
	임시정부의 현상 및 장래	조선철도의 위임경영에 관하여
	임시정부와 과격파의 관계문서	조선은행의 연혁 및 업적
	성립 당시의 대한민국 임시헌장선포문	동양척식회사의 연혁 및 사업의 장래
	대한민국임시헌법	

479) 조선독립소요사론朝鮮獨立騷擾史論

저자	아오야기 쓰나타로	출판연월	1921년 4월(3판)
판형	국판	페이지 수	426쪽
발행처	경성 조선연구회	소장처	시카타문고

저자인 아오야기 쓰나타로난메이에 관해서는 상권 47번 항목 참조. 이 책은 1919년 각지에서 발발한 만세소요사건을 논한 것이다. 복면유생覆面儒生의 이름으로 펴낸 같은 제목의 언문 번역이 있다.

이 책은 조선인의 독립소요와 총독정치에 관한 사론史論으로 치란治亂의 거울이라 하겠다. 소요의 원인을 조사하고 그 귀추를 달관하여 일본제국 병한倂韓의 정신과 총독시정의 대도大道를 논했다. 조선민족을 위해서 그야말로 하늘에 빛나는 별과 같이, 인심이 혼란하고 민족의 갈림길에서 헤맬 때 한 줄기 광명이 이 책의 전면全面에 빛나니, 조선 민족이 이 책을 읽고 크게 깨닫고 야마토大和 민족이 이 책을 읽고 긴숙緊肅하는 바가 있다면 저자의

목적은 달성될 것이다. 자서

〈목차〉

편	제목	편	제목
제1편	서론을 대신하여 일한병합의 원리를 논명한다	제13편	대동단 총재 김가진
제2편	독립소요 원인(遠因)을 논함	제14편	대동단과 이강 공(公)
제3편	손병희와 천도교에 관해 서술하고 그 교리를 논함	제15편	독립소요와 총독의 유고 및 훈시
제4편	임염(荏苒)한 무단정치의 과실	제16편	독립소요와 재만주조선인론
제5편	은사수작(恩賜授爵) 편당(偏党)을 논함	제17편	조선인과 사대사상의 개주(改鑄)
제6편	이주 식민의 오해	제18편	독립소요와 조선경계
제7편	민족자결주의의 오해	제19편	조선인 학생에 부침
제8편	손병희, 조선독립을 선언하다	제20편	김윤식에게 부치는 글
제9편	미국선교사에게 종교가의 사명을 논하는 글	제21편	독립소요와 내선 명사의 여론
제10편	독립소요와 상하이임시정부	제22편	독립소요와 외국인의 여론
제11편	문화정치론	제23편	조선민족에 부치는 글
제12편	폭탄범인 강우규를 애도함	(부록) 손병희 일파의 독립선언사건 공판 방청기	

480) 미국의 조선독립운동에 관한 조사보고

米國ニ於ケル朝鮮獨立運動ニ關スル調査報告

저자		출판연월	[1921년 9월]
판형	국판	페이지 수	131쪽
발행처	경성 조선총독부 경무국	소장처	架藏

이 책은 도키나가時永 사무관이 미국에서 조사하고 지난해 4월 워싱턴에서 보고한 내용 일부를 수록한 것이다. 참고를 위해 인쇄에 부쳐 총독부 내에 반포하고 열람할 수 있도록 한다. 권두

시정, 사무의 참고를 위해 관계 방면에 배포한 것으로 기밀秘로 취급되었다.

〈목차〉

제목		제목	
제1장 민족자결주의		제3절	허스트계 신문잡지가 조선통치를 비난하는 이유
제1절	민족자결주의의 연혁	제4절	미국 신문잡지에 관한 대책
제2절	민족자결주의의 의의	제3장 미국 내 아일랜드 독립 동정(同情)운동	
제3절	민족자결주의와 먼로주의의 관계	제1절	동정운동의 상황
제4절	연맹조약에 대한 민족자결주의의 유보와 타국 내정 불간섭 원칙의 관계	제2절	반대운동
제5절	민족자결주의와 합중국 각 주 및 소속 영토, 기타 특수민족 자결과의 관계	제3절	운동의 추세와 영국의 대책
제6절	민족자결주의 적용 범위에 관한 관계	(제4장 미국 내 조선독립운동)	
제7절	민족자결주의의 가치	제1절	재미조선인의 상황 개요
제2장 미국의 신문 및 잡지		제2절	재미조선인의 운동
제1절	개설	제3절	미국인의 동정운동
제2절	허스트(Hearst)계 신문잡지의 경영자 및 세력	제4절	재미지나인의 동정운동

481) 조선총독부 제1회 지방개량강습회 강연집

朝鮮總督府第一回地方改良講習會講演集

저자		출판연월	1922년 2월
판형	국판	페이지 수	611쪽
발행처	경성 조선총독부	소장처	舊藏

이 책은 올여름 개최한 제1회 지방개량강습회의 강연을 수록한 것으로, 이번에 인쇄하여 해당 근무자의 참고에 이바지하고자 한다.서언

〈목차〉

제목
제1회 지방개량강습회를 맞아(미즈노 렌타로(水野鍊太郎))
상해임시정부의 현 상황, 사상문제와 경찰에 관하여(아카이케 아쓰시(赤池濃))
조선산업의 대세, 관리의 취미(니시무라 야스요시(西村保吉))[71]
공공단체의 운용(오쓰카 쓰네사부로(大塚常三郎))[72]
재무행정에 관하여(고치야마 라쿠조(河內山樂三))[73]
수감(隨感)(도키자네 아키호(時実秋穗))[74]
조선의 토목행정(하라 시즈오(原靜雄))
전후 2대 사조와 공정한 사조의 비판(마루야마 쓰루키치(丸山鶴吉))
평범의 개선(모리야 에이후(守屋榮夫))[75]
조선교육의 과거 현재와 장래(마쓰무라 마쓰모리(松村松盛))[76]
회계사무에 관하여(기쿠야마 요시오(菊山嘉男))[77]
면 행정에 관한 최근 문제에 관하여(와타나베 도요히코(渡辺豊日子))
사무의 정리 간결, 신속에 관하여(나카라이 기요시(半井清))[78]
수리조합에 관하여(야지마 스기조(矢島杉造))[79]

71 니시무라 야스요시(1865~1942) : 에히메 출신의 조선총독부 관료. 1901년 고등문관시험에 합격하고 일본 각지에서 참사관, 사무관, 내무부장 등을 역임했다. 1919년 8월 조선에 건너와 식산국장에 임명되었다.

72 오쓰카 쓰네사부로(1880~1926) : 도쿄제국대학 법과대학을 졸업하고 고등문관시험에 합격했다. 조선총독부 서기관, 농상공부 광무과장, 중추원 서기관장 등을 지냈다.

73 고치야마 라쿠조(1880~1930) : 도쿄제국대학 법과대학을 졸업하고 고등문관시험에 합격한 뒤 대장성에 들어갔다. 통감부 재정감사관, 조선총독부 사무관, 탁지부 재무과장 등을 역임했고, 퇴임한 후에는 조선화재해상보험주식회사 사장을 맡았다.

74 도키자네 아키호(1881~1962) : 오카야마 출신으로 도쿄제국대학 법과대학을 졸업하고 고등문관시험에 합격한 뒤 이와테현 사무관으로 임명되었다. 1919년 충청남도지사로 조선에 건너왔고, 경기도지사를 지냈다. 퇴임 후에는 『경성일보』, 『매일신보』, 『서울프레스』 등의 사장에 올랐다.

75 모리야 에이후(1884~1973) : 미야기 출신으로 제2고등학교를 거쳐 도쿄제국대학 법과대학을 졸업하고 고등문관시험에 합격했다. 조선총독부 비서관, 비서과장, 서무부장 등을 지냈고, 1928년 퇴관했다. 저명한 정치학자 요시노 사쿠조(吉野作造)와 친밀하게 지냈으며, 내무관료를 역임하면서 요시노의 사회사업 및 조선유학생에 대한 지원에 힘을 썼다.

76 마쓰무라 마쓰모리(1886~1945) : 미야기 출신으로 도쿄제국대학 법과대학을 졸업하고 고등문관시험에 합격했다. 와카야마, 후쿠오카 등지에서 일한 뒤 조선에 건너가 전라북도 경찰부장 등을 역임했다.

77 기쿠야마 요시오(1889~1977) : 미에현 출신으로 도쿄제국대학 법과대학을 졸업하고 고등문관시험에 합격했다. 내무성에 입사한 뒤 치바현, 오이타현 등에서 근무했다. 조선총독부 사무관 및 전매국장 등을

482) 개정 부제 면제 석의改正 府制面制釋義

저자	와키자카 겐지(脇坂健次)	출판연월	1922년 8월 1924년(6판)
판형	국판	페이지 수	450쪽
발행처	경성 제국지방행정학회 조선본부	소장처	도쿄경제대학

이 책은 행정법에 관한 여러 학자의 의견과 저자의 의견을 날실로 삼고 저자가 내무국 지방과에 근무했던 실제 경험을 씨실로 삼아 부제, 면제와 함께 행정규칙의 전반에 걸쳐 법문을 해석한 것이다.

〈목차〉

제목		제목	
제1편 총론		제4장	급료 및 급전(給典)
제1장	행정	제5장	부면의 재정 및 면 조합
제2장	행정조직	제3편 부면제 시행규칙	
제3장	관치행정	제1장	부의 구역 성질
제4장	중앙행정관청	제2장	면의 사무
제5장	지방관청	제3장	면의 보조기관
제6장	자치행정	제4장	협의회원 선거
제7장	영조물(營造物)	제5장	부·면의 조세와 기타 공과
제8장	부·면의 제정	제6장	부·면의 출납
제2편 부제·면제		제7장	부·면의 감독
제1장	총칙	제8장	부 금고(金庫) 기타

역임했다.

78 나카라이 기요시(1888~1982) : 오카야마 출신으로 제1고등학교, 도쿄제국대학 법과대학을 거쳐 고등문관시험에 합격했다. 오사카 등지에서 근무한 후, 1919년 10월 조선총독부로 옮겨 가 학무국 종교과장, 총독관방 문서과장, 학무국 학무과장 등을 역임했다.

79 야지마 스기조(1889~1948) : 니가타 출신으로 1913년 고등문관시험에 합격하고 이듬해 도쿄제국대학 법과대학을 졸업했다. 조선에 건너가 경기도 내무부장, 전라남도지사 등을 역임했다. 퇴관 이후에는 조선임업개발주식회사, 조선미곡시장주식회사 사장을 지냈다.

제목		제목	
제2장	부윤·면장과 그 이원(吏員)	제9장	면조합의 설치
제3장	협의회 조직	제10장	잡다한 규칙

483) 옛 조선 자치의 맹아 향약 일반

往時の朝鮮に於ける自治の萌芽 鄕約の一斑

저자	도미나가 후미카즈(富永文一)	출판연월	1923년 2월
판형		페이지 수	
발행처	경성 조선총독부	소장처	架藏

저자는 1916년 도쿄제국대학 법과대학을 졸업하고, 다음 해 총독부 사무관으로 한국에 건너와 황해도에서 근무했다. 함경북도, 경기도 각 지사를 거쳐 1936년 5월 총독부 학무국장을 마지막으로 1937년 7월에 퇴관하고 조선식산은행 이사가 되었다. 이 책은 저자가 황해도 해주에 근무하던 당시에 조사한 것이다.

이 책은 학무국 사회과의 『조선의 향약』사회교화자료 제1집에 수록되어 있다.

〈목차〉

제목		제목	
1	서언	6	향약의 과벌(科罰)
2	향약의 성질	7	향약의 의의
3	향약의 실시 연혁	8	향약의 사업
4	향약의 기관 및 실시방법	9	결론
5	향약의 도덕요소	부록	

484) 병합의 유래와 조선의 현상倂合の由來と朝鮮の現狀

저자		출판연월	1923년 10월 1924년 2월
판형	국판	페이지 수	19쪽
발행처	경성 조선총독부	소장처	架藏

조선 병합의 유래와 현 상황을 평이하고 간명히 서술한 것으로, 권두에 병합의 조서와 제도개정 조서를 첨부했다.

〈목차〉

제목	제목
1. 병합의 유래	2. 조선의 현 상황
일본과 조선의 고금 관계	조선총독부 설치
메이지 시대의 일한교섭	지방제도의 개정
한국 시정의 퇴폐	산업 장려
보호정치의 확립	통신 기관의 발달
일한병합 성립	교육의 진보
	의료기관의 보급
	사법제도 및 경찰 정비
	국민의 협심육력(協心戮力)
통계도표 1	

485) 조선의 독립사상 및 운동朝鮮の獨立思想及運動

–조사자료 제10집調査資料第十輯

저자		출판연월	1924년 12월
판형	국판	페이지 수	113쪽
발행처	경성 조선총독부 관방서무부	소장처	架藏

조선총독부 촉탁 무라야마 지준村山智順[80]이 조사한 것으로 기밀秘로 취급되었다.

이 조사는 조선사상 조사의 일부로서 정치사상 중 독립사상과 운동을 1919년 3월 소요부터 조사한 것이다. 당시의 사상 상태와 운동의 경과를 조사한 것으로 현재 조선의 사조를 연구하는 자료로 이바지하고자 한다. 권두

〈목차〉

장	제목
제1장	1919년 3월 소요 당시 독립사상
제2장	독립운동 준비
제3장	경성의 만세운동
제4장	지방에 끼친 영향

486) 면 행정대요面行政大要

저자	임홍순(任洪淳)	출판연월	1925년 3월
판형	국판	페이지 수	248쪽(부록 65쪽)
발행처	경성 제국지방행정학회 조선본부	소장처	도쿄경제대학

저자는 양산 군수다.

평생 체험한 비견을 모아서 (…중략…) 이를 세상에 공표해 면직원의 참

80 무라야마 지준(1891~1968) : 민속학자로서 조선총독부의 촉탁으로 근무하면서 한국의 민속과 관련된 많은 조사 자료를 남겼다. 도쿄제국대학 사회학과를 졸업하고 조선총독부 촉탁으로 조선사회사정 조사를 담당했다.

고의 일단에 이바지하는 동시에, 같은 뜻을 가진 여러 선비의 질정叱正을 청하고자 하는 작은 마음이 있을 뿐이다. 자서

〈목차〉

제목		제목		제목	
서언		제3편 면의 권력과 의무		제6장	면 협의회
제1장	면에 관한 고대의 제도	제4편 면의 기관		제5편 면의 재정	
제2장	면에 관한 근세의 제도	제1장	면장	제1장	면의 수입지출 및 직과금(職課金), 기타 수입
제3장	병합 후의 면	제2장	부면장과 서기	제2장	면의 재무
제4장	면의 고금과 장래 책무	제3장	회계원	제6편 면 조합	
제1편 면과 그 구역		제4장	면의 기수(技手)	제7편 면의 공고(公告)	
제2편 면의 주민과 그 권리 의무		제5장	구장(區長)	(부록) 면 직원의 마음가짐, 면 처리규정 소해(小解), 면 물품 출납규정에 대하여, 인감증명에 관하여, 거주규칙에 관하여, 조선인 개명에 관하여	

487) 조선독립운동비화朝鮮獨立運動秘話

저자	지바 료(千葉了)	출판연월	1925년 9월
판형	46판	페이지 수	245쪽
발행처	경성 제국지방행정학회	소장처	架藏

저자는 경기도 경찰부장으로 재임했다.

본편은 내가 과거 치안의 책임을 지고 제일선에서 약 3년간 독립운동의 절복折伏을 책모策謀했던 이면의 비록이다. 그 진상을 가능한 한 적나라하게 또 미묘한 사정까지 다루었으며, 관의 비밀이나 사람의 내정內情까지 깊이 파고들었다. 다만 당시 그 자리에 있었던 내 입으로 공표하기에는 시기상

조라 유감스럽게도 삭제한 부분이 꽤 있다. (…중략…) 또한 부록으로 지금 나의 조선관을 쓴 「조선의 현재와 장래」 한 편을 실었다.서

〈목차〉

	제목		제목
1	독립소요의 발발	14	피로 물든 백의, 폭탄, 독립연설, 콜레라 보균자 탈취
2	사이토 총독 및 미즈노(水野) 정무총감의 신임	15	미국의원단 입성
3	신(新) 경찰의 진용	16	미국의원단 환영회 해산
4	남대문역 앞의 폭탄	17	빛나는 피보라
5	백귀야행	18	살아있는 육신 방패
6	경성의 치안	19	조선의 인물
7	사대사상과 외국인	20	조선의 신문
8	양암(諒闇)과 같은 폐점운동	21	민심 악화론의 소용돌이에
9	천장절(天長節)의 가연, 일본국기, 조선인 순사의 동맹파업	22	치안에서 문화로
10	이강 공 전하의 공저 탈출	23	폭탄 속에서
11	유암화명(柳暗花明)	24	워싱턴 회의에 사절로 파견
12	신 예산의 성립	25	희생을 회상하며
13	독립선언기념일의 학도		(부록) 조선의 현재와 장래

488) 조선지방제도강의朝鮮地方制度講義

저자	후루쇼 이쓰오(古庄逸夫)	출판연월	1925년 10월
판형	국판	페이지 수	231쪽
발행처	경성 제국지방행정학회 조선본부	소장처	도쿄경제대학

저자는 구마모토현 출신으로 1919년 도쿄제국대학 정치학과를 졸업하고 같은 해 한국으로 건너갔다. 조선총독부 도道사무관, 평안남도, 경기도의 재무부장을 거쳐 내무국에 근무했고, 토지개량과장, 농정과장 등을 역

임했다.

이 책은 내가 과거 6년에 걸쳐 체득한 지식과 경험을 바탕으로 행정강습소의 강의 초안으로 기고한 것이다. 오늘날까지 조선지방행정 전반에 걸쳐 교과서로 쓸 만한 저작이 전혀 없어서 지방 관공리의 교양과 훈련이 여의치 않았다. 내가 이 책을 출판하는 이유는 조금이라도 이 결함을 보완해 조선지방행정의 쇄신에 공헌하려는 작은 뜻에 있다.서

〈목차〉

제목	
제1편 총론	
제1장	지방제도의 연혁
제2장	지방제도 개정의 취지
제2편 각론	
제1장	면
제2장	부
제3장	제3장 도(道)지방비
제4장	학교비
제5장	학교조합
(부록) 1. 지방자문기관의 운용에 관하여 2. 면 행정의 쇄신에 관하여 3. 부표(附表)	

489) 조선 시정 십오 년사朝鮮 始政拾五年史

저자	다우치 다케시(田內武)	출판연월	1925년 12월
판형	국판	페이지 수	1254쪽
발행처	인천 조선매일신문사	소장처	舊藏

나는 다행히 다년간 글을 쓰는 일을 맡았고, 다수 관민 제현의 심심한 권고眷顧 덕에 조선 시정 십오 년사라는 제목을 붙여 이 책을 간행할 기회를 얻었다. 이 책은 전에 『조선통치와 공로자』라는 제목으로 조선 시정 기념간행회에서 편찬에 관한 교섭을 진행했으나, 마침 기념간행회의 사정에 따라 모든 사무 권리를 우리 조선매일신문사에서 계승하기에 이르렀다. 이에 백척간두에서 일보를 내딛는 마음으로 내용에 충실을 기하였다. 관민 · 인물 · 표창에 그치던 것을 고쳐 병합 전의 교통 · 산업 · 교육 · 위생부터 기후 · 풍토 · 민정 · 풍속 기타 만반에 이르는 시설상태를 각 도부 별로 설명했다. 또한 병합 후 오늘날까지의 곡절 · 변천 · 상태를 망라하는 일에 힘을 쏟았으며, 원래 주제였던 통치와 공로자는 부편附編에서 다룸으로써 본격적인 일한병합 기념역사가 될 수 있도록 했다. 자서

〈목차〉

제목		제목		제목	
총론		제11장	병합 전후의 토목 및 건축	제22장	병합 전후의 전라북도
제1장	조선통치의 도정	제12장	병합 전후의 통신기관	제23장	병합 전후의 전라남도
제2장	관제 개혁과 신방침	제13장	병합 전후의 교육	제24장	병합 전후의 경상북도
제3장	지지(地誌) 및 연혁	제14장	사회사업	제25장	병합 전후의 경상남도
제4장	민족과 풍습	제15장	제사와 종교	제26장	병합 전후의 황해도
제5장	정치	제16장	재외조선인에 관한 시설	제27장	병합 전후의 강원도
제6장	병합 전후의 산업	제17장	병합 당시의 인물	제28장	병합 전후의 함경남도
제7장	병합 전후의 재정	제18장	시설관계 훈시 및 유고	제29장	병합 전후의 함경북도
제8장	병합 전후의 경제	제19장	병합 전후의 경기도	제30장	병합 전후의 평안남도
제9장	병합 전후의 무역 운수	제20장	병합 전후의 충청북도	제31장	병합 전후의 평안북도
제10장	병합 전후의 교통 운수	제21장	병합 전후의 충청남도	(관계(官界) 중요인물 편)	

490) 조선통치 비판朝鮮統治の批判

저자	이시모리 히사야(石森久彌)	출판연월	1926년 2월
판형	46판	페이지 수	623쪽
발행처	경성 조선공론사	소장처	舊藏

저자는 미야기현 출신으로서 1913년 한국에 건너가 『조선신문』 사회부장, 전무이사, 주필을 지냈다. 후에 『조선공론』을 경영했다. 저서로는 이 책 이외에 『조선통치의 목표』1932, 『조선통치의 근본의根本義』 등이 있다.

> 신문과 잡지를 경영하는 한편 붓을 잡는 일이 많았다. 물론 부족한 글이라고 생각한다. 다만 이를 통해 병합부터 오늘날까지 일본 정치가들의 조선통치에 관한 태도를 알리고자 한다. 특히 이토 공작의 영웅정치, 사이토 자작의 덕망정치의 윤곽이 알려지기를 바란다.서문

〈목차〉

종류	제목
평론	사이토 자작을 중심으로 그 외 17편
인물평론	역대 총독의 풍격 그 외 18편
잡록	역대 총독정치의 비판 그 외 2편
수필	평양 토산품 그 외 10편
창작	폭탄사건

4. 법률

491) 재조선국공사영사 비용 조례와 부록

在朝鮮國公使領事費用條例竝附錄

저자		출판연월	1883년 7월
판형	국판	페이지 수	47쪽
발행처		소장처	舊藏

〈목차〉

제목	제목	제목
관원연봉과 교제수당	공관경비	교대 이후 본국 귀환 관원봉급
본국 체경(滯京) 및 여행 중 봉급	월별 정산장 차출 방식	요양을 위해 본국에 귀환한 관원봉급
봉급 전도(前渡)	공관비, 부품비용	만년(滿年) 사금(賜金)
준비금	비부품(備附品) 임시보수비용	일당 계산
근무지 왕래 여비	공관 비부집기	매장묘비의 비용 및 연봉 지급방식
여행일당	비상준비금	각종 수납금
처녀(妻女) 및 종자(從者) 여비	위환체송(爲換遞送) 기한	본국 의뢰품 취급방식
재류국 내 공용 여비	고용 조선인	
근무지 변경 여비, 일당	공관 고용인	

492) 오사카 국사범 방청 필기 大阪國事犯傍聽筆記, 2책

저자	이시카와 덴키치(石川傳吉) 編	출판연월	1887년 8월
판형	46판	페이지 수	전편 216쪽 후편 246쪽
발행처	도쿄 정문당(正文堂)	소장처	架藏

1885년 김옥균 등 조선혁신당의 혁명운동을 원조하고 조선정부 전복을

꾀했던 자유당의 급진파 오이 겐타로大井憲太郎 일파의 행동이 사전에 발각되어 체포되었다. 이 책은 그 공판의 방청 필기다.

> 본편은 당시 오사카에서 열린 근래 미증유의 일대옥一大獄 국사범 사건 공판의 방청 필기를 여러 종류의 신문지 등에서 가장 정밀하고 확실한 것을 추려 전편, 후편의 2책으로 만든 것이다. 제1권에는 우선 공소장을 비롯하여 사실 조사와 변론을 기재하였고, 이후 판결에 이르기까지를 제2권에 담았다. 범례

출판 2개월 후인 1887년 10월 재판이 간행됐다.

또한 이와 별도로 오사카에서 『국사범공판 방청필기』1887, 493번 항목 참조가 『오사카일보』의 부록으로 출판되었다. 1887년 5월부터 7월까지 27책에 이르는 『오사카일보』의 부록을 합친 두꺼운 책이다.

493) 국사범 공판 방청 필기國事犯公判傍聽筆記

저자		출판연월	1887년
판형	타블로이드판	페이지 수	본문 792쪽, 부록 11쪽
발행처	오사카 오사카일보사	소장처	架藏

이른바 '오사카사건大阪事件'이라고 불리는 음모사건, 자유당 좌파 오이 겐타로 등의 조선정부 전복계획사건에 관한 오사카 중죄재판소 공판 방청 필기다. 앞의 항목492번 항목 참조과 함께 세 종류 정도가 출간되었다.

이 책은 『오사카일보』의 부록으로, 1887년 5월부터 7월까지 27책의 부

록을 합친 타블로이드판이다. 본문 792쪽, 부록 11쪽으로 이루어진 두꺼운 책으로 가장 상세하다.

494) 한국 부동산에 관한 조사기록韓國不動産ニ關スル調査記錄

저자		출판연월	1906년 8월
판형	국판	페이지 수	90쪽
발행처	경성 의정부 부동산법조사회	소장처	舊藏

이 책은 한국 부동산의 관례조사에 따른 회장 우메梅 박사[81]의 질문과 각지 이사관, 관찰사 및 부윤의 응답을 기록한 것으로 위 조사의 일환으로 이루어졌다. ① 보좌관 나카야마 세타로中山成太郎의 보좌, 보좌관보 가와사키 만조川崎万藏의 집필, 위원 석진형石鎭衡의 통역을 통해 이루어졌다. ② 조사가 이루어진 곳은 경성이사청, 인천이사청, 개성부, 평양관찰부, 평양이사청, 수원관찰부, 대구관찰부, 부산이사청 및 마산이사청으로 이사청 다섯 곳, 관찰부 세 곳, 부府 한 곳에 대한 기록을 이상의 순서에 따라 정리했다. 다만 인천이사청의 경우 훗날 다시 조사할 예정으로 여기에는 그 기록을 포함하지 않았다. (…중략…) ④ 조사사항은 10개 항으로 이루어져 있으며, 제1항은 다시 10개 목으로 세분화했다. 이 항목을 기록의 첫 장에 실었다. 개언(槪言)

81 우메 겐지로(梅謙次郎, 1860~1910) : 한국정부 법률고문으로 초빙되어 한국의 사법제도 조사 및 법전편찬을 주도했던 법학자. 도쿄외국어학교 프랑스어과를 수석으로 졸업했고, 사법성 법학교에서 프랑스법을 공부했다. 문부성 유학생으로 프랑스에 건너가 리옹대학에서 박사학위를 받았다. 도쿄제국대학 법과대학장을 역임했다.

〈목차〉

	제목
1	토지에 관한 권리 종류, 명칭 및 내용(세부항목 생략)
2	관유(官有)와 민유(民有)를 구분하는 증거
3	국유(國有)와 제실유(帝室有)의 구별 여하
4	토지대장 또는 이와 비슷한 것이 있는가? 만약 있다면 그 장부에는 어떤 사항을 기재하는가?
5	토지에 관한 권리의 양도는 완전히 자유로운가? 또한 그 조건과 절차는 어떠한가?
6	지권(地券) 및 가권(家券)이 있다고 들었다. 이는 어떤 토지, 어떤 건물에 대해 존재하는가? 또한 연혁 및 기재사항은 어떠한가?
7	토지의 경계는 항상 명백한가? 만약 명백하지 않다면 같은 토지에 대하여 두 사람 이상이 동일한 권리를 주장하는 경우가 적지 않을 것이다. 이 경우 어떤 표준에 따라 정당한 권리자를 정하는가?
8	토지의 종목은 어떻게 나누는가? 일본의 경우 전(田), 전(畑), 택지, 산림, 원야 등
9	토지측량의 방법은 어떠한가?
10	이상 각 항목에 대하여 시가지와 그 외의 지역에 차이가 있는가? 기타 지방에 따라 관습이 다른 것이 있는가?

495) 한국에 관한 조약 및 법령韓國ニ關スル條約及法令

저자		출판연월	1906년 11월
판형	46배판	페이지 수	570쪽
발행처	경성 통감부	소장처	架藏

이 책은 통감부가 편찬한 각국과의 조약 및 법령집으로 '제물포조약' 외 90건을 수록하고 있다. 첫 페이지에 일본어와 한문을 비롯하여 몇몇 나라의 언어를 병기하고 관계 지도를 실었다. 이 책은 이후 증보를 거쳐 의정서, 세목, 왕복 공문 등을 망라한 별책『한국조약류찬韓國條約類纂』1908, 506번 항목 참조이 간행되었다.

〈목차〉

편	제목
제1편	정치상에 관한 조약
제2편	통상항해에 관한 조약
제3편	어업에 관한 조약
제4편	거류지에 관한 조약
제5편	내지 여행에 관한 조약
제6편	표류선 및 난파선 구조비용 상환에 관한 조약
제7편	범죄인 인도에 관한 조약

496) 한국토지제도韓國土地制度

저자		출판연월	1906년 12월
판형	국판	페이지 수	30쪽
발행처	경성 의정부 부동산법조사회	소장처	舊藏

이 책은 1906년 10월에 반포된 '토지가옥증명규칙' 및 '시행세칙'의 설명서이다.

> 부동산은 인민의 가장 중요한 자산임에도 불구하고 이 권리에 관한 어떠한 법제도 찾아볼 수 없다. (…중략…) 이 상태를 개선하기 위해서는 입법을 통해 공권력으로 부동산상의 권리를 확인할 필요가 있다. 이에 통감의 감독 아래 올해 7월 한국정부에 부동산법조사회를 만들도록 하고 부동산에 관한 옛 관습을 조사해 신속히 간편한 부동산법을 제정하도록 재촉했다. 조사회의 사업은 진척을 보여 10월 31일 칙령 제65호 토지가옥증명규칙, 11월 7일 법부령 제4호 토지가옥증명규칙 시행세칙이 반포되었다.[1쪽]

497) 한국 부동산에 관한 관례韓國不動産ニ關スル慣例, 제1철

저자		출판연월	1907년 3월
판형	국판	페이지 수	76쪽
발행처	경성 의정부 부동산법조사회	소장처	舊藏

이 책은 한국의 토지와 건물 관례에 관해 일찍이 회장 우메 박사가 실시했던 조사를 모방하여 가와사키 보좌관보가 각도의 도시와 시골을 두루 돌아다니며 조사·기록한 것이다. 각 부윤, 군수, 주사, 면장 및 서기 등의 응답을 그대로 정리하였다. 각 부군의 명칭, 응답자의 성명 및 조사일은 다음과 같다. 개언

[목차] 충청남도 중 12군, 황해도 중 3군, 평안남도 중 1부 7군 1방坊

498) 한국 부동산에 관한 관례韓國不動産ニ關スル慣例, 제2철

저자		출판연월	1907년 6월
판형	국판	페이지 수	144쪽
발행처	경성 의정부 부동산법조사회	소장처	舊藏

이 책은 촉탁 히라키 간타로平木勘太郎가 한국 부동산에 관한 관례를 조사한 것이다. 조사 방법은 회장 우메 박사가 실시했던 방법을 모방했다. 조사를 실시하면서 조사항목을 분석·설명했지만, 각 군 및 그 외의 응답과 언사가 애매하여 내용에 왕왕 명백하지 않은 점이 있다. 가장 유감으로 여기는 바다. 서언

[목차] 황해도 중 12군

499) 한국의 토지에 관한 권리일반韓國ニ於ケル土地ニ關スル權利一斑

저자		출판연월	1907년 6월
판형	국판	페이지 수	83쪽
발행처	경성 의정부 부동산법조사회	소장처	舊藏

이 책은 나카야마 보좌관이 남한 지방 출장 당시에 조사, 보고한 것이다. 권두

〈목차〉

장	제목
제1장	한국인의 권리관념
제2장	토지
제3장	토지에 관한 권리
제4장	토지소유권
제5장	토지용익권
제6장	토지에 관한 담보권
제7장	문서기록

500) 현행 대한법규류찬現行 大韓法規類纂

저자		출판연월	1907년 7월
판형	국판	페이지 수	1654쪽
발행처	경성 한국정부 재정고문부	소장처	舊 경성제국대학

이 책은 원래 재정고문부원의 집무에 자료로 쓰기 위해 그 대강을 모은 것이다. 갑오년 이후 반포된 법규의 총목차를 보완하여 추후 완성하고자 한다. 권두

제목	제목	제목
제1류 공문식(公文式)	제7류 학사	제13류 조약
제2류 관제	제8류 경찰	제14류 부록
제3류 관규	제9류 농상	추록(追錄)
제4류 민형	제10류 광업	속(續) 추록
제5류 재정	제11류 재판	도해 및 도안
제6류 군사	제12류 잡건	

501) 부동산법조사 보고요록不動産法調査報告要錄

저자		출판연월	1907년
판형	국판	페이지 수	53쪽
발행처	경성 법전조사국	소장처	舊 경성제국대학

이 기록은 부동산법조사회에서 조사한 한국의 부동산에 관한 법제와 관습 일반이다. 조사는 1906년에 이루어졌으며 한국 전토 대부분을 다뤘다. 그리고 원래 기록은 각 지방 별책으로 만들었다. 그 양이 몹시 많으므로 요강要綱을 편찬해 열독에 편의를 제공한다. 권두

〈목차〉

	제목
1	토지에 관한 권리 종류, 명칭 및 내용

	제목
2	관유(官有)와 민유(民有)를 구분하는 증거
3	국유(國有)와 제실유(帝室有)의 구별 여하
4	토지대장 또는 이와 비슷한 것이 있는가? 만약 있다면 그 장부에는 어떤 사항을 기재하는가?
5	토지에 관한 권리의 양도는 완전히 자유로운가? 또한 그 조건과 절차는 어떠한가?
6	지권(地券) 및 가권(家券)이 있다고 들었다. 이는 어떤 토지, 어떤 건물에 대해 존재하는가? 또한 연혁 및 기재사항은 어떠한가?
7	토지의 경계는 항상 명백한가? 만약 명백하지 않다면 같은 토지에 대하여 두 사람 이상이 동일한 권리를 주장하는 경우가 적지 않을 것이다. 이 경우 어떤 표준에 따라 정당한 권리자를 정하는가?
8	토지의 종목은 어떻게 나누는가? 일본의 경우 전(田), 전(畑), 택지, 산림, 원야 등
9	토지측량의 방법은 어떠한가?
10	이상 각 항목에 대하여 시가지와 그 외의 지역에 차이가 있는가? 기타 지방에 따라 관습이 다른 것이 있는가?

502) 한국토지소유권의 연혁을 논함韓國土地所有權ノ沿革ヲ論ス

저자		출판연월	1907년
판형	국판	페이지 수	67쪽
발행처	경성 내각부동산법조사회	소장처	시카타문고

이 책은 촉탁 히라키 간타로가 집무의 여유시간에 연구한 논문으로, 조사의 참고가 됨을 인정받아 인쇄에 부친 것이다.서언

〈목차〉

장	제목
제1장	서론

장	제목
제2장	기자시대
	정전법
	정전법과 토지소유권의 관계
제3장	삼국시대의 전제(田制)
제4장	고려조시대
	개론
	토지취득의 방법
제5장	이조시대
	개론
	토지분배의 방법
제6장	결론

503) 관습조사문제慣習調査問題, 일문, 언문 2책

저자		출판연월	1908년 1월
판형	국판	페이지 수	84쪽
발행처	경성 법전조사국	소장처	舊 경성제국대학

이 책은 법전조사국이 관습 조사를 실시하면서 조사원에게 지시한 조사항목이다. 일문, 언문 두 책으로 나뉘어 있다.

본편에는 옛 부동산법조사회가 조사한 문제들을 조금 더 명확히 알 수 있는 내용이 적지 않다. 또한 비록 그런 관습이 없는 것이 거의 확실한 경우에도 만일을 생각해 이를 게재했다. 한국에 존재한다고 여겨지는 관습에 관해서는 대체로 모든 문제를 망라하고자 했다. 그러나 만약 본편에 싣지 못한 문제 가운데 참고할 관습이 있다면 반드시 이를 조사해야 할 것이다. 본편은 오직 조사원을 위해 기록한 것이기 때문에 명칭의 의의는 물론 문제의 취지에 대해서도 따로 설명을 붙이지 않은 것이 많다. 다만 조사원이 심문할 때는 상세하게 문제의 뜻을 설명할 필요가 있다.범례

〈목차〉

제목		제목	
제1편 민법		제2편 상법	
제1장	총칙	제1장	총칙
제2장	물권	제2장	회사
제3장	채권	제3장	상행위
제4장	친족	제4장	수형(手形)
제5장	상속	제5장	해상(海商)

504) 통감부법규제요統監府法規提要

저자		출판연월	1908년 7월 1910년 3월
판형	국판	페이지 수	805쪽
발행처	경성 통감부	소장처	舊 경성제국대학

이 책은 1908년 3월 30일 현행 통감부 법령과 통감부 관계 법령을 유형에 따라 모아 기록한 것이다. (…중략…) 내훈, 내규 그리고 일시적인 공포에 그친 것은 생략하였다.범례

〈목차〉

집	제목	집	제목
제1집	관제	제11집	형사
제2집	관규	제12집	재판

집	제목	집	제목
제3집	복제(服制), 휘장	제13집	조세
제4집	공문식	제14집	학사
제5집	외사(外事)	제15집	은행 및 수산조합
제6집	회계	제16집	통신
제7집	거류민단	제17집	철도
제8집	경찰	제18집	토지
제9집	종교	제19집	군사
제10집	민사	제20집	포상(褒賞)

이 책은 1910년 3월 증보판이 간행되었는데 조합, 도량형, 특허 및 각종 상권, 선박 등의 항목을 더하여 전체 22집, 1,081쪽이 되었다. 부록(한국정부의 법령 중 통감부에서 번역문을 고시한 것) 120쪽도 추가되었다.

505) 일한문대조 신법률日韓文對照 新法律

저자	한국대심원(韓國大審院)	출판연월	1908년 10월
판형	국판	페이지 수	225쪽
발행처	경성 일한인쇄주식회사	소장처	舊 경성제국대학

이 책은 1908년의 개정법률법률 제17호, 제19호와 1908년 7월의 민형소송규칙의 전문을 수록한 것이다. 각 페이지를 상하 2단으로 나누어 상단에는 언문 혼용문, 하단에는 일문으로 적어 대조할 수 있게 했다.

〈목차〉

제목
재판소 구성법

제목
(형법대전) 제1편 법례
제2편 죄례(罪例)
제3편 형례
제4편 율례(상)
제5편 율례(하)
민형소송규칙
민사소송기한규칙

506) 한국조약류찬韓國條約類纂, *Treaties and Conventions Between Corea and Foreign Powers*

저자	통감부 編	출판연월	1908년 12월
판형	46배판	페이지 수	962쪽, 부록 170쪽
발행처	경성 통감부	소장처	架藏

과거 집무상 일시적 편람에 이바지할 목적으로 『한국에 관한 조약 및 법령韓國ニ關スル條約及法令』495번 항목 참조을 편찬하였으나, 그 이후 조약의 체결과 법령의 반포가 거듭되었기에 조약과 법령을 각각 따로 유찬할 필요를 인식하고 이 책을 내기에 이르렀다. (…중략…) 이 책에서는 1906년 이후 체결된 여러 조약은 물론 각국의 거류지회규칙居留地會規則 등의 조약에 기초해 규정된 것, 내외여권규칙內外旅券規則 등의 조약에 관련해 제정된 것 모두를 망라하여 빠진 것이 없도록 했다. 검색, 열람의 자료로서 아쉬움이 없기를 바란다. 범례

〈목차〉

편	제목
제1편	정치상에 관한 조약
제2편	수호통상 및 항해에 관한 조약
제3편	거주에 관한 조약
제4편	여행에 관한 조약
제5편	어업에 관한 조약
제6편	선박 구조에 관한 조약
제7편	특별조약
추가 및 부록	

또한 조약관계를 다룬 다음의 두 책이 있음을 부기한다. 1891년 상하이총세무사서 통계과에서 영한대역 Treaties, Regulations, etc., *Between Corea and other powers : 1876~1889*가 출판되었다. 그리고 동아동문회가 1904년 5월 『동아관계 특수조약휘찬』1912.4 재증보을 마루젠丸善에서 출판했다.

507) 한국의 호적에 관하여韓國ノ戶籍ニ就テ

저자	이와이 게타로 調	출판연월	1908년
판형	국판	페이지 수	17쪽
발행처	경성 통감부	소장처	舊 경성제국대학

이 책은 통감부 서기관 겸 경시警視 이와이 게타로가 조사한 것으로, 민적법 실시를 앞두고 집무자 참고용으로 인쇄된 것이다.

〈목차〉

제목	
1	서언
2	호적의 연혁
3	인구
4	민적시행 당초의 실지조사
5	민적실지조사의 경비
6	결론

508) 현행 재무법규류찬現行 財務法規類纂

저자		출판연월	1908년
판형	국판	페이지 수	1,411쪽
발행처	경성 한국정부탁지부 대신관방	소장처	일본 국회도서관

이 책은 1908년 9월 1일 현재 실행 중인 탁지부 소관 사무 관계 법령과 조약을 모아 이를 11종류로 나누고 총목록, 종류별 목록, 연차 목록의 세 종류로 구분해서 수록한 것이다.

> 이 책은 재무 당국자의 참고에 이바지하기 위해 법령, 조약을 모은 것이다. 본문 중 언문에는 모두 일본 가나假名를 붙여 한일 양국 사람들이 통독하기 편하게 했다. 범례

〈목차〉

제목	제목
총목록	제6류 상벌

제목	제목
제1류 공문식	제7류 재정
제2류 관제	제8류 농상공
제3류 분과규정	제9류 통상
제4류 관규	제10류 민형
제5류 임용시험	제11류 조약, 일본법령

509) 지나법제사여론 한국친족법 친등제도의 연구支那法制史余論韓國親族法親等制度之研究 – 법리논총 제14편法理論叢 第十四編

저자	히로이케 지쿠로(広池千九郎)	출판연월	1909년 4월
판형	국판	페이지 수	38쪽
발행처	도쿄 유비각(有斐閣)	소장처	架藏

저자는 법학박사로 동양법제사 연구의 권위자다. 만년에는 은둔하며 일본도덕과학연구소를 창설하고 모럴러지moralogy를 제창하여 문인 다수를 모았으나, 1938년 6월 4일에 변사했다. 저서로는 『동양법제사 본론』1905, 『동양법제사 본론』1915, 『일본헌법연원론』1916, 『지나문전支那文典』1925, 『효도孝道의 과학적 연구』1929, 『신과학 모럴러지 및 최고도덕의 특질』1930 등이 있고, 1937년에는 『히로이케 박사 전집』이 도덕과학연구소에서 간행되었다.

이 연구는 지나법의 방계 중 하나인 한국친족법의 친등조직을 설명하고, 그 계산법이 로마 민법에 부합함을 논증한 것이다. 후에 『동양법제사본론』에 실렸다. 책의 성립에 관해서는 다음과 같이 논한다.

> 돌이켜 생각해 보면 재작년 1907년 여름의 일이었다. 책의 초고를 완성하고 곧장 한국법전조사국 고문 우메 겐지로 선생을 찾아가 보여드렸다. 선생은 이를 보고 한국의 새 법전 편찬에 도움이 되겠다고 하셨다. 여러 번 수정을 거듭했고, 같은 해 12월 21일 밤에 열린 법리연구회 정례회에서 여러 선배에게 이를 보여드렸다. 회장 호즈미 노부시게穗積陳重[82] 선생께서 좋게 평가하시며 법학 연구에 이익이 될 것이라 말씀하셨다. 위원장 이치키 기토쿠로一木喜德郎[83] 선생과 숙의하여 심사한 결과, 이번에 드디어 법리연구회의 비용으로 책의 인쇄, 출판을 허가받았다. 큰 영광으로 생각하는 바이다. 권두

〈목차〉

	제목
제1	친등의 의의
제2	지나법 친등제도의 개요와 일본 친등제도의 개요
제3	한국의 친등제도와 여타 동양 나라의 다른 점

---

82 호즈미 노부시게(1855~1926) : 초창기 일본의 법학계를 이끌었던 도쿄제국대학 법과대학 교수다. 에히메 출신으로 아버지는 국학자였다. 유명한 실업가 시부사와 에이이치(渋沢栄一)의 딸과 결혼했다. 1885년 영길리법률학교를 창립했으며, 1888년에는 미쓰쿠리 린쇼(箕作麟祥), 하토야마 가즈오(鳩山和夫) 등과 함께 일본에서 처음으로 법학박사 학위를 받았다. 1893년 법전조사회 기초위원(起草委員)을 맡아 민법전의 구축에 중심적인 역할을 했다. 역사학파, 진화주의의 입장에 따랐으며, 천부인권론을 강하게 비판하는 한편 일본의 전통적인 습속에 관한 연구도 진행했다. 법률 역시 생물이나 사회와 마찬가지로 진화한다는 생각을 가지고 있었다.

83 이치키 기토쿠로(1867~1944) : 도쿄제국대학 법과대학 교수로서 공법학을 전공했다. 독일에서 행정법을 공부했으며, 천황기관설을 제창하여 제자 미노베 다쓰키치(美濃部達吉) 등에게 영향을 끼쳤다. 정치에도 관련하여 중의원 의원, 법제국 장관, 문부대신, 내무대신 등을 지냈다.

	제목
제4	한국의 친족법에는 친족의 명칭을 부를 때 고유의 명칭과 친등제도의 촌수로 부르는 두 가지 방식이 있음을 논함
제5	한국 친등제도의 친등계산법 형식
제6	한국 친등계산법의 연원
제7	한국 친등제도의 실질적 특색
제8	한국 친등제도의 법률상 효과
제9	한국친족법의 항렬 제도
제10	결론

510) 한국어업법규집韓國漁業法規集

저자	도쿄수산학회	출판연월	1909년 5월
판형	46판	페이지 수	96쪽
발행처	도쿄 수산서원(水産書院)	소장처	일본 국회도서관

1909년 현행의 어업법규를 집록한 것으로, 수산서원이 발행한 비매품이다.

〈목차〉

부	제목
제1부	일한 양국의 어업협정서
제2부	어업법과 관계법규
제3부	어업세법과 관계법규
	참고(어장구역 등 8항)
제4부	조합

511) 토지조사참고서土地調査參考書 제1~5호

저자		출판연월	1909년 10월~1911년 8월
판형	국판	페이지 수	100쪽 내외
발행처	경성 한국정부 탁지부 토지조사국	소장처	舊 경성제국대학

조선의 토지조사사업은 1910년 3월 한국정부가 토지조사국을 개설함에 따라 시작되었고, 그 준비로 각지의 토지에 관한 구관舊慣 사항을 조사했다. 이 조사서는 탁지부 및 임시토지조사국이 이관될 때까지 계속 간행되었고, 제1호부터 제5호에 이른다. 이하 각호의 내용을 초기抄記한다.

제1호

저자		출판연월	1909년 10월
판형	국판	페이지 수	39쪽
발행처	경성 한국정부 탁지부	소장처	

사무관 유흥세柳興世[84]가 조사를 담당한 『양전제도 및 연혁의 조사』다. 언문 혼용문인데 가타카나 번역을 덧붙였다.

> 전지田地에 관하여 법률이 정한 것은 참고상 편의를 위해 중복됨에도 불구하고 편말篇末에 따로 첨부한다. 제도법률 및 기타 관례상 용어 중 이해하기 어려운 것은 따로 풀이하여 기재한다. 범례

84 유흥세(1869~1932) : 1901년 내장원 봉세위원과 대한제국 중추원 의관을 지낸 관료다. 러일전쟁 이후 일본은 왕실과 정부 재산의 분리를 시도했는데, 그 과정에서 왕실 재산의 국유화 작업의 실무를 맡았다. 강제병합 이후에는 중추원에서 근무했다.

〈내용〉

내용
용어 해석
보법(步法)
전품(田品)
척도
결법(結法)
옛 묘법(畝法)과의 비준
해결법
절목
관제, 본아문(本衙門), 각도사목(各道事目), 행량군명(行量郡名)
전지에 관한 법률(대전회통)

제2호

저자		출판연월	1909년 10월
판형	국판	페이지 수	101쪽
발행처	경성 한국정부 탁지부	소장처	

임시재산정리국 촉탁 오이시 고키尾石剛毅가 제출한 조사복명서다.

소관은 일찍이 토지에 관한 구관조사를 위해 공주, 한성 및 평양의 각 재무감독국 관내 출장을 명 받았고, 올해 5월 14일에 출발하여 8월 6일에 돌아왔습니다. 조사한 곳은 모두 18곳으로, 74일에 걸쳐 조사하였습니다. 따라서 한 곳을 조사하는데 평균 5일이 걸리지 않은 것이며, 왕복 여행일 수를 제외하면 한 곳을 조사하는데 고작 3일이 걸리지 않은 셈입니다. (…중략…) 게다가 사리에 어두운 인민들에 관해서는 크고 작은 일 모두 통역을 거쳐 조사했기 때문에, 보고서에 서술된 바가 그 지방의 관습을 모두 다루었다고 하기는 어렵습니다. 다만 토지에 관한 관습 대부분은 이 보고서를

통해 살펴볼 수 있다고 믿습니다.복명서

〈목차〉

제목
행정구획의 명칭
토지의 명칭과 그 사용 목적
과세지, 비과세지
과세지와 비과세지의 구분
경계
산림 원야의 경계
토지표시부호
지위등급, 면적 및 결수 사정(査定) 관례
결 등급별 구분
소유권
질권 및 저당권
소작인과 지주와의 관계
토지에 관한 장부 서류
인사(人事)

제3호

저자		출판연월	1909년 10월
판형	국판	페이지 수	136쪽
발행처	경성 한국정부 탁지부	소장처	

임시재산정리국 촉탁 시오다 요스케塩田與助의 조사복명서다.

소관은 일찍이 전주, 대구, 원산 세 곳의 재무감독국 관내의 토지 관계 구관 사항 조사를 명 받아, 올해 5월 14일 해당 지역으로 출발하여 주요 도읍 12곳에서 실지 조사한 뒤 같은 해 7월 13일에 돌아왔다. 본디 한국의 구관은 대체로 각 지방이 대동소이하여 거의 그 방식이 동일하나 상세한 점에 있어서는 조사가 필요하다. 시대에 따라 혹은 지방에 따라 그 관습에 여러 차이가 있어 갈피를 잡을 수 없을 정도로 극히 복잡하니, 근소한 일수로는 도저히 세밀한 부분까지 연구하여 정밀함을 꾀할 수 없음은 말할 필요도 없이 명백하다. (…중략…) 따라서 조사는 대동을 취하고 소이를 버리는 한편 간명을 제일로 여겨 오직 그 대강을 수록하기에 그쳤다. 복명서

〈목차〉

제목	
행정구획의 명칭, 附 행정구획으로서 면과 동의 가치	
토지의 명칭, 사용 목적 및 과세지와 비과세지	
과세지와 비과세지의 구분	
경계	
토지표시부호	
지위등급, 면적 및 결수 사정 관례	
결 등급별 구분	
소유권	
질권 및 저당권	
소작인과 지주와의 관계	
토지에 관한 장부 서류	
인사	
참고사항	1. 묘지에 관한 관습개요
	2. 전주의 시장에 관한 관례

제4호

저자		출판연월	1910년 4월
판형	국판	페이지 수	31쪽
발행처	경성 토지조사국	소장처	

이 책은 과거 한국정부 시대 경기도 부평군에서 시행되었던 토지조사 시행성적에 관한 보고서로서 1910년에 간행되었다. 조선·가나 혼용문이었는데 이번에 재판하면서 일문으로 개정했다. 권두

권말에 보고자 임시재산정리국 장관 아라이 겐타로荒井賢太郎라는 기록이 보이며, 탁지부대신 고영희高永喜[85] 각하라고 적혀있다.

〈목차〉

제목	
1	착수 준비와 조사지역
2	조사원 조직
3	조사기간, 종사인원 및 일수
4	사무
5	측량
6	조사의 공정 및 성적
7	조사진행 상황
8	기후 및 조사원의 위생
9	지방상황
附 조사공정표 및 부평군 조사 완료 면동 지도, 부평군면 별도(別圖)	

85 고영희(1849~1916) : 친일 개화파의 한 사람으로 대일관계에서 중요한 역할을 담당했다. 수신사, 신사 유람단의 일원으로 일본을 다녀왔으며, 갑오개혁에 참여하여 주요 직책을 두루 거쳤다. 1903년 2월에는 일본국 주재 특명전권공사에 임명되었다. 1907년 이완용 내각이 성립하자 탁지부 대신으로 임용되었고, 강제병합 이후에는 중추원의 고문을 맡았다.

제5호

저자		출판연월	1911년 8월
판형	국판	페이지 수	131쪽
발행처	경성 토지조사국	소장처	

관련 통계표다.

1909년 옛 한국정부 임시재산정리국의 조사를 바탕으로 제작된 것으로, 최고·중위·최저의 권형權衡 및 그 외 재조사가 필요한 점이 없지 않다. 그러나 현재 상태에서는 도저히 완전함을 바랄 수 없다. 다만 대체로 합당하다고 믿기에 수확收穫하여 고등, 고급 조사의 참고에 이바지하고자 한다. 권두

제목
토지 100평 수확
1석당 상가(商價)
토지 100평당 매매가격
토지 100평당 임대가격

512) 통감부 특허국 법규류찬統監府特許局法規類纂

저자		출판연월	1909년 12월
판형	국판	페이지 수	194쪽
발행처	경성 통감부 특허국	소장처	舊 경성제국대학

〈목차〉

제목
관제, 관등봉급령 및 조약
특허
의장
상표
실용신안
저작권
요금
특허변리사
잡(雜)

513) 민적법 설명民籍法ノ說明

저자		출판연월	1909년
판형	국판	페이지 수	15쪽
발행처	경성 내부 경무국	소장처	

1909년 3월 민적법 반포에 따라 집무자의 참고를 위해 간행된 것이다. 민적법을 한 조목씩 차례로 설명하였다.

514) 안중근사건 공판속기록安重根事件 公判速記錄

저자		출판연월	1910년 3월
판형	46판	페이지 수	188쪽
발행처	다롄 만주일일신문사	소장처	시카타문고

1909년 10월 26일 아침 하얼빈 역전에서 일어난 이토 히로부미 저격사

건의 공판기록이다. 사건 이후 "일본 관헌은 연루 수사에 전력을 다했고, 흉행 다음날에는 관동도독부 법원 만주검찰관이 급거 하얼빈으로 출장을 떠났다. 한국에서 아카시明石 소장[86]이 만주로 건너와 도독부 사토佐藤 경시총장, 히라이시平石 법원장 등과 협의 및 획책에 고심했다. 이를 통해 연루혐의자 7명을 특정하여 범인 안중근과 함께 3일 뤼순으로 호송하여 감옥에 넣었다. 그중 4명은 심리 결과에 따라 방면하였고, 우연준, 조도선, 유동하 3명을 공판에 부쳤다. 다음 해인 1910년 2월 7일부터 4일간 뤼순 지방법원에서 열린 재판 상황"을 기록한 것으로 『만주일일신문』 기자의 공판속기록이다.

참고로 『안중근』 전기가 상하이 대동편집국에서 간행되었음을 적어둔다.

515) 한일법령건명집람韓日法令件名輯覽

저자		출판연월	1910년 4월
판형	국판	페이지 수	420쪽
발행처	경성 탁지부 대신관방 문서과	소장처	舊 경성제국대학

이 책은 광무 11년1907 및 일력日曆 메이지 41년1908 이후의 한일법령 중 별도로 기록한 종류의 목록을 편집한 것이다. 참고에 도움을 주고자 한다.서언

86 아카시 모토지로(明石元二郎, 1864~1919) : 육군사관학교와 육군대학을 졸업한 군인. 프랑스공사관 및 러시아공사관의 육군무관으로 근무했고, 러일전쟁에서 첩보활동에 종사했다. 1910년 7월부터 한국에 건너가 헌병사령관과 경무총장을 겸임했고, 1918년 7월 대만총독에 취임했다.

〈목차〉

제목	제목	제목	제목
(한국법령부)	탁지부 고시	(일본법령부)	대장성령
법률	잡건	조서(詔書)	통감부령
칙령		황실령	대장성 훈령
조약		법률	통감부 훈령
각령(閣令)		예산	회계검사 원령
탁지부령		칙령	내각 고시
탁지부 훈령		조약	대장성 고시
탁지부 훈령		율령	통감부 고시
내각 고시		각령	잡건

516) 민적사무개요民籍事務概要

저자		출판연월	1910년 5월
판형	국판	페이지 수	본문 116쪽, (부표(附表) 402쪽)
발행처	경성 내부 경무국	소장처	도쿄경제대학

민적사무는 종래 지방국 판적과 소관이었으나 경무국으로 이전되었다. 이에 따라 내부 서기관 조성구趙聲九 씨가 과장이 되었으며 경시 사이토 레이조斎藤礼三[87] 씨가 이를 원조했다. 경시 이와이 게타로, 이마무라 도모今村鞆[88] 두 사람이 주로 구관조사 임무를 맡았다. 새로 민적법을 발포하고 이어서 민적조사를 계획했다. (…중략…) 최근 경시 사이토 레이조 씨가 그 유

87 사이토 레이조(1874~?) : 구마모토 출신으로 도쿄제국대학 법과대학을 졸업하고 대만총독부 사무관, 조선총독부 사무관, 경성부윤, 함경북도지사 등을 역임한 관료다.

88 이마무라 도모(1870~1943) : 고치 출신으로 경찰감옥학교, 호세이대학(法政大學)을 졸업하고 1908년 한국으로 건너갔다. 충청북도, 강원도, 평양, 제주도 등에서 경찰업무를 보는 한편 민속학 연구에 몰두했다. 이왕직 서무과장, 조선사편수회 촉탁 등을 역임했고, 조선의 풍속과 전통에 관한 많은 저서를 남겼다.

래를 기록하여 바야흐로 출판하게 되었다. (…중략…) 민적사무를 담당하는 이들에게 매우 많은 도움이 될 것이다.서

〈목차〉

제목	
제1편 내부경무국 및 헌병본부 취급사항	
제1절	민적법 제정 이전의 민적사무
제2절	민적법 및 민적법 시행에 관한 내부대신 고유(告諭)와 훈령
제3절	민적법 시행 준비
제4절	민적에 관한 참고자료 조사
제5절	민적 실사의 분담과 조사에 관한 훈달
제6절	호수, 인구 및 직업 조사
제7절	민적의 정리를 한층 주도면밀하게 하는 방법
제8절	민적에 관한 부책(簿冊) 종목과 보존기한
제9절	민적사무 개요편찬
제2편 경찰부 및 헌병분대 취급사항	
제1절	민적실사의 실시 및 그 정황
제2절	민적에 관한 구관
부록	1. 「한국의 호적에 관하여」 경시 이와이 게타로 著
	1. 「민적조사 참고자료」 경시 이마무라 도모 譯
	1. 호구조사 세칙, 附 호적표
	1. 호수, 인구, 직업 통계표식

517) 토지가옥증명 관계 법령과 예규土地家屋證明關係法令竝ニ例規

저자		출판연월	1910년 6월
판형	국판	페이지 수	60쪽
발행처	경성 내부 지방국	소장처	舊 경성제국대학

이 책은 토지 · 가옥의 증명 및 전당 집행에 관한 여러 법령과 이에 관한

주요 훈령, 통첩, 회답 및 통감부령 가운데 본칙에 관계된 것을 집록한 것이다. 범례

518) 현행 한국법전現行 韓國法典

저자	탁지부 대신관방	출판연월	1910년 7월
판형	국판	페이지 수	3,324쪽
발행처	경성 일한서방(日韓書房)	소장처	舊 경성제국대학

이 책은 1910년 6월 15일 현재 대한국大韓國 법령과 대일본국大日本國 법령 중 한국신민에게 시행되고 있는 것, 그리고 대한국에 관한 주요 조약을 편집한 것이다. (…중략…) 이 책은 한글 옆에 면밀하게 일문을 첨부하여 한일 양국인의 통람에 아쉬움이 없도록 하였다. (…중략…) 이 책은 총괄 목록과 유형별 목록, 그리고 연차목록을 각각 권두와 권말에 두었고, 색지로 된 편별 목록을 각 편마다 삽입하여 색인의 편의를 제공한다. 범례

〈목차〉

편	제목	편	제목	편	제목
제1편	국제(國制)	제6편	민사, 형사	제11편	교육
제2편	전례	제7편	재정	제12편	군제
제3편	공문식, 관보, 인장	제8편	농상공	제13편	관세, 해사
제4편	관제, 분과	제9편	지방제도	제14편	조약 (개방지(開放地)에 관한 법령을 포함)
제5편	관규	제10편	경찰, 위생	제15편	위임행정

519) 법령류찬法令類纂

저자	한국 내부 지방국 編	출판연월	1910년 8월
판형	국판	페이지 수	871쪽
발행처	경성 일한인쇄주식회사	소장처	舊 경성제국대학

이 책은 융희 4년1910 8월 1일 현행 한국법령 중 내부 및 지방 행정사무에 관계된 것을 집록한 것이다. 각 법령 앞에는 제목을 기재하고 그 아래에 공포 연차와 종별 번호를 부기하였다. 개정된 조항은 즉각 수정을 가하여 그 개정법령의 연차, 번호를 본령 번호 아래에 기재하였고, 법령의 개정・폐지에 따라 자연스럽게 소멸하거나 변경된 문자에는 주의부호「 」를 달았다. 말미에는 부록으로 일본국 법령 중 한국에 관계된 것을 기록했다.범례

〈목차〉

집	제목	집	제목
제1집	공문식	제8집	주세, 회계
제2집	관제	제9집	상휼(賞恤)
제3집	관규	제10집	경찰, 위생
제4집	지방제도	제11집	은행, 회사
제5집	토지 수면(水面), 국유재산	제12집	잡(雜)
제6집	민사	제13집	조약
제7집	사당, 신사, 사찰, 학사(學事)	(부록) 일본국법령	

520) 관습조사보고서慣習調査報告書

저자		출판연월	1910년 12월
판형	46배판	페이지 수	408쪽
발행처	경성 조선총독부	소장처	도쿄경제대학

사법부장관전 법전조사국 위원장 구라토미 유자부로倉富勇三郎[89]가 당시 총독 데라우치 마사타케에게 제출한 보고서로 법전조사국에서 조사한 민사, 상사商事에 관한 조선 관습의 개요다.

> 이 보고서는 조선 각지의 관습을 바탕으로 조선의 신구법령을 참조하여 편찬하였다. (…중략…) 조사는 1908년 5월부터 시작하여 1910년 9월 법전조사국의 폐지와 함께 중단되었고, 10월 잔무를 정리하면서 보고서의 편찬에 착수하여 12월에 탈고하였다. 범례

이 책은 1912년 3월에 수정, 보충되었고 522번 항목 참조 1913년에 재판이 나왔다.

〈목차〉

제목		제목	
제1편 민법		제2편 상법	
제1장	총칙	제1장	총칙
제2장	물권	제2장	회사
제3장	채권	제3장	상행위
제4장	친족	제4장	수형
제5장	상속	제5장	해상
도판, 친등도(親等圖)			

89 구라토미 유자부로(1853~1948) : 후쿠오카의 유학자 집안에서 태어났다. 1879년 사법성 법학교를 졸업하고 1904년 도쿄공소원 검사장에 취임했다. 히비야방화사건에서 자유민권운동가 고노 히로나카(河野広中) 등을 기소한 일로 여론의 비난을 받았고, 그로 인해 한국법부차관으로 좌천되었다. 강제병합 이후 조선총독부 사법부 장관에 올랐고, 식민지법제의 기초를 닦았다. 그 공로를 인정받아 1914년 야마모토 내각의 법제국 장관이 되었고 귀족원 의원에도 임명되었다.

521) 구 한국민사소송법안舊 韓國民事訴訟法案

저자		출판연월	1911년 8월
판형	국판	페이지 수	86쪽
발행처	경성 조선총독부	소장처	舊 경성제국대학

〈목차〉

제목		제목	
제1편 총칙		제4장	재심
제1장	재판소	제5장	인사소송
제2장	당사자	제3편	
제2편 소송절차		제1장	총칙
제1장	통칙	제2장	금전채권의 강제집행
제2장	제1심의 소송절차	제3장	금전채권 이외의 강제집행
제3장	상소	제4장	가차압 및 가처분

522) 관습조사보고서慣習調査報告書

저자		출판연월	1912년 3월 1913년(재판)
판형	46배판	페이지 수	404쪽
발행처	경성 조선총독부	소장처	일본 국회도서관

이 책은 앞서 소개한 보고서 구라토미 유자부로의 『관습조사보고서』1910.12, 520번 항목 참조에 이어 조선총독부 취조국 장관 이시즈카 에이조石塚英藏[90]가 당시 총독 데라우치 마사타케에게 보고한 것이다.

---

90 이시즈카 에이조(1866~1942) : 1890년 도쿄제국대학 법과대학 정치학과를 수석으로 졸업하고 법제국에 출사했다. 1894년에는 내각고문관으로서 조선에 출장을 갔다. 대만총독부와 관동도독부에서 근무했으며, 1910년 10월 조선총독부 취조국 장관에 취임했다. 1916년부터 약 7년간 동양척식주식회사 총재를 지냈다.

취조국 관습조사를 통해 새로 얻은 재료를 참조하여 이전에 법전조사국에서 편찬한 관습조사보고서를 수정, 보충하여 조별책條別冊으로 보고한 것이다. 권수(卷首)

또한 이 책은 1913년 3월 재판이 나왔다.

이 보고서는 조선에서 시행할 민법편찬의 자료를 제공하기 위하여 전 한국법전조사국에서 1908년부터 1910년까지 조사한 민·상사 관습의 요강을 편찬한 것이다. 그 후 1911년부터 1912년까지 이루어진 총독부 취조국의 후속 조사에 따라 수정, 보충을 더한 부분을 재판에 추가한다. 재판 권수

523) 재조선 거류지 관계 취극서在朝鮮居留地關係取極書

저자		출판연월	(1911년)
판형	46배판	페이지 수	96쪽
발행처	경성 조선총독부	소장처	舊 경성제국대학

간행 연월이 적혀 있지 않지만 1907년 전후에 인쇄된 것으로 추정되므로 채록하였다. 각국 조계도, 거류지 약도, 평면도 등 여러 장을 실었다.

〈목차〉

제목	
각국 거류지	인천 제물포, 목포, 마산포, 성진 각 조계, 거류지 장정(7장)
청나라 거류지	인천, 부산, 원산 각 조계 및 거류지 장정(2장)
옛 일본거류지	인천, 부산, 원산 각 협정 장정(10장)

524) 조선부동산증명령 의해朝鮮不動産證明令義解

저자	가미오 다시헤이(神尾太治平)	출판연월	1912년 10월
판형	국판	페이지 수	432쪽
발행처	경성 일한서방	소장처	舊 경성제국대학

일전에 조선부동산증명령이 반포되었다. 해당 법령의 정신을 천명하고 이를 올바르게 적용하여 목적이 달성되기를 우리는 간절히 바란다. 다만 실시한 지 얼마 되지 않았고, 법령의 정신을 오해하거나 처리와 절차 등에서 실무자나 신청인 모두가 헤매는 일이 적지 않은 이러한 때에 (…중략…) 부동산증명령에 관한 적절한 참고서가 아직 없음을 몹시 유감으로 여겼다. 일찍부터 이를 등기관리의 직무로 받아들이고 공무의 여가를 이용하여 다년간 등기법을 연구했다. 그리고 실무 경험에 기초하여 오직 법안의 해석과 실무의 편의를 도모하기 위해 한 조목씩 차례로 비견을 편찬하기 시작했다. 이제 드디어 이를 인쇄하기에 이르렀다. 자서

〈목차〉

제목	
서론	
제1장	부동산증명의 의의
제2장	부동산증명의 주의
제3장	옛 증명규칙과 부동산증명령의 차이
제4장	증명의 이익
본론	
제1장	증명해야 하는 권리 및 그 사항
제2장	증명 관서 및 증명관리와 그 책임
제3장	증명 관서에 비치해야 하는 장부
제4장	증명 절차

제목	
제5장	항고
제6장	재(再)증명
부칙(부칙, 질의 문답, 법령과 예규)	

525) 조선 민사쟁송조정요의朝鮮 民事爭訟調停要義

저자	다구치 하루지로	출판연월	1913년 5월 1914년(3판)
판형	국판	페이지 수	164쪽
발행처	경성 아키타야서점(秋田屋書店)	소장처	舊 경성제국대학

저자는 조선총독부 경부다.

조정제도이면서 사법私法관계를 해결하는 실체법이자 동시에 그 절차 법규이기도 한 민사쟁송은 이렇게 착종된 성격을 가지기에 성립법成立法을 적용하는 사법관도 큰 곤란을 느낀다. 하물며 일정한 준칙이 없는 조정행위의 지난함은 말할 필요도 없을 것이다. 이 책에서 다루지 못한 내용이 많다. 완벽함을 추구하는 것은 훗날을 기약한다. 연구에 일조할 수 있다면 행복할 것이다.자서

〈목차〉

장	제목	장	제목	장	제목
서론		제6장	조정행위의 여러 원칙	제12장	강제집행 방법
제1장	사권(私權)의 관념	제7장	조정의 사물(事物) 관할	제13장	집행비용
제2장	조정의 성질	제8장	조정 사물에 대한 관습	제14장	송달
제3장	조정과 화해 및 중재판단	제9장	조정의 성립 및 효력	부록	

장	제목	장	제목	장	제목
제4장	조정의 목적물	제10장	강제집행		
제5장	조정관의 책무 수단	제11장	집달리(執達吏)		

526) 일선대조 민적강착日鮮對照 民籍綱鑿

저자	호소야 사다무(細谷定)	출판연월	1913년 12월
판형	국판	페이지 수	169쪽
발행처	경성 문성사(文星社)	소장처	舊 경성제국대학

저자는 조선총독부 경부로서 민적사무를 담당했다.

•

민적에 관한 법규 및 관례 몇 가지를 모아서 스스로 법을 집행할 때의 편의로 삼는 동시에 면장과 기타 집행관계자의 질문에 답하는 자료로 이용했다. 나아가 이를 등사하여 관할 경찰 직원과 면장에게 배부하고, 이를 통해 내용상 결함의 일부를 조금씩 보완하고자 하였으나 그럴 여유가 없어서 초고 그대로 오랫동안 바구니 속에 넣어둔 상태였다. 올여름 때마침 몇 주일의 휴가를 얻게 되어 다소의 보정을 가하고 선배의 교정을 받아 인쇄한다. 널리 희망자의 수요에 응하고자 한다. 자서

〈목차〉

장	제목
서언	
제1장	연혁
제2장	민적사무취급 주의점
제3장	관계 법령과 예규

527) 조선행정법요론朝鮮行政法要論, 제1편

저자	나가노 기요시(永野淸), 다구치 하루지로	출판연월	1914년 7월
판형	국판	페이지 수	277쪽
발행처	경성 문창사(文昌社)	소장처	도쿄경제대학

권두에 조선총독부 지방국장 오하라 신조小原新三[91]가 쓴 서문이 실려있다.

법학자 나가노 기요시 군과 경부 다구치 하루지로 군은 열성적으로 학문을 닦는 이들이다. 공무의 여가에 조선행정법을 깊이 연구했고 그 결구, 주의, 적용을 척결 · 천명하여 행정실무를 담당하는 이들의 참고자료가 될 수 있도록 이 책을 제공한다. 오하라 씨 서

〈목차〉

편	제목
	서론
제1편	조선행정의 법원(法源)
제2편	조선의 관치행정
제3편	조선의 자치행정
제4편	행정작용
제5편	불법행위에 대한 구제
제6편	병합 전의 조선 통치개요

91 오하라 신조(1873~1953) : 제1고등학교와 도쿄제국대학 법과대학을 졸업하고 고등문관시험에 합격했다. 귀족원 사무국에서 근무했으며 1910년 10월 조선총독부 내무부 지방국장에 취임했다. 충청남도장관, 총독부 농상공부장관 등을 역임했다.

528) 조선총독모살미수사건 전말서朝鮮總督謀殺未遂事件顚末書

– 조선총독부 시정연보 부록朝鮮總督府施政年報附錄

저자		출판연월	1916년 3월
판형	46배판	페이지 수	84쪽
발행처	조선총독부	소장처	舊 경성제국대학

이 책은 1911년 여름에 열린 조선총독 데라우치 마사타케 암살음모사건의 공판전말을 수록한 것이다. 지방법원, 복심법원, 고등법원의 각 공판 및 관련 사항을 담아서 1914년도 『조선총독부 시정연보』 부록으로 간행했다.

〈목차〉

	제목
1	범죄사실 및 검거
2	경성지방법원의 제1심 공판
3	경성복심법원의 제2심 공판
4	고등법원의 제1회 상고심 공판
5	대구복심법원의 제2심 공판
6	고등법원의 제2회 상고심 공판
7	외국선교사의 명변(明辯)운동
8	에든버러 종교회의 및 기타에 대한 외국선교사의 진정(陳情)
9	정교(政教) 분립
10	범인의 특사

529) 조선경찰행정요의朝鮮警察行政要義

저자	나가노 기요시	출판연월	1916년 2월
판형	국판	페이지 수	543쪽
발행처	도쿄・경성 엄송당 서점	소장처	舊 경성제국대학

일한병합 이후 벌써 5년이 지났다. 반도의 복지는 나날이 융성해지고 제반 시정은 바야흐로 시험적 시대의 제1기를 열었다. 경찰법규의 제정 역시 그 영역에 이르렀다고 할 수 있다. 분주한 실무에 조금은 참고가 되고자 본서를 쓴다.서

〈목차〉

제목		제목		제목	
제1편 서론		제2편 총론		제3편 각론	
제1장	조선 경찰의 연혁	제1장	경찰의 개념	제1장	보통보안경찰
제2장	경무고문시대의 재한일본경찰	제2장	경찰법의 성질	제2장	풍속경찰
제3장	일한경찰의 공조와 회동 유래	제3장	경찰의 종류	제3장	영업경찰
제4장	주한일본헌병	제4장	경찰기관	제4장	교통경찰
제5장	한국경찰사무의 위탁	제5장	조선경찰법규의 연원	제5장	위생경찰
		제6장	경찰행위	제6장	특수행정경찰
		제7장	경찰권의 근거	제7장	비상보안경찰
		제8장	경찰권의 범위	제8장	범죄즉결
		제9장	경찰행위의 수단과 구제	제9장	민사쟁송 조정

530) 조선사법예규朝鮮司法例規

저자		출판연월	1916년 6월
판형	국판	페이지 수	374쪽(부록), 109쪽
발행처	경성 조선총독부 사법부 법무과	소장처	舊 경성제국대학

이 책은 사법사무에 관한 훈령, 통첩, 질의회답 및 재판소, 검사국의 각 감독관과 기타 직원의 회동 결의 중 1916년 2월까지 내용을 집록한 것이다. ㅈㅈ범례

권말에 수록한 관습에 관한 제도의 회답은 1910년 10월 이후 1916년 2월까지의 내용을 담고 있다.

〈목차〉

유	제목
제1류	재판소
제2류	사법행정
제3류	법례
제4류	민사
제5류	형사
(부록) 관습에 관한 회답	

531) 조선행정경찰법 총론朝鮮行政警察法總論

저자	후지누마 다케오(藤沼武男)	출판연월	1917년 2월
판형	46판	페이지 수	248쪽
발행처	경성 엄송당서점	소장처	도쿄경제대학

본론은 가공의 추상론을 피하고 오로지 현행법을 기초로 논하였다. 설명하면서 근거가 되는 현행법을 최대한 적시하였고, 특히 작은 법규집에서 발견하기 어려운 법안들을 힘써 적출하였다. 예언

〈목차〉

장	제목
제1장	행정의 관념
제2장	경찰의 연혁
제3장	경찰의 관념

장	제목
제4장	경찰권의 기초
제5장	경찰의 종류
제6장	경찰기관
제7장	경찰법규
제8장	경찰처분
제9장	경찰강제

532) 조선 경찰법대의朝鮮 警察法大意

저자	다마가와 겐키치(玉川謙吉)	출판연월	1919년 12월
판형	국판	페이지 수	358쪽
발행처	경성 엄송당서점	소장처	도쿄경제대학

저자는 조선총독부 경찰관 강습소의 조교수다.

이 책의 내용은 경찰관 강습소의 과목에 따라 강술한 것을 바탕으로 이루어져 있으며, 일반경찰법 저서로서는 체제를 갖추지 못한 점이 있다. 예컨대 사법경찰법 및 위생경찰법의 증명은 여기서 다루지 않았고, 또한 법학통론에 따라 법학의 정의를 서술하는 일도 미루었다. 저자의 실제 경험을 바탕으로 경찰을 처음 공부하는 이들을 위하여 법학의 첫걸음을 연구하고 일반경찰법을 쉽게 이해할 수 있게 하였다. 또한 주요한 현행 경찰단속법규를 간명히 서술하여 실무상 참고자료로 삼을 수 있도록 했다. 예언

〈목차〉

제목		제목		제목	
제1편 서언		제2편 경찰법 총론		제3편 경찰법 각론	
제1장	서언	제1장	경찰의 성질	제1장	서언
제2장	국가	제2장	경찰기관	제2장	보안경찰
제3장	법률	제3장	경찰행위	제3장	풍속경찰
제4장	권리와 의무	제4장	경찰행위 집행	제4장	교통경찰
		제5장	경찰행정의 감독과 구제	제5장	영업경찰

533) 조선 친족상속 관습류찬朝鮮 親族相續 慣習類纂

저자	기리야마 도쿠타로(切山篤太郎), 하루사와 도쿠이치(春沢得一) 共編	출판연월	1920년 11월
판형	국판	페이지 수	165쪽, 부록 계도2장
발행처	경성 엄송당서점	소장처	舊 경성제국대학

이 책은 변호사 기리야마 도쿠타로와 하루사와 도쿠이치 두 사람이 쓴 책이다.

조선인의 친족 및 상속에 관한 관습으로는 전 한국법전조사국과 조선총독부 취조국에서 1908년부터 1912년까지 조사하여 관습조사보고서에 게재한 것, 그리고 1920년 10월까지 조선총독부, 취조국, 중추원 등에서 재판소 및 기타 관청에 회답 또는 통첩한 것, 재판상 받아들여진 것 등이 있다. 이들의 요강을 민법편찬의 순서를 모방하여 질서 있게 편찬했다. 또한 민법의 규정을 대조하여 열람에 편의를 제공했다. 권두

〈목차〉

제목		제목	
제1부 친족		제2부 상속	
제1장	총칙	제1장	상속 관념
제2장	호주 및 가족	제2장	가독상속
제3장	혼인	제3장	유산상속
제4장	친자	제4장	상속의 승인과 포기
제5장	친권	제5장	재산의 분리
제6장	후견	제6장	상속인의 광결(曠缺)
		제7장	유언
		제8장	유류분
(부록) 친족계도			

534) 역문대전회통譯文大典會通

저자		출판연월	1921년 3월
판형	국판	페이지 수	457쪽
발행처	경성 조선총독부 중추원	소장처	도쿄경제대학

이조 마지막 법전인 『대전회통』의 일본어 번역판이다.

조선시대 법령은 건국 초기부터 편찬되어 법전으로 만들어졌다. 경국대전, 속대전, 대전통편 등이 있다. 이태왕 2년에 대전통편을 증보하여 대전회통이라 이름 짓고 약 500년간의 법령을 모두 수록하였기에 그 개폐改廢의 흔적 또한 한눈에 알기 쉽다. 그러나 원문 통독이 어려워 잘못하면 오해하기 쉬우니, 이에 번역문을 만들어 직원의 방증傍證을 편리하게 하고자 인쇄하여 필요한 사람에게 나누고자 한다. 권두

대전회통의 일본어 번역은 1882년에 마노 이헤이間野遺秉가 초역한 『조선 정체－일명 초역대전회통』428번 항목 참조이 있다. 1937년에는 『교주 대전회통』이 조선총독부 중추원에서 간행되었다.

〈목차〉

권	제목
1권	이전(吏典)
2권	호전(戶典)
3권	예전(禮典)
4권	병전(兵典)
5권	형전(刑典)
6권	공전(工典)

535) 조선 경찰행정법론朝鮮 警察行政法論

저자	우치다 다쓰타카(内田達孝)	출판연월	1921년 3월
판형	46판	페이지 수	223쪽
발행처	경성 엄송당서점	소장처	도쿄경제대학

나는 일찍이 주오中央 · 호세이法政 두 대학을 졸업한 이후 느낀 바가 있어 도쿄외국어학교에 들어가 독일어를 연구하고 주오대학 고등연구과에서 그 학문을 전공하였다. 지금은 경찰행정 실무에 분주히 임하고 있다. 그동안 널리 내외의 저서와 판례를 섭렵하여 난관에 봉착한 부분, 또는 일상적으로 접하는 문제 중에서 터득한 바가 있으면 그때그때 잊지 않도록 기록해서 참고자료로 삼을 것을 모아두었는데, 이것이 책을 이루게 되었다. (…중략…) 이에 조선경찰행정법론이라 이름 짓고 인쇄에 부친다.자서

〈목차〉

장	제목	장	제목
총론		제7장	경찰법의 해석
제1장	경찰의 연혁	제8장	경찰의 분류
제2장	경찰의 성질	제9장	경찰법의 효력
제3장	경찰권의 기초	제10장	경찰의 조직
제4장	경찰법의 법원(法源)	제11장	경찰권의 작용
제5장	경찰권의 한계	제12장	경찰행정에 대한 구제
제6장	경찰법의 지위		

536) 조선행정법朝鮮行政法

저자	하기와라 히코조(萩原彦三)	출판연월	1921년 5월 1928(개정4판)
판형		페이지 수	
발행처	도쿄 마쓰야마도(松山堂)	소장처	도쿄경제대학

저자는 1916년 도쿄제국대학 법학부를 졸업하고 같은 해 6월 한국으로 건너가 조선총독부 사무관 학무과장, 수산과장, 문서과장 등을 거쳐 함경남도 지사를 역임했다. 1935년 2월 척무성拓務省으로 옮겨 관리국장 및 척무차관을 지냈다.

이 책은 모 학교에서 강연한 강의원고에 수정, 증보를 더한 것이다.

초학자를 위한 작은 교과서에 지나지 않아 세상의 학자들에게 보여줄 만한 것이 아니다. 다만 내용은 최대한 정확하고 학자 사이에 논쟁이 없는 점만을 서술하여 독자적 주장이나 학설은 피하고자 했다. 학설, 판례의 근거를 제시하는 것은 번잡하고, 또한 초학자에게는 그다지 필요하지 않으리라

생각하여 전부 생략했다. 자서

〈목차〉

제목		제목	
총론		각론	
제1장	기초관념	제5장	행정법상 인민의 의무
제2장	공공 행정의 주체	제6장	행정설비 및 그 역무(役務)
제3장	행정법상 법률관계	제7장	행정행위로 인해 발생하는 사권(私權)
제4장	권리보호		

537) 조선법제사고朝鮮法制史稿

저자	아사미 린타로(淺見倫太郞)	출판연월	1922년 11월
판형	국판	페이지 수	455쪽
발행처	도쿄 엄송당서점	소장처	架藏

이 책은 원제 「반도법제의 연혁」1912년 7월 9일 도쿄대 제출 학위논문을 『조선법제사고』로 개칭하여 출판한 것이다.

저자는 요네자와米沢 출신으로서, 1892년 도쿄제국대학 법과대학을 졸업하고 도쿄 고지마치구麹町區 재판소, 요코하마 지방재판소 부장 및 도쿄공소원 판사, 미야기공소원, 도쿄지방재판소의 각 검사를 역임하고 1906년 6월 통감부 법무원 평정관으로 한국에 건너가 조선총독부 판사, 고등법원 판사 등을 역임했다. 1918년 3월 은퇴했다.

이 글의 목적은 조선반도 상고시대의 민족이 원시적 생활을 했을 때부터 제국 영토가 된 현재에 이르기까지의 법률적 변천을 서술하는 것이다. (…

중략…) 나는 1906년 7월부터 통감부 법무원에서 일하며 경성에 주재하였고, 반도의 병합 후에는 1918년 3월까지 약 13년 동안 계속 총독부 법원에 재근했다. 공무의 남는 시간에 반도의 문헌을 연구하고, 고서와 옛 기록부터 금석, 비판碑板 등에 이르기까지 이를 섭렵하고 그 대략을 상세히 연구했다. 앞서 기술한 각 시대에 따라 개략적으로 이 글을 기술한다. 서언

〈목차〉

제목		제목		제목	
서언		부론		제5장	사법(私法) 및 소송제도
제1편 총론		제3편 삼국시대의 법제		부론 및 이조 태조즉위 교서(敎書)	
제1장	성족(姓族)	총설		제5편 이조시대의 법제	
제2장	상속	제1장	고구려왕국	총설	
제3장	소유권	제2장	백제왕국	제1장	이조 초기의 법제
제4장	계약	제3장	신라왕국	제2장	이조 육전(六典)의 편찬
제5장	소송절차	제4편 후고려시대의 법제		제3장	육전제도의 내용
제6장	범죄	총설		제4장	육전제도의 폐지
제2편 원시시대의 법제		제1장	직관(職官)의 조직	제5장	명률(明律)과 형법대전
총설		제2장	병마제도	제6장	반도의 민사관습
제1장	삼한 민족	제3장	재부(財賦)제도	(부편) 과도시대의 법제	
제2장	북부 민족	제4장	형벌제도	참고자료목록(추후 보완)	

538) 조선사법제요朝鮮司法提要

저자	고등법원 서기과	출판연월	1923년 2월
판형	국판	페이지 수	1,198쪽, 부록 87쪽
발행처	경성 엄송당서점	소장처	舊 경성제국대학

이 책은 종래 간행한 사법제요를 증보·개정한 것이다. 편별 체제도 개정했으며, 부록으로 연대 대조표 및 편찬 후의 개폐표를 첨부하고 연도별 색인을 추가했다.

〈목차〉

제목		제목	
제1	법례공식령	제7	민사
제2	관규	제8	형사
제3	위훈 포상, 구휼, 은급	제9	감옥
제4	문서 인장 관보 통계고	제10	경찰
제5	회계	제11	여러 법령
제6	재판소	추가부록	

539) 조선호적령의해朝鮮戶籍令義解

저자	노무라 조타로(野村調太郎)	출판연월	1923년 9월
판형	국판	페이지 수	564쪽, 부록 113쪽
발행처	경성 엄송당서점	소장처	舊 경성제국대학

저자는 조선고등법원 판사다.

널리 조선인의 호적에 관한 법규 전체를 수집하고, 이를 법령의 명목 및 조문의 순서 여하에 얽매이지 않고 내지의 호적법 체제를 본떠 각항을 배열하여 목록으로 만든 뒤, 순차적으로 기술을 진행했다. 축조逐條 체제를 고집하고 구태여 이론적 체제를 배제한 이유는 이러한 방법이 실제로 도움이 된다고 확신하기 때문이다.자서

〈목차〉

제목		제목		제목	
서언		본론		제5장	호적의 정정
제1장	총설	제1장	총설	제6장	항고
제2장	호적	제2장	호적부	제7장	벌칙
제3장	호적 법규	제3장	호적기재 절차	부록	
		제4장	신고	부록제규칙	

540) 조선민적법령석의朝鮮民籍法令釋義

저자	조선총독부 법무국 編纂	출판연월	1924년 1월
판형	국판	페이지 수	176쪽
발행처	경성 조선사법협회	소장처	舊 경성제국대학

이 책은 1923년 9월 개최된 재판소 호적사무강습회에서 미야모토宮本 민사과장[92]과 하나무라花村 사무관[93]의 강연을 기록한 것이다. 미야모토 민사과장은 조선민사령 중 호적법규, 조선호적령 및 조선호적 수수료 규칙과

92 미야모토 하지메(宮本元, 1889~?) : 도쿄 출신으로 도쿄제국대학 법과대학을 졸업했다. 요코하마지방재판소, 나가사키지방재판소 등에서 판사를 역임했고, 1920년 조선총독부 판사로 옮겨 갔다. 경성지방법원과 경성복심법원 판사를 거쳐 조선총독부 법무국 민사과장, 경성지방법원부장, 고등법원 판사 등을 지냈다.

93 하나무라 요시키(花村美樹, 1894~?) : 나가노 출신으로 도쿄제국대학 법과대학을 졸업하고 조선총독부 사법관시보로 임명되었다. 경성지방법원과 경성복심법원에서 판사로 근무했으며, 경성법학전문학교 교수를 거쳐 경성제국대학 법문학부 교수로 취임했다.

조선인사 실체법을, 하나무라 사무관은 조선호적령 시행 절차를 각각 설명했다. 이들 강연에서 조선호적제도의 전반적인 개요를 살펴볼 수 있으므로 이번에 공식적으로 간행, 반포하여 호적사무를 맡아보는 자의 참고에 이바지하고자 한다. 서언

책의 표지에는 『조선호적제도의 개요』라고 적혀있는데, 서언의 페이지와 순서를 잘못 철한 것으로 보인다.

〈목차〉

제목		제목	
서론		조선호적령 시행절차 해설	
본론		서언	
제1장	총칙	제1절	장부
제2장	호적부	제2절	서류의 송부 및 수취
제3장	호적의 기재 절차	제3절	호적의 기재 절차
제4장	신고	제4절	서류의 정리
제5장	호적의 정정	제5절	서류의 인계
제6장	항고	제6절	장부 및 서류 보전
제7장	벌칙	제7절	열람 등초본, 고지, 증명에 관한 절차
		제8절	기간을 해태(懈怠)한 자가 있을 경우의 절차
		제9절	같은 부면(府面) 내에서 2가지 이상의 호적기재를 요하는 사항에 관한 신고
		제10절	호적 및 이에 관한 장부와 서류의 보존

541) 조선행정경찰법총론朝鮮行政警察法總論

저자	고다마 로이치(兒玉魯一)	출판연월	1924년 4월
판형	46판	페이지 수	219쪽
발행처	경성 영광사	소장처	도쿄경제대학

저자는 강원도 경찰부장, 조선총독부 경찰관 강습소 교관을 지냈다. 이 책은 경찰관 강습소의 강의안을 보정하여 인쇄한 것이다. 이 책 외에 『조선행정경찰법각론』1925, 543번 항목 참조이 있다.

> 이 책은 될 수 있는 한 쉽게 쓰기 위해 이론을 피하고 통설에 따랐으나, 저자의 독특한 견해를 내세운 점 또한 적지 않다. 범례

1925년 10월 개정 증보 3판이 나왔으며 국판 148쪽으로 수정되었다.

〈목차〉

장	제목
제1장	경찰의 관념
제2장	경찰권의 근거와 한계
제3장	경찰권의 분류
제4장	경찰조직
제5장	경찰법규
제6장	경찰처분
제7장	경찰강제
제8장	경찰행정의 감독과 구제

542) 조선묘제일반朝鮮墓制一班

저자	아오노 요시오(青野義雄), 김성렬(金性烈)	출판연월	1924년 6월
판형	국판	페이지 수	592쪽
발행처	경성 엄송당서점	소장처	舊 경성제국대학

이 책은 이전에 간행했던 『조선의 묘지 및 묘지규칙의 연구』1923를 증보 재판한 것으로, 총론으로 '위생행정', '행정처분', '경찰강제'의 3장을 새로 더했으며, 본서의 중심을 이루는 '제2편 묘지에 대한 기본관념'에도 새롭게 세 장을 추가했다. 또한 '제3편 묘지규칙 약해'에도 조목별 해설이 첨부되어 초판 180쪽에 비해 400여 쪽이 늘어났다.

저자 아오노 요시오는 전라남도 경부로 광주에 근무했고, 초판 역시 광주에서 출판되었다.

제목		제목	
서론		제8장	계찬(啟欑)이라고 불리는 옛 관습
제1편 총론		제9장	묘지를 취급하면서 주의해야 하는 풍설과 행위의 대요
제1장	위생행정	제10장	관습과 법률관계
제2장	행정처분	제11장	묘지와 관계있는 조선 풍습 일반
제3장	경찰강제	제12장	조선인의 친족범위와 그 명칭
제2편 묘지에 대한 기본관념		연호 대조표	
제1장	묘지규칙 발포의 유래	제3편 묘지규칙 약해	
제2장	묘지규칙의 개정과 그 결과	제1장	서설
제3장	묘지에 관한 풍습조사	제2장	묘지규칙 실례에 따른 약해
제4장	묘지 및 매장에 관한 미신의 실례(實例)	제3장	묘지규칙 조목별 약해
제5장	묘지에 관한 범죄 실례	제4편 묘지규칙과 관계된 법령	
제6장	미신과 범죄 실례	제1장	근본법규 및 훈령, 통첩 기타
제7장	묘지에 대한 미신의 기원		

543) 조선행정경찰법각론朝鮮行政警察法各論

저자	고다마 로이치	출판연월	1925년 10월
판형	국판	페이지 수	345쪽
발행처	경성 제국지방행정학회 조선본부	소장처	도쿄경제대학

이 책은 앞서 소개한 『조선행정경찰법총론』541번 항목 참조에 대해 '각론'을 다룬 것으로, 조선총독부 경찰관 강습소의 강의를 정리한 것이다. 권두에 경찰국장 미쓰야 미야마쓰三矢宮松[94]의 서론이 실려 있다.

〈목차〉

장	제목
제1장	고등경찰
제2장	비상경찰
제3장	영업경찰
제6장	특수한 물건에 관한 경찰
제7장	특수한 사람에 관한 경찰
제7장	특수한 행위에 관한 경찰
제9장	화재 및 수재에 관한 경찰
제10장	위생경찰

544) 조선 친족상속관습법종람朝鮮 親族相續慣習法綜覽

저자	바바 야시로(馬場社)	출판연월	1926년 4월

94 미쓰야 미야마쓰(1880~1959) : 제1고등학교를 거쳐 도쿄제국대학 법과대학을 졸업하고 고등문관시험에 합격했다. 일본 각지에서 경찰부장 등으로 근무했으며, 경찰강습소에서 학생들을 가르쳤다. 1924년 9월 조선총독부 경무국장에 취임했다. 봉천성(奉天省) 지역 조선독립운동의 단속을 봉천 측에 위임하는 '미쓰야 협정'을 1925년 6월에 맺었다. 같은 해 제실임야국 장관에 임용되었으며 퇴관 후에는 제국호텔 감사역 등을 맡았다.

판형	국판	페이지 수	561쪽
발행처	경성 오사카야(大阪屋) 고서점	소장처	舊 경성제국대학

저자는 경성에 주재하는 변호사다. 이 책은 조선의 친족상속에 관한 제반 선례를 집록한 것으로 민법편찬의 순서에 따라 휘류彙類 편찬한 것이다.

〈목차〉

5. 경제

545) 조선국 경상 · 충청 · 강원도 여행기사

朝鮮國慶尙忠淸江原道旅行記事

저자	(마쓰다 고조(松田行藏))	출판연월	1888년 6월
판형	46판	페이지 수	253쪽
발행처	조선 부산포 상법회의소	소장처	일본 국회도서관

부산포 상법회의소 서기 마쓰다 고조가 편찬 겸 발행인으로 기록되어 있다. 해제는 국회도서관 소장본을 따랐으나, 표지, 책등, 속표지, 목차가 빠져있어 서명과 간행의 취지 등을 확인할 수 없었다.

내용은 일기체의 여행조사 기사로, 1887년 10월 8일 부산에서 출발해 11월 30일까지 표기된 지역을 방문한 순서대로 호구, 생업, 지가, 산물, 개시, 수출 품목 등에 걸쳐 조사한 것이다. 조사지는 제목의 3개 도이지만, 원주에서 경기도로 들어갔으며 인천 조사도 포함되어있다. 권말에 도량형 대조표, 부산 경성 간 육로이정표를 첨부했다.

또한 다음 해인 1888년에도 조사를 다녀왔고『경상도 · 전라도 여행기사 및 농상황조사록慶尙道全羅道旅行記事竝農商況調査錄』1891, 547번 항목 참조을 동일한 형식으로 간행했다.

546) 조선 평안 · 황해 양도 상황시찰보고

朝鮮 平安黃海兩道商況視察報告

저자		출판연월	1889년 8월
판형	국판 화장(和裝)	페이지 수	65쪽
발행처	조선 인천상법회의소	소장처	架藏

1889년 6월에 인천상법회의소가 도이 가메타로土井龜太郎, 히구치 사이조樋口宰藏, 에나미 데쓰오江南哲夫,[95] 히라야마 후사키치平山房吉 4명과 경성에 재류하던 시바야마 히사노리柴山尚則 대위 등에게 조사를 위탁한 보고서이다.

이 책은 보고서지만 대체로 기행체의 일기라 할 수 있으며, 매일의 기사를 실었기에 조사 사항 외에도 다룬 것이 있다. 독자의 양해를 구한다. 시바야마 대위는 평양 이북 의주까지 여행하고 상업 현황에 관한 조사서도 작성했는데, 그에게 부탁하여 이를 인쇄하고 권말에 넣어 양도 개황 통람의 편의를 꾀했다. 범례

〈목차〉

제목
평양 및 대동강 일대와 황해도 연도 실황 시찰보고서(도이 가메타로)
평양기사(에나미 데쓰오, 히라야마 후사키치)
여행 주의사항
평안도 여행보고(시바야마 히사노리)
평양 의주 간 기사, 관(關), (평안병사(兵使)) 의주기사, 의주 평양 간 연해지방기사, 대동강 연안기사,

95 에나미 데쓰오(1853~1916) : 게이오의숙을 다녔으며 졸업 후 미쓰비시합자회사(三菱合資會社)에 입사했다. 이후 이와사키 야노스케(岩崎弥之助)의 측근이 되어 흥아회 등에 관계했다. 1888년 제일은행에 들어가 조선에 건너갔으며, 1902년에는 경부철도에 입사하여 중역을 맡았다.

제목
동선령(洞仙嶺), 백수(柏樹), 미국인 피어스의 여정, 평안도 토산 및 평안도 외국품의 경황(景況), 평안도의 지세, 평안도의 풍속인정 일반, 평안도의 인민이 부산 사람을 경멸함, 여행 중 소견.
(경기, 황해, 평안 3도 여행경로의 약도, 대동강 약도)

547) 경상도 · 전라도 여행기사 및 농 · 상황조사록

慶尙道全羅道旅行記事竝農商況調査錄

저자	마쓰다 고조(松田行藏) 編	출판연월	1891년 4월
판형	46판	페이지 수	377쪽
발행처	조선 부산상법회의소	소장처	일본 국회도서관

이 책은 부산상법회의소 서기 마쓰다 고조가 1888년 5월 3일부터 6월 10일까지 경상도, 전라도 각지를 조사한 기록이다. 조사의 요령要領은 전년에 행했던 『조선국 경상 · 충청 · 강원도 여행기사』545번 항목 참조와 동일한 형식이다.

> 이를 요약하자면 통상通商 고객估客에게 길을 안내하여 행상인에게 편의를 제공하고, 내지 촌락의 체재와 상황商況의 성쇄를 파악하는 데 도움을 주려는 것이다. 범례

권말에 「도량형 대조표」, 「부산 일본거류지에서 각지까지의 이정표」 세 장을 첨부했다.

548) 조선내지조사보고朝鮮內地調査報告

저자	오카자키 다다오(岡崎唯雄)	출판연월	1895년 10월
판형	국판	페이지 수	152쪽
발행처	구마모토 급고당(汲古堂)	소장처	시카타문고

앞서 조선 내지의 제반 조사 의뢰를 받아 농업은 무라카미村上 위원, 어업은 오타니大谷 위원을 조사위원으로 정하였다. 나는 상업과 기타 각종 사항을 조사할 목적으로 올해 4월 14일 구마모토를 출발하여 19일에 인천에 도착했다. 이후 한국 땅에 넉 달간 머물렀고 경기, 황해, 평안, 충청, 전라, 경상 6도를 방문한 후 지난 7월 15일 구마모토로 돌아왔다. (…중략…) 지금 일반관찰전국에 이르는 관찰, 일부 관찰각지에 관한 관찰의 커다란 두 줄기로 나누고 세목을 기재하여 그 경개梗概를 기록한다. 이를 통해 나의 우견愚見을 감히 보고하고자 한다. 서언

〈목차〉

제목	제목		제목		제목	
(일반관찰)	(일부 관찰)			진위현		하동부
개항장	인천군			천안군		곤양군
내지 행상	한성부			공주		진주
한인의 기호에 적합한 일본 물산	북부	고양현		신천역		진해현
한인의 상업조직		파주		은진현		마산포
운수		장단부		여산현		창원부
각종 산업		개성부		금강점(金崗店)		김해부
노동		김천군		참례역		귀포(龜浦)
금융사정		평산부		전주		하단(下端)
		서흥부		순창군		오호(鳴湖)
		봉산군		담양현		부산에서 대구까지 연도(沿道)시장
		황주		광주		원동

제목	제목		제목		제목	
		중화부		남평현		삼랑
		평양부		나주		밀양부
		증남포		화순현		청도군
		어은동		동복현		
	남부	과천현		순천부		
		수원부		광양현		

549) 반도경영담半島經營談

저자	오쓰카 에이시로(大塚栄四郎) 編	출판연월	1897년 3월
판형	국판	페이지 수	139쪽
발행처		소장처	舊藏

이 책은 편자 오쓰카大塚의 강연 속기로 서문, 목차가 없고 권두에 춘소와사春宵臥士 연설, 영서거사嶺西居士 속기라고만 기록되어있다. 권말 판권장에는 편집자 오쓰카 에이시로, 발행자 이토 이키치伊藤伊吉로 적혀있으며, 두 사람이 도쿄 간다神田의 협양관峡陽館에 머무르고 있다는 기록이 보인다. 간다의 구마다熊田 활판소에서 한정출판으로 인쇄되었다.

편자 오쓰카는 나가사키 사람으로, 1880년 여름 원산에 건너가 무역에 종사했다. 이후 원산수산회사를 설립했고 1896년 3월에 창립된 계림장업단鷄林奨業團의 지부장이 되었다. 또한 1910년 한해韓海어업주식회사를 창립했고 원산상업회의소 의원으로 추대되었다. 이 책은 계림장업단 위원으로서 이토 이키치『한어대성(韓語大成)』의 저자, 하권 1011번 항목 참조와 함께 내지 각지에서 반도 산업 개발의 필요를 설명한 강연의 속기록이다.

550) 한국 각 항 시찰보고서韓國各港視察報告書

저자	시라쇼지 요시노스케 (白莊司芳之助) [報]	출판연월	1900년 2월
판형	46배판	페이지 수	38쪽
발행처	오사카 시라쇼지 요시노스케	소장처	일본 국회도서관

이 책은 오사카의 해운회사 점장 시라쇼지 요시노스케가 사장 나카하시 도쿠고로中橋德五郎[96]에게 제출한 보고서이다.

> 앞서 한국 항로 시찰 윤허를 청하고 9월 3일에 오사카에서 출발하여 부산, 목포, 인천, 경성, 진남포, 평양 각지를 시찰하고 군산 및 마산포의 현황을 조사한 뒤 10월 4일에 귀국하였다. 이때 새로운 것을 많이 견문했지만 (…중략…) 기간이 짧아 상세히 조사할 겨를이 없었다. 물론 당국의 참고에 이바지하는 바가 없음을 잘 알지만, 작은 소견을 서술하여 보고서로 올린다. 복명서

〈목차〉

	제목		제목
1	한국의 외국무역 개황	8	목포의 상황
2	한국 연해 항통(航通)의 선박	9	마산포의 상황
3	진남포의 상황	10	마산포 거류지도
4	진남포 각국 거류지도	11	각 항구의 우리 회사 설비
5	군산의 상황	12	각 항구의 부화(艀貨)

96 나카하시 도쿠고로(1861~1934) : 도쿄제국대학 법학부 선과를 졸업했으며 대학원에서 상법을 전공했다. 1880년 농상무성 참사관을 역임했고, 유럽에 출장을 다녀온 뒤로는 중의원 서기관, 체신성 감사국장, 철도국장 등을 지냈다. 1898년 오사카상선의 사장이 되었고 오사카에서 중의원 의원으로 당선되었다.

	제목	제목
6	군산·강경(江景)의 지도	(부록) 한국해관규칙
7	군산 거류지도	

551) 미야오 세관감시관 한국출장 복명서

宮尾稅關監視官韓國出張復命書

저자	미야오 슌지(宮尾舜治)	출판연월	1900년
판형	국판	페이지 수	372쪽
발행처		소장처	架藏

저자 미야오 슌지宮尾舜治는 니가타현 출신으로 1896년 도쿄제국대학 법과대학을 졸업하고 대장성에 들어가 세무감독관, 세관감시관 등을 거쳐 대만총독부 식산국장, 아이치현 지사, 홋카이도 장관, 제도부흥국 부총재 등을 역임한 후 동양척식회사 총재가 되었다. 1932년 9월 금계간지후錦鷄間祗候[97]가 되었고, 1934년에는 칙선의원이 되었다. 1937년 4월 5일 70세의 나이로 타계했다. 이 책은 대장성 근무 시절의 보고서다.

이 책은 "조선의 역사적, 사회적, 정치적 관찰은 생략하고 여기에서는

97 공로를 세운 화족이나 관리를 우대하기 위해 메이지시대 중반에 만든 명예직을 말한다.

서술하지 않겠다. 주로 산업에 관한 부분만을 개진한다"는 기술에서 알 수 있듯이 경제·산업에 관한 매우 상세한 보고서다. 표지 뒤에는 "이 책은 대장大藏 대신에게 보내는 복명서이며 편의를 위해 등사를 대신해 인쇄한 것"이라는 지편紙片을 구약판蒟蒻版[98] 으로 첨부했다. 전서前書와 판권장이 없고 간행 연월도 불분명하지만, 내용을 보면 1899년 무렵에 출판되었음을 추정할 수 있다.

〈목차〉

제목	제목
개설	양국 간 왕래하는 무역선 및 밀상(密商)의 단속
외국무역	고베·오사카와 한국의 장래 무역관계 및 통과(通過)화물의 경향
한국세관	화폐유통의 상황
교통 운수의 편의	한국 일본 간 및 중국 한국 간 환율 상황
국내상업	외국무역과 관계있는 은행
한국인의 산업	주요 금융기관
외국인의 산업	금의 산출지, 산출량 및 가격
일본인의 어업	한국 시장의 지금(地金) 취급
제국(帝國)과의 무역 및 무역 관련 어업에 대한 장래 특별조약의 필요	금과 지금 매수량 및 그 방법

552) 최신 한국 사정最新韓國事情 – 일명 한국경제지침一名韓國經濟指針

저자	오카 요이치	출판연월	1903년 10월 1905년 8월(재판)
판형	국판	페이지 수	1157쪽
발행처	도쿄 아오키 숭산당(青木嵩山堂)	소장처	시카타문고

98 젤라틴으로 판을 만들어 인쇄한 것을 말한다.

저자는 『와카야마실업신문』 주필을 지냈고 이후 부산 일본인 상업회의소에서 근무했다. 당시 부산에서 오타 젠타로太田鐫太郎 등과 함께 잡지 『조선평론朝鮮評論』1904을 발행했다. 후에 마산으로 옮겼으며 『병합 후 신 조사 -조선전지도併合後新調査 朝鮮全地圖』1911, 하권 지도 92번 참조, 『마산안내馬山案內』1915 등의 저서가 있다.

이 책은 일한 무역 경영을 중심으로 저술한 것으로, 이에 관련한 것이나 상당히 가까운 사항을 수집하여 책의 재료로 사용하였다. 오직 한국의 경제 사정에 관련된 것만을 게재한 이유는 그것이 일한 무역 경영에 있어 중요한 요소이며, 한국의 크고 작은 경제적 사정을 자세히 알 필요가 있기 때문이다. 책의 제목을 최신 한국 사정, 일명 한국경제지침으로 정한 이유다. 예언

〈목차〉

553) 한국성업안내韓國成業手引

저자	나가타 신조(長田信藏)	출판연월	1903년 12월
판형	46판	페이지 수	122쪽
발행처	오사카 도한(渡韓)장려사무소	소장처	일본 국회도서관

저자는 와세다대학을 졸업하고 가마쿠라鎌倉 임제파臨齊派의 종학림宗學林 및 요코하마 대동학교에서 교편을 잡았다. 이후 한국으로 건너가 개성에 거주하며 농업 개간에 종사했으며, 동시에 개성학당을 일으켜 조선인 자제의 교육에 종사했다. 학당 기금 획득을 위해 오사카에 돌아와 이 책을 편찬했다.

> 한 명의 세실 로즈[99]가 남아프리카의 대식민지를 경영한 12년 동안 우리 국민의 한국 부식扶植은 구구한 경부철도의 부설조차 주저했다며 이미 지나간 일을 책망해서는 안 된다. 시세는 급변했다. (…중략…) 우리가 제국의 이익선利益線 선봉에 가담하여 조선 내지에서 갖은 고생을 하며 쓴맛을 본 지 수년, 그동안 얻은 경험과 견문을 선별하여 대한對韓 경영의 자료로 삼는 것은 작지 않은 쾌거다. 만약 앞으로 십수 년 내에 한국 내지에 백만 명의 우리나라 사람을 볼 수 없다면, 우리는 결코 눈 감지 않겠다고 각오했다. 스스로 일본 국민의 위대함을 감득하고자 한다면 마땅히 조선에 가야만 한다.자서

〈목차〉

제목	제목
서론	제7장 목축

99 세실 로즈(Cecil John Rhodes, 1853~1902) : 영국의 정치인으로 케이프 식민지의 총리였던 제국주의자.

제목	제목
제1장 농작	제8장 삼림업
제2장 양잠업	제9장 도기업(陶器業), 단야(鍛冶), 수공업
제3장 인삼업과 매약업	제10장 수산업
제4장 채금업	결론
제5장 한국연초업	조선지도 1장
제6장 양조업 및 제염업	

554) 한국 내지의 유리韓國內地ノ遺利

저자	기무라 쇼타로(木村庄太郎)	출판연월	1903년 12월
판형	46판	페이지 수	127쪽
발행처	오사카 영풍사(永豐社) 지부	소장처	일본 국회도서관

저자에 대해서는 분명하지 않으나, 권두에 사토 마사지로佐藤政治郎가 쓴 서문이 있다.

우리나라 국민이 대륙적 비약을 꾀하고 동포 민족의 앞날에 대외적 발전의 새로운 방면을 열고자 바란다면 한반도를 경영의 근거지로 삼아야만 한다. (…중략…) 한국은 우리나라의 세력 범위라고 주장하며 대한對韓 경영에 관한 논의를 도처에서 큰소리로 외치고 있지만, 한국에 대한 일반 일본인의 지식은 아직 희박하고 대륙적 경영을 위한 양식 습득은 크게 부족하다. 이 책의 저자는 그 실제 견문을 바탕으로 한국 내지의 유리遺利를 소개하고 이어서 우리나라 해당 업자의 용왕매진勇往邁進을 촉진한다. 서

〈목차〉

제목
총론
퇴보적 추세
성질
한국 내지의 유리(遺利)
상업
내지상업
경기도
황해도
충청도
농업
결론

555) 한국성업책韓國成業策 – 일명 도한의 이정표一名渡韓のしるべ

저자	사토 마사지로(佐藤政治郎)	출판연월	1904년 3월 1904년 5월(5판)
판형	36판	페이지 수	214쪽
발행처	오사카 오카지마(岡島)서점	소장처	시카타문고

저자의 호는 철령鐵嶺으로 『오사카마이니치신문』의 기자다. 이 책 외에도 저서 『한반도의 신일본韓半島乃新日本』559번 항목 참조이 있다.

지금 한국의 개발되지 않은 부원富源은 모든 곳에서 우리나라 실업가의 경영을 환영하고 있다. (…중략…) 만약 우리나라의 실업가가 러일 양국이 개전 중이라 주저하고 만일의 경우를 기우하여 계속 그 경영을 등한시한다면, 세계의 여러 열강이 기선을 제압하고 맹렬히 이 방면의 경영에 착수하게 될 것이다. (…중략…) 우리 동포 민족의 대륙적 발전은 우선 한반도를 근거지

로 삼고, 그 후에 활기찬 발걸음을 내디디고 진보할 것임을 확신한다. 서

〈목차〉

제목	제목	제목
제1장 도한의 호기	제6장 양잠업의 호망	제11장 경부철도의 부원
제2장 일러의 개전과 도한	제7장 연초 경작과 제조의 수익	(보유(補遺)) 한국경영신론
제3장 10년 계획	제8장 사금 채취의 호망	(부록) 저명지 안내 개황
제4장 신 일본 경영의 근거지	제9장 하늘이 내린 목장 자연의 과림(果林)	한국어 안내
제5장 농업의 호망(好望)	제10장 압록강의 보고(寶庫)	지도 1장

556) 기업안내 실리의 조선企業案內 實利之朝鮮

저자	요시쿠라 본노(吉倉凡農)	출판연월	1904년 5월 1904년 10월(재판)
판형	46판	페이지 수	157쪽
발행처	도쿄 문향당(文香堂)	소장처	舊藏

저자의 본명은 오세이汪聖다. 가나자와金沢 번사의 집에서 태어나 어린 시절부터 한적漢籍을 배웠고, 이후 상경해 호세이대학에서 공부했다. 문학을 좋아하여 기타무라 도코쿠北村透谷[100]와 깊게 교류했다. 1892년 오자키 마사키치大崎正吉 등과 부산의 『부산무역신문釜山貿易新聞』에서 집필 활동을 했고, 1894년 동지들과 천우협天佑俠을 조직했다. 청일전쟁 후에는 『원산시사元山時事』를 창간했으며, 우치다 료헤이內田良平[101] 등과 흑룡회를 조직했다.

100 기타무라 도코쿠(1868~1894) : 저명한 평론가이자 시인으로서 근대적인 문예평론을 통해 많은 영향을 끼쳤다. 어두운 내면과 자유를 노래한 장편 서사시 『초수의 시(楚囚之詩)』를 1889년에 발표했다. 1893년 시마자키 도손(島崎藤村) 등과 함께 잡지 『문학계』를 창간하여 낭만주의운동을 주도했다. 1894년에 자살했다.

101 우치다 료헤이(1874~1937) : 흑룡회를 주도한 아시아주의자이자 우익 운동가. 후쿠오카에서 태어났으며 18세에 상경하여 유도를 배웠다. 일본의 조선, 중국으로의 세력 확대에 커다란 관심을 가졌다. 쑨원의 혁명운동을 지원했고, 인도의 독립운동가 라쉬 비하리 보스(Rash Behari Bose)의 뒤를 봐주기도

러일전쟁 후에는 스에나가 준이치로 등과 『랴오둥신문遼東新聞』을 창간했다. 이 책 외에도 천우협에 대해 기록한 저서 『한산호소록韓山虎嘯錄』이 있다고 알려졌으나 확인되지 않는다. 1930년 12월 30일 향년 63세로 타계했다.

〈목차〉

557) 조선도항안내朝鮮渡航案內 – 일명 최근한국사정一名最近韓國事情

저자	아마노 가오루(天野馨)	출판연월	1904년 5월
판형	36판	페이지 수	186쪽
발행처	도쿄 신바시도(新橋堂)서점	소장처	舊藏

저자의 호는 성제誠齊이며 『보지신문』 기자다.

어떤 정견도 없고 가능성도 없는 자가 그저 공상을 한산韓山에 펼치면서

했다. 1906년 한국통감부 촉탁을 맡았고, 다음 해 일진회 회장 이용구와 회담하고 그 고문이 되었다. 신해혁명 이후에는 화북지역에서 공작 활동을 벌였고, 시베리아출병을 적극적으로 찬성했다.

뜻밖의 일확천금을 탐낸다. 어쩌다 반도의 문호가 개방되더라도 이 야심가가 맨손으로 도항을 꾀하는 것은 실로 위험천만한 일로서, 충분히 조사하고 탐구하여 부원富源을 척식拓植할 각오를 하고 용왕매진하여 이권을 차지해야만 한다. 서

〈목차〉

제목	제목	제목
조선의 실리	상륙 안내	노동자의 도한
지세와 부원	직업 안내	저명지 안내
풍속과 습관	농업가의 도한	경부철도
기후와 유행병	상업가의 도한	일한의 교통
도한의 준비	광업가의 도한	사진판 부산 및 인천항, 한국우편전신국, 시장풍경, 한국전도(3백만분의 1)
도한의 주의사항	어업가의 도한	

558) 최신 조선이주안내最新 朝鮮移住案內

저자	야마모토 고타로(山本庫太郎)	출판연월	1904년 6월
판형	46판	페이지 수	291쪽
발행처	도쿄 민우사(民友社)	소장처	舊藏

나는 이 책을 편찬하면서 이론을 피하고 사실을 기록하고자 힘썼다. 평범하고 간편하면서 오직 실제로 적절한 것에만 주안점을 두었다. 이 책을 다 읽고 나서 분연히 아주牙籌를 손에 들고 호미를 갖추어 반도의 개발로 나아가려는 사람이 있다면, 그를 나의 동지로 경애해 마지않을 것이다. 이 책의 취지도 여기에 있다. 자서

〈목차〉

제목	제목	제목
1. 절호의 발전지	9. 조선의 양잠	17. 조선의 삼림
2. 조선의 대체	10. 목축과 과수	18. 조선의 금융기관과 금리
3. 도항과 상륙	11. 조선의 담배	19. 조선의 통화
4. 관세 절차 및 세목	12. 조선인삼	20. 조선의 토지점령
5. 거류지의 개황	13. 조선의 상업	21. 생활비와 임금 및 물가
6. 조선내지 여행의 방법	14. 조선인의 상거래	22. 조선의 교통기관
7. 조선내지 진입의 목적지	15. 조선의 해산(海産)	(부) 일상 한일어 및 회화
8. 조선의 농업	16. 조선의 광산	

559) 한반도의 신일본韓半島乃新日本 – 일명 한국기업 안내一名韓國企業案內

저자	사토 마사지로 編著	출판연월	1904년 7월
판형	36판	페이지 수	148쪽
발행처	오사카 저자	소장처	일본 국회도서관

저자는 『오사카마이니치신문』의 기자다. 이 책 외에 저서로 『한국성업책韓國成業策』555번 항목 참조이 있다.

이 책은 주로 남한 방면의 신일본 발전을 관찰한 것으로 북한 방면은 다루지 못했다. (…중략…) 이 책을 간행하면서 한국에 있는 친우 제군의 기고를 받은 것이 적지 않다. 즉, 인천항의 신 발전은 후지무라 주스케藤村忠助 군, 군산 지방의 농업 상황은 구마모토 리헤이熊本利平[102] 군, 영산강 수역의 신일본은 아오야기 난메이 군, 한해韓海의 신일본은 야마구치 이사오山口諫夫 군의 조

102 구마모토 리헤이(1879~1968) : 러일전쟁 중 군산에 건너왔으며 토지 매수를 통해 큰돈을 벌었다. 군산 일대에 논 3,500정보를 확보하여 3천 가구의 소작인, 그 가족 2만여 명을 거느린 거대지주가 되었다.

사를 실었다. 이에 약간의 비견을 더하긴 했지만, 요컨대 이 책의 대부분은 이들의 집필로 이루어졌다. 그 내용 중에는 대한對韓 경영의 자료로 삼을 만한 것이 많다고 믿는다. 이에 특필하여 제군의 호의에 감사를 표한다. 예언

〈목차〉

제목
제1장 경부철도 연선(沿線)의 신일본
제2장 인천항의 신 발전
제3장 금강 수역의 신일본
제4장 군산 지방의 농업 상황
제5장 영산강 수역의 신일본
제6장 흥농협회(興農協會) 사업성적
제7장 한해(韓海)의 신일본
제8장 제주도의 신일본

560) 한국사정조사자료韓國事情調査資料

저자		출판연월	1905년 7월
판형	국판	페이지 수	215쪽
발행처	농상무성 상공국	소장처	일본 국회도서관

이 책은 지난 1904년 10월 한국에 출장한 상공국 직원이 편찬한 것이다. 이후 수개월이 지나면서 그 나라의 사정은 다소 달라졌으나, 이 책의 기록은 한국 상공 사정의 대강을 파악할 수 있는 자료가 되기에 인쇄에 부친다. 서언

〈목차〉

장	제목
제1장	한국 공업의 현 상황에 관한 일반 관찰
제2장	한국에서 생산하는, 또는 생산할 전망이 있는 공업원료, 특히 섬유 공업원료 및 화학 공업원료
제3장	한국의 장래 공업지가 될 만한 장소 추정
제4장	한국에서 수입하는, 또는 수입할 전망이 있는 상품에 관해 한국에 공장이 있는 경우와 일본에 있는 경우의 이익 비교
제5장	한국에서 일본인이 공업을 시작할 경우, 그 공업에 관한 한국 관세 증감의 가부(可否)
제6장	한국 외국무역의 개황
제7장	한국의 주요 수입 화물, 특히 일본상품에 대한 경쟁상품 또는 그 대용품 수입 상황, 이러한 화물의 수용·기호·분배지 및 소비의 개황
제8장	한국인의 기호
제9장	일본상품공급에 관하여 개선이 필요한 사항과 일본 상공업자에 대한 희망
제10장	일본상품의 결점 및 개량이 필요한 사항
제11장	여러 외국 수입품의 장점 및 단점
제12장	한국에서 일본으로 수입하는 중요품목 및 장래 전망
제13장	한국 세관 사정
제14장	한국의 각국 상업 경영 상황·매매·거래관계 및 상업 습관
제15장	금융 사정
제16장	한국의 도량형
제17장	결론

561) 한국 화폐제도 개혁에 관한 청원서韓國幣制改革ニ關スル請願書

저자		출판연월	1905년 11월
판형	국판	페이지 수	34쪽
발행처		소장처	舊藏

한국 경성상업회의소 부의장 이군필李君弼, 의원 박창훈朴昌勳, 특별의원 최경순崔敬淳 등이 한국 화폐제도 정리방침의 변혁에 관하여 삼가 대일본제국 내각총리대신 겸 외무대신 가쓰라桂[103] 백작 각하에게 청원함.

한국의 상민商民인 저희가 당돌하게도 각하께 청원을 올리는 것은 법도와 양식에 비추어 전례에서 벗어난 일입니다. 하지만 한국 상민의 현 상황은 실로 절박한 위험에 처한 형편으로 하루도 긴장을 늦출 수 없습니다. 게다가 한국 정부의 재정 및 경제행정은 모두 대일본제국에서 파견된 재정 고문 메가타目賀田 각하의 지도에 의존하고 있는데, 각하의 방침이 이미 확립되어 여러 번 호소해도 받아들여지지 않으며 청원의 여지도 보이지 않습니다. (…중략…) 지금 저희가 각하에게 호소하는 화폐제도의 문제는 그 관계하는 바가 다기다단多岐多端하여 자세히 그 사정을 밝히고자 한다면 수만 마디 말이 필요하겠지만, 여기에서는 그저 대략을 말씀드려 각하께 그 뜻을 남김없이 전하고자 합니다. 부디 문장의 이면을 꿰뚫어 보시고, 저희가 바라는 바를 살펴주시기를 각하께 청합니다. 권두

〈목차〉

제목
제1조 화폐제도 정리의 결점
제2조 실시상의 결점
제3조 한국 상민(商民)의 파산
제4조 구료(救療) 처분의 불비(不備)
제5조 구제방안
이번 대공황 후 경성 대상(大商) 중 파산자
백동화 엽전 통용 구역 및 백동화 중 정화(正貨)・부정화(不正貨) 통용 예상
한국 정부에 대한 청원서 번역문

103 가쓰라 다로(桂太郎, 1848~1913) : 쵸슈번(長州藩) 출신으로 메이지유신 후 육군차관, 제3사단장, 대만총독을 역임했다. 1901년 내각총리대신에 취임했고 러일전쟁을 승리로 이끌었다. 1908년부터 시작된 제2차 내각 때에는 한국병합도 성사시켰다.

562) 이세키 세관사무관보 한국출장조사보고서伊関稅關事務官補韓國出張調査報告書 – 세관월보부록 제7호 31稅關月報附錄第七號三十一

저자		출판연월	1906년 3월
판형	국판	페이지 수	86쪽
발행처	요코하마 세관	소장처	舊藏

요코하마 세관 이세키伊関 사무관보의 보고를 『세관월보』 부록으로 인쇄한 것이다.

〈목차〉

제목
개설
제1장 수입무역
제2장 외국 무역액의 나라별, 항구별 관찰
제3장 수출무역
제4장 개항과 도시의 상황
제5장 상업 거래의 상황
제6장 교통과 운수 상황
제7장 화폐와 금융 상황
제8장 산업의 일반 상황

563) 한국실업사견韓國實業私見

저자	데라시 무네노리(寺師宗德)	출판연월	1906년 3월
판형	46판	페이지 수	76쪽
발행처	도쿄 만한시보사(滿韓時報社)	소장처	舊藏

저자는 『만한시보』 등을 통해 한국에 관한 의견각 항구에 사설 보세(保稅)창고 설치을 발표해왔다.

처음으로 한국에 도항하여 직접 국정, 민속을 시찰하고 일한 양 국민의 관계, 그들과 우리 생활의 차이점과 공통점, 부력富力의 정도, 일본 장래의 이권 문제 등을 살필 수 있었다. 초기의 소견을 다소 보완하였고, 평소에 품었던 생각이 적절했다고 더욱 여기게 되었다. 이번 기회에 한국 사업 경영의 소견을 발표하여 식견 높고 뜻있는 이들의 고념顧念을 얻고자 한다. 서문

〈목차〉

제목
한국 사업에 관한 관찰경과
한국의 창고 설비 의견
한국 내 상품진열관의 조직 방법

564) 한국실업관견韓國實業管見

저자	후쿠자와 야스에(福沢泰江)	출판연월	1906년 4월
판형	국판	페이지 수	78쪽
발행처	나가노 저자	소장처	舊藏

1905년 우리 현縣의 촉탁을 받아 한국에 여행했고 (…중략…) 상하를 가리지 않고 모두 함께 한국경영 문제를 관찰하여 심사숙고하는 것이 더욱 필요하다고 느꼈다. 내가 한국에 머문 날은 겨우 40일간에 지나지 않는데, 이 짧은 기간의 관견으로 감히 제멋대로 논평을 시도하는 것은 심히 분수에 넘치는 일이라 하겠다. 따라서 식자의 비웃음을 사겠으나, 정을 나누며 사귄 친우들에게 배포하여 한국을 연구하는 자료로 삼고자 한다. 인쇄의 뜻

〈목차〉

장	제목
제1장	한국 인민의 산업 생활 상태와 사회조직
제2장	한국 정치 일반
제3장	한국의 농업조직
제4장	한국 산야의 상황
제5장	토지 이용의 상황
제6장	운수 교통상의 상황
제7장	통화 및 금융
제8장	토지매매의 관례와 현재 일본인의 방법
제9장	한국 내 일본인의 지위, 생활상태와 기업
제10장	한국기업에 관한 의견
제11장	한국의 교육에 대한 의견
제12장	한국 내 우리 미곡의 과세 문제 연구
부록	기상, 도량형, 물산, 한일무역, 조세, 한일협약, 나의 여정

565) 최근조사 만한지부원最近調查 滿韓之富源

저자	니시무라 슌지(西村駿次) 야마자키 히로타케(山崎寬猛)	출판연월	1906년 5월
판형	국판	페이지 수	308쪽
발행처	도쿄 내외홍업사	소장처	架藏

권두에 곤도 시즈오近藤賤男의 다음과 같은 서문이 실려 있다.

만주, 한국은 우리 국민이 일대 비약을 도모해야 하는 무대로, 그 지리를 이해하고 인정에 정통하며 습관을 알고 나서야 비로소 그 활동을 개시할 수 있을 것이다. 이 책을 쓴 이유 또한 여기에 있다. (…중략…) 이와 같이 지금 당장 필요한 좋은 책이 우리 동인의 손에 의해 저술된 것을 축하하는 바이다.서

〈목차〉

편	제목
제1편	신 발전지의 해부
	제1 만한의 면적
	제2 만한의 인구
제2편	만주
	제1부 랴오둥반도 지방
	제2부 랴오하(遼河) 유역지방
	제3부 압록강 유역지방
	제4부 쑹화강 및 넌장(嫩江) 유역지방
	제5부 헤이룽강 유역지방
제3편	한국
	제1부 한국 남부지방 (부산, 마산포, 통영, 진주, 목포, 군산, 대구, 전주, 강경, 공주, 제주도)
	제2부 한국 중부지방(인천, 영등포, 경성, 개성, 수원, 춘천, 울릉도)
	제3부 한국 서북부지방 (황주, 진남포, 평양, 용암포, 의주 및 신의주, 원산, 성진)

566) 만한개무비견滿韓開務鄙見

저자	우치다 료헤이(內田良平)	출판연월	1906년 7월
판형	국판	페이지 수	163쪽
발행처	도쿄 국문사(國文社)	소장처	시카타문고

저자 우치다 료헤이는 규슈九州 후쿠오카 출신으로, 일찍부터 한학을 배웠고 이후 현양사玄洋社에서 공부했다. 대륙에 뜻을 두고 흑룡회 주간, 대일본생산당 총재, 양생의숙養生義塾 숙장 등 국수운동의 선두주자로 알려져 있다. 1937년 7월 26일 향년 64세로 타계했다.

〈목차〉

장	제목
제1장	형세
제2장	교통
제3장	압록강 입구의 러일 양국 시설의 대요
제4장	한국 생산과 소비의 정황
제5장	안동현 상사(商事) 정황
제6장	압록강 목재 사업
제7장	마적(馬賊)
제8장	긴급한 압록강 경영

567) 대한국 화폐정리경과 보고大韓國貨幣整理經過報告 제1~3회3책

저자		출판연월	1907년 1월부터 1910년 1월까지
판형	국판	페이지 수	220쪽
발행처	경성 한국정부 탁지부	소장처	舊 경성제국대학

본서는 한국 화폐정리사무에 종사했던 대한국 금고출납 담당 이치하라 모리히로市原盛宏,[104] 제일은행 한국 총 지점 지배인가 탁지부 대신에게 제출한 정리 경과 보고서다. 1907년도 상반기와 하반기, 1908년도까지 세 번에 나누어 보고했다.

1905년 7월 "귀 정부의 명을 받들어 화폐정리사무를 거행한 지 벌써 1

104 이치하라 모리히로(1858~1915) : 구마모토 출신으로 교토의 도시샤(同志社)를 다니며 교장 니지마 죠(新島襄) 부재 시에는 대리를 맡아보았다. 1895년 일본은행에 들어갔고, 이후 조선은행의 초대 총재에 취임했다. 경성에서 사망했다.

년 반이 지났다. 다행히 큰 착오 없이 제1회 결산을 종료함과 동시에 종래의 경과를 서술하여 본 보고를 각하에게 올리는 영광을 얻었다."제1회 권두

〈목차〉

제목	제목	제목
(제1회)	(제2회)	(제3회)
제1장 서언	제1장 서언	제1장 서언
제2장 정리방법의 대요	제2장 옛 화폐 상황	제2장 옛 화폐 상황
제3장 옛 백동화 환수 상황	제3장 새 화폐 상황	제3장 새 화폐 상황
제4장 엽전, 옛 은화 및 옛 백동화 환수 상황	제4장 환수된 옛 화폐의 처치	제4장 환수된 옛 화폐의 처치
제5장 신화폐의 제조발행 및 유통 상황	제5장 경제상의 영향	제5장 경제상의 영향
제6장 환수된 옛 화폐의 처치		
제7장 화폐정리가 경제상 미치는 영향		
부록 화폐정리에 관한 여러 규칙과 통계표의 도해		

568) 재한일본인 상황일람표在韓本邦人狀況一覽表

저자		출판연월	1907년 2월
판형	46배판	페이지 수	34쪽, 부표 6장
발행처	통감부 총무부 내무과	소장처	일본 국회도서관

1906년 말에 조사했던 한국 주재 일본인 통계의 일람표이다.

〈목차〉

제목
호구 및 관서소 일람표(1906년 10월 말 조사)
직업별 일람표(1906년 6월 말 현재)

제목
부현별 일람표(1906년 6월 말 현재)
재산 일람표(1906년 6월 말 조사)
거류민단 일람표(1906년 10월 조사)
거류민단 거류민부담 일람표(1906년 10월 조사)
재한 일본인을 위해 설립한 학교 일람표(1906년 10월 말 조사)
이사청 및 고문부 여러 관서 배치 일람표(1906년 12월 현재)

569) 한국식민관견韓國殖民管見 – 어떻게 일본의 중소농민을 한국에 이식할 것인가如何にして日本の中小農民を韓國に植付くべきか

저자	이토 세이조(伊藤淸藏)	출판연월	1907년 3월
판형	국판	페이지 수	57쪽
발행처	도쿄 전국농사회	소장처	일본 국회도서관

저자는 모리오카盛岡 고등농림학교 교수다.

이번 가을 학우 사이온지 하치로西園寺八郎[105] 군이 한국 시찰에 나설 때 함께 (…중략…) 40여 일간 한국의 서부를 남쪽부터 북쪽까지 대부분 여행하며 처음으로 그 나라를 알게 되었다. 백문이 불여일견이니, 직접 본 한국은 일본에서 상상했던 것과 많이 달랐다. 나는 어떻게 하면 한국에 식민할 수 있을 지에 관해 연구했는데, 그 일부를 전국실업학교 교장회의 부회에서 이야기하였다. 또한 내가 교수로 있는 모리오카 고등농림학교 농과 3학년

105 사이온지 하치로(1881~1946) : 조슈번 출신의 관료로서 사이온지 긴모치(西園寺公望)의 양자다. 독일에서 공부했으며 장인을 따라 베르사유 강화조약에도 동행했다. 1909년 가쓰라 다로 내각총리대신의 비서관을 지냈고, 황태자시대의 쇼와 천황을 보좌하기도 했다. 1940년 장인이 사망한 이후 가독을 상속했다.

의 생도들에게 또 다른 이야기 일부를 한 적이 있다. 이에 간단히 이 두 연설의 대요를 기술하여 한국 식민에 관한 내 의견을 식자들에게 알리고자 한다. 서

〈목차〉

편	제목
전편	한국식민의 목적과 그 취세(趣勢)
후편	중소농민 이식 방법(植付け策)
	甲 식민국 설치
	乙 식민 지대(地代) 은행
결론	

570) 한국호구표韓國戶口表

저자	재정고문부	출판연월	1907년 5월(조사)
판형	국판	페이지 수	370쪽
발행처	한국정부 재정고문부	소장처	架藏

이 호구표는 작년 9월 이후 마루야마 경무고문이 조사보고한 것이다. 권두

'1912년 5월 현재'라고 되어있으나, 다음에 다루는 원元 경무고문부 조사 『한국호구표韓國戶口表』571번 항목 참조의 결과표로 보인다.

〈목차〉

제목
각 도별 호구표
각 도군별 호구표

제목
각 군면별 호구표

571) 한국호구표韓國戶口表

저자	원(元) 경무고문부 조사	출판연월	1907년
판형	국판	페이지 수	28쪽
발행처		소장처	架藏

이 표는 1907년 원 경무고문부에서 조사한 호구를 기초로 경시청, 그리고 그 후 경찰청에서 조사·정정한 기타 2, 3개 도道의 작은 부분을 현재의 경찰구획 별로 정리한 것이며, 정확하다고는 보기 어렵다. 다만 민적법 실시 조사를 끝내고 비교적 완전에 가까운 통계를 얻을 때까지 참고로 삼기 위해 인쇄한 것이다. 민적조사를 끝내면 새로 상세한 호구표를 인쇄하여 배포하고자 한다. 권수

내용과 목차는 여기에 기재하지 않지만, 경시청 관내 및 각 도로 나누어, 각 파출소 및 주재소 별로 호수와 호구를 기록했다. 간행부서 및 간행연월의 기재는 없으나 1907년 전후로 간행된 것으로 추정된다.

572) 재한국일본인 산업단체일람在韓國日本人産業團體一覽

저자		출판연월	[1907년 10월]

판형	46배판	페이지 수	32쪽
발행처	경성 통감부	소장처	舊藏

이 책은 1907년 7월 현재를 기준으로 작성되었다. 주로 한국 내 재류일본인이 경영에 관련된 산업 단체를 집록한 것으로서, 일본인과 외국인이 공동으로 만든 단체도 함께 기록하였다. 자본금과 출자금 중 납입액이 불명확한 것이 적지 않으나 일단 판명된 것만을 기록한다. 범례

573) 러시아령 극동의 한국인 상태露領極東に於ける韓國人の狀態

저자		출판연월	1907년 12월
판형	46배판	페이지 수	48쪽
발행처	통감부 외무부	소장처	舊藏

이 책은 러시아령 극동의 한국인 상태를 상술한 것으로 블라디보스토크에 있는 일본 무역사무관이 통감부에 제출한 보고서다. 인쇄하여 관계 관헌의 참고에 이바지하고자 한다. 권수

〈목차〉

제목
한국 이민
호수 인구
직업
노동
거류지구 및 생활상태
교통 및 왕래
납세 및 여권
위생, 교육, 종교

제목
한국인과 외국인의 관계

574) 한국식민책韓國殖民策 – 일명 한국식민안내一名韓國殖民案內

저자	아오야기 쓰나타로	출판연월	1908년 3월
판형	국판	페이지 수	153쪽
발행처	경성 일한서방(日韓書房)	소장처	架藏

저자의 약력 및 저서에 관해서는 [상권] 47번 항목 참조.

한국에 대해서는 실로 상업적으로도 농업적으로도 이주 경영을 하는 것이 식민의 근본책이다. 오늘날 우리나라 인구의 증식 수준을 보아도, 동방 경영의 대책이라는 관점에서 보아도, 그 후방 기지의 부식扶殖 방책으로 이주 식민 이외에 달리 좋은 것이 없다 (…중략…) 본문의 내용 중 실업조사 부분 등에는 틀린 곳이 꽤 많을뿐더러 거칠다. 그러나 최근에 조사한 부분은 현지에서 직접 일본인 사업경영자, 또는 한국 노농老農을 만나서 조사한 내용이라 자그마한 실수를 줄일 수 있었다고 자부한다. 자서

〈목차〉

제목
제1장 식민책 개론
제2장 식민과 관리
제3장 식민과 종교
제4장 식민과 교통
제5장 식민과 농업

제목
제6장 식민과 상업
제7장 식민과 식림(殖林)
제8장 식민과 어업
제9장 이주 장려
제10장 오라, 일본인
(부록) 법령과 통계

575) 주식회사 제일은행 한국 각 지점출장소 개업 이래 영업상황

株式會社第一銀行 韓國各支店出張所開業以來營業狀況

저자		출판연월	1908년 6월
판형	46배판	페이지 수	255쪽
발행처	도쿄 주식회사 제일은행	소장처	舊藏

한국 내 제일은행의 업적에 관해서는 576번 항목 참조.

이 책은 본 은행의 한국 각 지점출장소의 영업상황을 보여주기 위해 만든 것이며, 본 은행 영업 사무에 밀접히 관련된 사항을 참고를 위해 함께 실었다. 이 책은 주로 본 은행의 장부와 보고서, 기타 계표로 편찬되었으며, 가능한 각 지점 개업 당시부터 1907년 말까지의 계수를 제시하고자 했다. 하지만 수십 년 전으로 거슬러 올라가는 경우는 조사를 통해서도 정확한 기록을 얻기 어려웠다. 따라서 부득이하게 개점 당시부터 완비하지는 못했다. 범례

〈목차〉

<table>
<tr><th>장</th><th>제목</th><th>장</th><th>제목</th></tr>
<tr><td rowspan="7">제1 화폐</td><td>월별 한국화폐 유통액</td><td rowspan="3"></td><td>총대출금 매월 말 잔고와 평균이자</td></tr>
<tr><td>제일은행권</td><td>각 지점 매월 말 대출금 잔고와 이자</td></tr>
<tr><td>한국 새 경화(硬貨)</td><td>국적별 대부인(貸付人)</td></tr>
<tr><td>한국 옛 백동화</td><td rowspan="2">제4 환전</td><td>한국과 여러 외국간 매 반계(半季) 환수수</td></tr>
<tr><td>엽전</td><td>각 지점 매 반계 환 취급액</td></tr>
<tr><td>한국 적동화</td><td rowspan="4">제5 국고금</td><td>월별 대한국 정부 감정</td></tr>
<tr><td>러시아 화폐</td><td>대한국 정부 세입</td></tr>
<tr><td rowspan="6">제2 예금</td><td>총예금 매월 말 잔고</td><td>대한국 정부 세출</td></tr>
<tr><td>총예금 매월 말 잔고와 평균이자</td><td>대한국채(國債) 현재액</td></tr>
<tr><td>각 지점의 예금
매월 말 잔고와 이자</td><td>제6 사금(砂金)
매수</td><td>소절(小節) 생략</td></tr>
<tr><td>국적별 예금자</td><td>제7 무역</td><td>소절 생략</td></tr>
<tr><td>매년 각 지점 관세수입고</td><td>제8 인구</td><td>소절 생략</td></tr>
<tr><td>연별 한국해 관세수입</td><td colspan="2" rowspan="2">도표</td></tr>
<tr><td>제3 대출금</td><td>총대출금 매월 말 잔고</td></tr>
</table>

576) 한국의 제일은행韓國ニ於ケル第一銀行

저자		출판연월	1908년 8월
판형	국판	페이지 수	413쪽
발행처	도쿄 주식회사 제일은행	소장처	架藏

본 은행의 부산지점을 창립한 것은 1878년의 일인데, 이를 한국 내 은행의 효시라고 말할 수 있다. 다음으로 원산과 인천에 출장소를 세워 금괴 구입 방법을 처음 마련했으며 또한 해관세의 출납에 종사하여 차차 거래가 편리해졌다. (…중략…) 1902년에는 은행권을 발행하여 한국 경제계의 일대 기관이 되었다. (…중략…) 1904, 1905년 전후戰後에 이르러 (…중략…) 드디어 칙령 제73호에 의해 본 은행의 한국 업무가 규정되었고, 은행권을 한

국의 법적 화폐로서 무제한 통용하는 특전을 부여받았다 (…중략…) 본 은행이 한국에서 30년간 고생한 것은 내외, 상하 모두가 아는 바로 약간이나마 당초에 기약한 바를 달성했다고 말할 수 있다. 이에 은행의 자취를 남기기 위해 최근 은행원들에게 여러 기록을 점검하도록 하고 부문을 크게 나누어 한국영업사를 편찬하게 했다. 장래 한국의 금융업에 종사하는 자에게 능히 그 원류를 자세히 알 수 있게 하고, 본 은행 경영의 정신을 영구히 보존토록 한다. 시부사와 에이이치(渋沢榮一), 서언

이 책은 주로 본 은행의 여러 기록과 문서를 편찬한 것으로서 한국재정정리보고, 한국총람, 대한법규류찬 등에서 참조한 바가 적지 않다. 가능한 숫자 통계와 같은 종류는 생략하고 이에 관한 것은 별책 『주식회사 제일은행 한국 각 지점출장소 개업 이래 영업상황』575번 항목 참조으로 엮어 참고자료로 삼았다. 범례

이 책은 '기밀秘' 인장을 찍어 관계 방면에 한 정 배포한 것이다. 또한 이 책은 1957년 『시부사와 전기 자료渋沢傳記資料』에 수록, 복간되었다.

〈목차〉

제목	제목
제1장 한국 내 제일은행 연혁	제7장 한국 공채의 인수
제2장 한국 해관세의 취급	제8장 한국 국고금의 취급
제3장 한국 화폐 정리 시말	제9장 한국 중앙은행으로서의 제일은행
제4장 한국정부 대상금(貸上金)	제10장 한국 산출지 금은의 수납(輸納)
제5장 은행권의 발행	제11장 한국의 금융기관
제6장 일본 중앙금고 파출소 사무취급	

577) 한국금융사항참고서韓國金融事項參考書 '제1차'

저자		출판연월	1908년 12월
판형	46배판	페이지 수	605쪽
발행처	탁지부 이재국(理財局)	소장처	舊 경성제국대학

본서는 '제1차'가 1908년에, '제2차'가 1909년에 나왔고, 일한병합 후에는 『조선금융사항참고서』로 개정되었다. 이 책은 격년 발행으로 내용은 각 연도 별로 다소의 차이가 있으나 본 초록에서는 '제1차'의 목차를 소개하는 것에 그친다.

이 책은 집무의 참고에 이바지하기 위하여 탁지부 이재국 국고과에서 조사한 금융사항을 등사를 대신하여 인쇄에 부친 것이다. 각종 금융기관에 관한 게재 사항의 연월이 통일되지 않은 것은 각 기관이 영업을 개시한 때부터 수집하였기 때문이다.

〈목차〉

제목
제1항 재정
제2항 통신
제3항 무역
제4항 통화
제5항 금융
금리, 각 은행 영업성적, 공동창고 및 어음조합
(부록) 인구와 각 거류민단, 기타

578) 한국의 화폐와 금융韓國ニ於ケル貨幣ト金融

저자		출판연월	1909년 2월
판형	국판	페이지 수	388쪽
발행처	도쿄고등상업학교	소장처	도쿄경제대학

도쿄고등상업학교 본과 3년생 우에다 미쓰오上田光雄가 여름 방학 중 수학여행에서 조사한 보고서다.

선배 야마자키 슈케이山崎主計 군은 일찍이 학교의 명을 받아 도한하여 「한국의 화폐와 금융기관」을 조사, 보고하였다. 그러나 이 보고를 사노佐野 교수가 검토한 결과 다음과 같은 결정이 내려졌다. '야마자키 슈케이의 보고는 대단히 훌륭하나 인쇄의 시기가 늦었으니, 1908년 여름에 다시 다른 학생에게 도한을 명하여 위 보고를 기초로 한 차례 더 조사시킨 후 함께 인쇄해야 한다.' 이에 1908년 7월 명을 받아 도한 · 시찰했다. 그리고 그 결과 「한국의 화폐와 금융기관」을 「한국의 화폐와 금융」이라고 개정해도 좋을 것 같아 허가를 받아 명칭을 변경하게 되었다. 또한 본 보고서는 야마자키 군이 제공한 재료를 날실로 삼고 소생이 견문한 것을 씨실로 삼아 낡은 것을 버리고 새로운 것으로 바꾸었다. 또한 긴 것은 간추리고 짧은 것을 보완해 편찬한 것이다. 서언

〈목차〉

편	제목	편	제목
제1편 화폐	제1장 총론	제2편 금융기관	제3장 금융에 관한 조합
	제2장 한국의 화폐제도		제4장 금융적 회사 附 정부 금융사무소
	제3장 한전(韓錢)		제5장 저축기관
	제4장 옛 백동화		제6장 환전기관
	제5장 한국 화폐 정리 총론		제7장 개인적 금융업자
	제6장 한국 화폐 정리 본론		제8장 기타 기관
	제7장 제일은행 태환권(兌換券)		제9장 결론
	제8장 통화의 현상황	제3편 금융사정	제1장 금융상태
	제9장 한국의 관행상의 어음		제2장 한국금융계를 지배하는 원동력
제2편 금융기관	제1장 총론		제3장 한국의 금리
	제2장 은행		제4장 현재 한국 금융 핍박 원인과 그 구제방법

579) 거류민단사정요람居留民團事情要覽

저자		출판연월	1909년 5월
판형	국판	페이지 수	155쪽
발행처	통감부 지방부	소장처	架藏

본 조사에서 거류민단 재정을 제외한 나머지는 1908년 4월 1일의 현황에 따른 것이다. 본 조사 중 교육 · 토목 · 위생 · 경비 · 사사社寺 등은 모두 거류민단의 시설경영에 관련된 것만을 게재하였다. 본 조사는 주로 이사청의 조사에 따른다. 범례

〈목차〉

제목
1. 각 거류민단 개황
2. 호구
3. 교육
4. 토목
5. 위생
6. 경비
7. 구휼
8. 재정
9. 잡(雜)

580) 한국 각 부군 시장상황 조사서韓國各府郡市場狀況調查書 1~8편 8책

저자		출판연월	1909년 9월
판형	국판	페이지 수	각 편 50쪽 내외
발행처	탁지부 사세국(司稅局)	소장처	舊 경성제국대학

당국의 여러 가지 거래는 정기적으로 열리는 시장에서 이루어지는 것이 일반적이며, 시장 이외의 경제 거래는 없다고 해도 무방하다. 이 책은 각 재무감독국의 보고에 기반하여 전국 시장의 거래 상황을 조사한 것으로 집무에 참고할 자료가 될 것이다.서언

〈목차〉

제목
제1편 경기도

제목
제2편 충청남북도
제3편 전라남북도
제4편 경상남북도
제5편 황해도
제6편 강원도
제7편 평안남북도
제8편 함경남북도

581) 한국화폐정리보고서韓國貨幣整理報告書

저자		출판연월	1909년 11월
판형	국판	페이지 수	323쪽
발행처	도쿄 주식회사 제일은행	소장처	도쿄경제대학

제일은행이 한국의 화폐 정리 사무를 담당한 지 4년 반 후에 그 정리를 끝내고 제일은행 대표 시부사와 에이이치가 탁지부 대신 고영희에게 제출한 정리보고서다.

1905년, 즉 귀국의 광무 9년 1월 본 은행은 귀 정부와 계약하고 화폐 정리 사무를 담당하게 되었다. 같은 해 7월 1일 자로 실시에 착수한 이래 약 4년 반이 지났고, 귀 정부의 지휘 아래에서 고심·경영한 결과 큰 과오 없이 해낼 수 있었다. 그러나 시세의 진운에 따라 귀국의 중앙은행을 특설할 필요가 생겨 올해 10월로 한국은행을 설립했다. 본 은행은 이전 계약의 해제를 승인하고 11월 20일 자로 종래에 담당하였던 국고금 취급사무와 은행권 발행사무, 그리고 기타 중앙은행 사무에 속하는 여러 사무와 함께 앞서 언급한 화폐 정리 사무 또한 한국은행에 인계하였다. (…중략…) 이제 한국은행의 설립을 맞아 구화폐의 환수 및 신화폐의 보급은 물론 그 목적의 태반을 달성하고 흔들리지 않는 기초를 만들었다. 이에 인계를 마치고 그 상세한 내용을 각하에게 보고할 수 있음은 본 은행의 가장 큰 영광일 것이다. 권두

〈목차〉

제목
제1장 개국 이래의 화폐제도
제2장 화폐 정리 착수 전의 상황
제3장 화폐 정리 계획의 요령
제4장 구 백동화의 정리
제5장 엽전, 기타 옛 화폐의 정리
제6장 은행권
제7장 신화폐
제8장 일본통화
제9장 환수한 구화폐의 처분
제10장 화폐 정리가 경제상 미치는 영향

582) 도한의 장려渡韓のすすめ

저자	사무라 하치로(佐村八郎)	출판연월	1909년 12월
판형	36판	페이지 수	231쪽
발행처	도쿄 낙세사(楽世社)	소장처	시카타문고

겨우 2개월간의 시찰로 모든 사정을 파악할 수는 없다. (…중략…) 하물며 길 위에서 연필로 쓴 기행이라 글 자체로도 부끄러울 뿐더러 부족한 점도 많다. (…중략…) 다만 많은 청년에게 발전의 여지를 줄 수 있으면 좋겠다는 생각이 하나의 동기가 되었다. 이에 단숨에 행동으로 옮겼다. 당장 급하지

않은 연구는 제외했고 쓸데없이 떠벌리는 일도 삼갔으며, 오직 사실 만을 기약했다. 즉『도한의 장려』는 진심에서 우러나온 책이다. 다른 뜻은 없다.

권말 자발

〈목차〉

제목	제목	제목
(상편)	한국독립의 실질	사회풍속
한국의 실제는?	일본제국의 책임	화전의 시세 기타
청년발전의 여지는? 일국용심(一國用心)을 위해서도	근간 있는 이민의 필요 (적어도 100만 명)	한국어의 필요, 기타
이주의 여지	지주의 이주를 우선함	(하편)
각지의 동포	이주자의 자격, 기타	경부선
이주의 장려	한국인은 단골손님 기타	경기선
일한 동일시	(중편)	마산선
빈약국이라 누가 말하는가	조사의 방침	각 역 연도의 지세, 농산, 상업, 운수 교통, 명승고적, 호구, 교육과 보호기관 등의 정황을 약기(略記)하여 이주자가 땅을 선택할 때 참고가 되고자 함.
게으른 민족이 아니다	자연풍물	한국지도, 사진 등

583) 개항장과 부근 시장의 경제 및 교통관계 제1권 부산세관보고

開港場ト附近市場トノ經濟及交通關係 第一券 釜山稅關報告

저자		출판연월	1909년
판형	국판	페이지 수	218쪽
발행처	경성 탁지부	소장처	舊藏

부산세관의 조사로 보이나 조사자는 알 수 없다. 제2권 이후의 간행 여부도 불명확하다.

〈목차〉

제목	제목	제목
제1편 경상도 북부	제2편 경상도 남부	제3편 전라남도
해로	제1 육로	총론
육로	진주·삼천포 및 마산 간	농업
운임의 제한에 관한 것	낙동강의 수운과 상포 및 마산	상공업
	마산포와 마산철도의 관계	
운수기관	여수·순천간	교통
	제2 해로	
교통기관과 이주관계	마산·부산간	통신기관
각지의 경제상황 및 교통관계	마산·통영·삼천포 간	금융기관
	부산·구 간해창(間海倉) 및 장교(長橋) 간	결론

584) 백 엔의 소자본 도한 성공법百円の小資本 渡韓成功法

저자	조선일일신문사 編	출판연월	1910년 5월
판형	46판	페이지 수	178쪽
발행처	도쿄 실업지일본사(實業之日本社)	소장처	일본 국회도서관

이 책은 우리 동포의 도한을 장려하기 위한 것으로 한국에서의 소자본 성공법을 한국에 주재하며 성공한 우리 동포로부터 널리 모집한 것이다. 범례

〈목차〉

제목
나의 제안
일용품상
방물상
음식품상

제목
한인 상대(相手)
반상반농
농업·목축 기타
노동 기타
부록

585) 조선산업지朝鮮産業誌 상·중·하3책

저자	야마구치 세이(山口精) 編	출판연월	1910년 5월 1911년 5월
판형	국판	페이지 수	각 권 1000쪽
발행처	도쿄 보문관(寶文館)	소장처	일본 국회도서관

저자는 기후현岐阜県 사람으로 오랜 세월 고향의 자치체에서 진력했으며, 1906년 한국으로 건너가 경성 일본인 상업회의소 서기장을 지냈다. 1909년 1월 '경성문고京城文庫'를 창설하여 일반 열람이 가능하게 했고, 이후 '경성도서관'으로 개칭하여 널리 장서를 모아 일반에 공개했다. 이는 조선 공공도서관의 효시가 되었다.

> 이 책은 조선에서 각종 사업을 경영하며 여러 가지 관련 사정을 알고자 하는 이들을 위해 편찬한 것이다. 따라서 반도의 산업에 관련된다면 모든 방면에 걸쳐 이를 망라했고 최신의 명확한 재료를 수집하고자 힘썼다.범례

〈목차〉

제목	제목	제목
상권	중권	하권
제1편 농업	제4편 수산업	제7편 금융
제2편 산림업	제5편 공업	제8편 통화
제3편 광업	제6편 상업	제9편 교통운수
		제10편 각지 사정
지도, 사진 등		

586) 조선농업이민론朝鮮農業移民論

저자	간베 마사오(神戸正雄)	출판연월	1910년 12월
판형	국판	페이지 수	182쪽
발행처	도쿄 유비각(有斐閣)	소장처	架藏

저자는 1877년 아이치현愛知県에서 태어나 1900년 도쿄제국대학 법과대학 정치학과를 졸업했으며 1902년 교토제국대학 조교수로 임명되었다. 1907년 독일 및 영국에서 유학한 뒤 교수가 되었고 1908년 법학박사 학위를 받았다. 경제학, 재정학에 관한 저서가 많으며 이 책은 저자의 '경제총서經濟叢書 제1책'으로 간행된 것이다.

> 이 총서는 편자의 독자적 계획에 따랐으며 주로 편자의 연구성과를 공표한 것이다. 이 총서는 따로 기한을 정해 놓고 간행하지 않고 완성되는 대로 출판하기로 한다. 범례

> 나는 일찍이 명에 따라 조선의 경제 사정, 특히 이민 상태를 조사하기 위

해 그곳을 여행했다. (…중략…) 귀국 이후 담화와 연설, 신문, 잡지 등을 통해 나의 조선관을 발표하였으나 그중에는 잘못 전달한 것이 있을 뿐만 아니라 아직 발표하지 못한 내용이 많기에, 여기에 당시의 주된 조사 주제였던 농업이민에 관한 연구 결과를 공표하고자 한다. 또한 나를 파견한 대학과 조사를 도와준 관민 여러분께 약간이나마 보답하고자 한다.서

〈목차〉

제목
서론
제1장 조선의 일반 모국(母國) 이민
제2장 조선의 모국 농업이민의 현황
제3장 조선의 모국 농업이민의 중요
제4장 모국 농업이민 발전의 여지
제5장 모국 농업이민 부진의 원인
제6장 모국 농업이민 진흥의 방책
결론

587) 부산거류민단요람釜山居留民團要覽

저자		출판연월	1910년 12월
판형	46판	페이지 수	61쪽
발행처	부산거류민단역소	소장처	架藏

부산 거류민단 서무담당이 조사한 민단요람으로써 비매품이다.

〈목차〉

제목	제목	제목
위치	학사	재산표
지세	위생	민단사업
기후	수도(水道)	부산항 경제 일반
기상표	경비	회사
연혁	신사	동업조합
교통	민단세	주요공장
호구	민단비	시장

588) 조선 상평통보전보朝鮮 常平通寶錢譜

저자	니시오 모리유키(西尾守行)	출판연월	1911년 1월
판형	46배판 화장(和裝)	페이지 수	59쪽
발행처	조선 저자	소장처	架藏

나는 수년간 조선 엽전을 폐지하는 직무를 담당했고 여가 때는 항상 상평통보전常平通寶錢을 종류별로 구분하는 일을 했다. 결국 3,137종을 모아 임시로 그 전보錢譜를 만들었다. 그러나 아직 발견하지 못한 것 또한 적지 않으니 여기에 아래의 설명을 싣는다. 주조소鑄造所 및 연대 등의 자세한 내용에 관해 강호의 가르침을 청하는 바이다. 권두

589) 조선 각지 물가조사개요朝鮮各地物價調查概要

저자		출판연월	1911년 1월(조사)
판형	국판	페이지 수	1554쪽
발행처	조선 주차 헌병대사령부	소장처	舊 경성제국대학

책에는 범례, 설명 등에 관한 아무런 기재가 없으며, 간행 연월 및 조사자 등도 명확하지 않다. 군대의 필요에 따른 조사로 여겨진다. 1,554쪽의 두꺼운 책이다.

〈목차〉

제목
물가표
전답 매매가격표
가옥 매매가격표
가옥 임대료표
노동임금표

590) 조선이주안내朝鮮移住手引草

저자	동양척식주식회사	출판연월	1911년 1월 1915년(제5판)
판형	36판	페이지 수	199쪽
발행처	경성 동양척식주식회사	소장처	架藏

동양척식회사의 이민 모집 안내서로서 제1판 발행 이후 증보, 개정하여 1915년 5월 제5판까지 발행되었다. 제5판에는 다음과 같이 쓰여 있다.

> 이 책은 1910년에 이주규칙을 제정하고 그 취지 및 절차를 주지시키기 위해 제1판을 간행한 이후 총 네 차례의 증보, 개정을 거쳤다. 이번에 이주규칙을 개정하고 제6회 이주민을 모집하면서 새로 개정하여 제5판을 발행하게 되었다. 그러므로 이주규칙 개정 이전에 간행된 구판은 본서 제5판과 내

용 면에서 다른 점이 있으니 혼동이나 오해가 없기를 바란다. 예언

이 책은 1917년 6월 『조선이주안내朝鮮移住案內』로 제목을 바꾸고 이주규칙 개정 이후의 사항을 36판 72쪽에 담았다.

〈목차〉

제목	제목
개언	농사 주의점
이주민의 종류별 구분	이주민의 상황
이주신청의 주의점	참고통계표
이주지	이주규칙
이주비의 임대	국체(國體)규약준칙
이주민의 보호	본사 출장소
이주의 준비 및 주의점	

591) 조선 금융 급 이산업정책朝鮮 金融及移産業政策

저자	오카사키 엔코 (岡崎遠光)	출판연월	1911년 3월
판형	국판	페이지 수	175쪽
발행처	도쿄 동문관(同文館)	소장처	일본 국회도서관

저자는 당시 일한가스주식회사日韓瓦斯株式會社의 전무이사였다. 독일에서 유학하고 현지에서 학위를 받았다.

나는 어느 날 저녁 송병준宋秉畯 씨와 만났다. 화제가 우연히 조선의 금융과 산업으로 이어졌다. 서로의 의견이 몹시 비슷했다. 나는 여유가 생기면

더 자세히 조사하여 엮은 뒤 송병준 씨에게 보여줄 것을 약속했다. 원고가 완성되기 전에 송병준 씨가 도쿄로 떠났기에 원고에 수정을 거듭하고 인쇄하여 세상에 공표한다. 서

〈목차〉

제목
제1장 총론
제2장 조선척식은행
제3장 한국은행인가, 일본은행 조선지점인가
제4장 공채(公債) 및 관세
제5장 각종 산업 및 그 금융
제6장 현재의 금융기관
제7장 조선저축은행
제8장 조선이주
제9장 결론

592) 거류민단의 처분에 관한 조사제표居留民團ノ處分ニ關スル調査諸表

저자		출판연월	1911년 8월
판형	46배판	페이지 수	39쪽
발행처	조선총독부 내무부	소장처	舊 경성제국대학

이 책은 거류민단의 처분에 필요하다고 여겨지는 참고자료를 집록한 것이다. 부록은 거류민단이 폐지되면 부府 및 학교 조합이 이를 대신한다고 가정 아래, 종래 거류민단에 속했던 권리 의무 및 사무 가운데 교육에 관한 것은 학교 조합에, 그 외는 부에 인계된다고 간주한 뒤 그 결과를 조사한 것이다. 이 책은 본디 일반에 공개할 만한 것이 아니나 편의상 등사를 대신하

여 인쇄한다. 범례

593) 대구지방 특종산업상황 대구의 영시와 금융의 관계

大邱地方特種産業狀況 大邱ニ於ケル令市ト金融ノ關係

- 조선은행월보 제3권 제1호 부록朝鮮銀行月報第三券第一號附錄

저자		출판연월	1912년 2월
판형	46배판	페이지 수	28쪽
발행처	경성 조선은행	소장처	舊 경성제국대학

「특종산업상황」은 1907년 11월에 조선은행 전 대구지점장 이케다 요시키치池田嘉吉가 쓴 조사보고서다. 「영시와 금융의 관계」는 지점장 이이즈미 간타飯泉幹太[106]의 보고서다.

〈목차〉

제목	제목
서언	1 대구의 영시 기원
제1 양잠업	2 영시의 기간
제2 제지업	3 영시 1일의 거래 전망액
제3 돗자리 제조업	4 영시와 금융의 관계
제4 일본종(日本種) 연초 경작 및 제조업	

106 이이즈미 간타(1873~?) : 도쿄제국대학 법과대학을 졸업하고 조선은행에 입사했다. 창춘(長春)출장소장 등을 역임했다.

594) 평양의 재계平壤ノ財界

-조선은행월보 제3권 제2호 부록朝鮮銀行月報第三券第二號附錄

저자		출판연월	1912년 3월
판형	46배판	페이지 수	55쪽
발행처	경성 조선은행	소장처	舊 경성제국대학

조선은행 평양지점 부서기관 아베 유즈루阿部讓의 보고서다. 『조선은행월보』 부록으로 발행되었다.

〈목차〉

제목
제1절 총론
제2절 상인
제3절 상거래
제4절 무역
제5절 금융
제6절 화폐

595) 함경북도 북부의 화폐상태咸鏡北道北部ニ於ケル貨幣狀態

-별도 조사 4別途調査ノ四

저자		출판연월	1912년 5월
판형	국판	페이지 수	30쪽
발행처	경성 조선은행 조사실	소장처	舊 경성제국대학

이 책은 나남羅南 출장소장 쓰무라 진노스케津村甚之助 군이 명에 따라 1911년 12월 함경북도 북부 두만강 연안 일대와 간도 및 훈춘琿春지방을 시찰하고, 그 결과를 제출한 보고서의 한 절이다. 이 책은 『조선은행월보』 제3권

제4호의 부록인 『간도 및 훈춘지방 경제상황』과 합본하여 방금 언급한 보고서가 되었다. 등사를 대신하여 인쇄에 부쳤으나 외부에 배포하기 위한 것은 아니다. 권두

『간도 및 훈춘지방 경제상황』596번 항목 참조과 합쳐서 하나의 보고서가 된다.

〈목차〉

제목
제1장 함경북도 북부의 도읍
제2장 무산(茂山) 지방의 엔화(円銀)
제3장 북조선의 러시아 화폐 유통상황
제4장 엽전의 정리

596) 간도 및 훈춘지방 경제상황間島及琿春地方經濟狀況

-조선은행월보 제3권 제4호 부록朝鮮銀行月報第三券第四號附錄

저자		출판연월	1912년 5월
판형	46배판	페이지 수	52쪽
발행처	경성 조선은행	소장처	舊 경성제국대학

이 책은 조선은행 나남 출장소장 쓰무라 진노스케의 조사에 따른 것이다. 위의 『함경북도 북부의 화폐상태』595번 항목 참조와 합쳐서 하나의 보고서를 이루는 자매편이다.

〈목차〉

제목
제1장 개황
제2장 간도 및 훈춘지방의 화폐상태
제3장 일본·조선 화폐의 간도 및 훈춘지방 내 세력
제4장 간도 및 훈춘지방의 우리 상권의 부식
(함경북도 및 간도약도)

597) 경성 인천 상공업조사京城仁川商工業調査

저자	[이치노 기사부로(一野喜三郎)] 報	출판연월	1913년 3월
판형	46배판	페이지 수	415쪽
발행처	경성 조선총독부	소장처	舊 경성제국대학

이 책은 경성 및 인천 상공업의 상세 일반을 기술한 것으로, 1911년부터 1912년까지 조사한 내용이다. 주로 총독부 상공업 조사 촉탁 이치노 기사부로一野喜三郎의 조사보고서를 바탕으로 한다. 예언

〈목차〉

항	제목	항	제목
「경성상공업조사」			
제1항	일반의 상황	제3항	상업
	위치, 지세 및 기상		외국무역
	경성부의 연혁개요		조선 내 상업
	호수 및 인구		운수통계
	교통		통화 및 금융
	통신		보험업
제2항	공업		창고업
	총설		운송업

항	제목	항	제목
	주요공업의 상태		
「인천항 상공업조사」 세목은 위와 같음			

598) 대구지방 경제사정大邱地方經濟事情

- 조선은행월보 제4권 제3호 부록朝鮮銀行月報第四券第三號附錄

저자	[곤도 도루(近藤徹)] 調	출판연월	1913년 4월
판형	46배판	페이지 수	100쪽
발행처	경성 조선은행	소장처	舊 경성제국대학

이 책은 부제에 적힌 것처럼 『조선은행월보』의 부록으로 간행되었다. 조선은행 대구지점 곤도 도루가 조사한 것으로, 1912년 12월 편집에 착수하여 1913년 제출한 보고서다. 모든 통계는 1911년 내지는 1912년 당시의 통계다.

〈목차〉

제목
제1편 총론
제2편 상업
제3편 산업
제4편 금융
제5편 결론

599) 대구민단사大邱民團史

저자	미우라 쇼이치로 (三浦庄一郎) 編	출판연월	1915년 5월
판형	국판	페이지 수	256쪽(부록51)
발행처	조선 대구부	소장처	도쿄경제대학

본사本史는 1914년 3월 말 일본 거류민단의 종기終期를 기준으로 편찬한 것이다. 그러나 당시에 이미 정해졌던 사항에 관해서는 1914년 3월 이후에 관한 기술도 포함했다. 본사의 자료는 모두 관공서 및 기타 기관의 기록, 1906년 이후의 신문 기사를 섭렵한 것이며, 나아가 당국 관계자 또는 당시 거류자에게 실제 들은 이야기를 바탕으로 삼았다. 또 경상북도 및 대구에 관한 저서를 참고로 하였으며 사견을 더하지 않음으로써 큰 오류를 피하고자 했다. 그럼에도 여전히 신경 쓰지 못한 부족한 점이 있다면 편자가 감수할 것이다. 예언

〈목차〉

제목	제목
제1장 민단제 전의 대구	제14장 농업
제2장 본기(本紀)	제15장 공업
제3장 이원(吏員) 및 의원	제16장 상업
제4장 대구관계사	제17장 시장
제5장 상급 및 관계관청	제18장 공원 및 명적(名蹟)
제6장 재정	제19장 적십자사 및 애국부인회
제7장 교육	제20장 재판경찰 및 수비
제8장 위생	제21장 상업회의소
제9장 종교	제22장 신문 및 통신
제10장 시구(市區)개정	제23장 통신기관

제목	제목
제11장 교통운수 부(附) 상하 수도	제24장 수이(輸移)출입
제12장 금융기관	제25장 민단 폐지와 부제(府制) 시행 및 학교조합 성립
제13장 권업시설	부록 각종 통계

600) 조선은행 5년지朝鮮銀行五年志

저자		출판연월	1915년 9월
판형	46배판	페이지 수	96쪽
발행처	경성 조선은행	소장처	도쿄경제대학

하나, 이 책은 본 은행 창업 이래 1914년 12월에 이르기까지 만 5개년 동안의 업무 개요를 서술하고, 본 은행 설립의 연혁 및 조직 등을 약술한 것이다. 둘, 이 책에 실린 연호는 부득이한 것 이외에는 병합 전후에 상관없이 모두 제국연호를 사용하였다. 셋, 이 책은 주로 조사담당 다카쿠 도시오高久敏男가 기술한 것이다. 예언

또한 『조선은행 10년사』1919, 606번 항목 참조 및 『조선은행 25년사』1934가 각각 편술, 발행되었다.

〈목차〉

제목	제목
제1 설립	제7 재정업무
제2 자본금 및 주식	제8 보통사무
제3 중역 및 중역회	제9 조사사무
제4 직원과 사무분장	제10 검사사무
제5 본점 및 지점	제11 영업 성적

제목	제목
제6 발행업무	(삽화 및 지도 7장)

601) 조선 오카야마촌 사적서朝鮮岡山ㅉ村事績書

- 오카야마현 이주어업근거지岡山縣移住漁業根據地

저자		출판연월	1916년 3월
판형	국판	페이지 수	15쪽
발행처	오카야마현	소장처	架藏

부제에 보이듯이 오카야마현岡山県의 이주 어업 근거지 상황을 집록한 것이다.

〈목차〉

제목
오카야마촌 경영의 기인
오카야마촌 경영의 방법
위치 대강의 형세(概勢)
호수, 인호
토지매수
어업권 취득
감독, 지도
학교의 설치
학교 기본 재산 조성계획
우편 전화국 설치
어업겸영(兼營)
일본·조선인 합동어업조합 설치
어항(漁港) 축설(築設)

제목
성적개요
오카야마촌 통계

602) 인천항경제사정仁川港經濟事情

-조선은행월보 임시증간朝鮮銀行月報臨時增刊

저자		출판연월	1916년 8월
판형	46배판	페이지 수	145쪽
발행처	경성 조선은행	소장처	舊藏

부제에 보이듯이 『조선은행월보』의 증간호다. 조선은행 인천지점 재근 서기 다나카 슈지田中周次 씨가 조사했으며, 통계의 연차는 1912년에서 1915년 현재의 숫자다.

〈목차〉

제목
제1절 일반상황
제2절 항구 축조(築港)문제
제3절 무역
제4절 곡물집산 및 거래상황
제5절 상업
제6절 금융
제7절 공업
제8절 교통
제9절 보험업
제10절 창고업
제11절 수산업
제12절 농업

제목
제13절 결론

603) 만주 내 이주조선인 상황滿洲ニ於ケル移住鮮人ノ狀況

저자		출판연월	1916년 11월
판형	국판	페이지 수	37쪽
발행처	안동 조선인조합	소장처	舊藏

종래 만주 내의 이주조선인 상황에 관하여 다양한 부분적 조사와 정책 문제를 논하는 여러 학자의 고견이 적지 않게 세상에 나왔다. 그러나 총괄적 저작물로 발표된 것은 견문이 미천한 탓인지 아직 파악하지 못했다. 본서는 이러한 필요에 따라 편찬한 것으로 각종 참고서를 참작參酌했으며, 편자가 실지에서 견문하며 수집한 자료를 기초로 삼았다. 서언

〈목차〉

제목
제1장 이주조선인 분포상태
제2장 이주의 연혁
제3장 이주의 동기
제4장 이주의 경로
제5장 생활상태
제6장 종교와 교육
제7장 조선인 · 지나인 간 관계
제8장 조선인 조합
제9장 결론

604) 조선전사朝鮮錢史 건乾

저자	후지마 지로사쿠(藤治郎作)	출판연월	1918년 1월
판형	국판 화장(和藏)	페이지 수	31쪽
발행처	경성일보사 대리부	소장처	架藏

이 책의 목적은 조선의 전화錢貨 변천의 발자취를 명확히 하여 경제사 연구에 일조하고 세상의 고고학자 등의 참고로 삼고자 함이다. 상하 2권으로 나누어 상권에는 태고부터 고려조까지의 전화를 논했고, 하권은 오로지 조선시대의 화폐제도에 관해 상술하였다. 예언

이 책은 건乾 · 곤坤 두 권으로 나뉘어 간행된 듯하나, 그 후의 간행은 명확하지 않다. 여기에는 '건'의 목차를 싣는다.

〈목차〉

제목
조선 왕가 계통표
제1장 태고부터 신라시대
제2장 고려시대
제1절 전화 시주(試鑄)시대
제2절 전화 사용시대
제3절 은병(銀瓶)시대

605) 동척 10년사東拓十年史

저자		출판연월	1918년 12월
판형	46배판	페이지 수	148쪽
발행처	동양척식주식회사	소장처	시카타문고

이 책의 제목은 10년사지만 게재된 내용은 본사 창립 이래 오늘날에 이르기까지 10년간의 업무, 경영의 개요를 약술한 것에 지나지 않는다. 그 상세한 내용은 훗날 다시 증보, 개찬할 적당한 기회가 있으리라 생각한다. 권두

〈목차〉

제목
연혁
(업무) 제1 업무의 종류
제2 금융사업
제3 토지의 경영
제4 식산사업
제5 식민사업
제6 계산과 서무
법률과 정관(定款)

606) 조선경제 10년사朝鮮經濟十年史

-조선은행창업 10주년 기념朝鮮銀行創業十周年記念

저자		출판연월	1919년 12월
판형	46배판	페이지 수	461쪽
발행처	경성 조선은행	소장처	架藏

조선은행 10주년을 기념해 출판된 것은 이 책 외에도 영문 『조선경제발

달사*Economic history of Chosen*』1920가 있다. 또 자매편을 이루는 영문 『만주경제발달사*Economic history of Manchuria*』1921가 간행되었다.

그 외에 『조선은행 25년사』1934.12, 『조선은행 5년지』600번 항목 참조도 각각 발행되었다.

〈목차〉

편	제목	편	제목	편	제목
제1	한국시대의 재정 및 금융		제6장 공업의 발달		제6장 면사, 면포 및 면제품
	제1장 한국재정시설		제7장 상업의 진흥		제7장 만주의 무역
	제2장 화폐정리 시말		제8장 대외무역의 추세		제8장 만주의 통화와 금 본위 거래
	제3장 금융기관의 정비		제9장 금융기관의 활동		제9장 만주의 금융기관
제2	병합 후의 조선	제3	만주 및 동부내몽고		제10장 동몽고의 신 부원
	제1장 병합 후의 재정시설		제1장 총설	제4	조선은행의 발달 및 현황
	제2장 교통기관의 보급		제2장 관동주와 남만주 철도		제1장 조직의 변천
	제3장 농업의 개발		제3장 만주의 산업		제2장 은행권 발행 및 유통
	제4장 수산업 및 제염		제4장 회사사업의 발흥		제3장 업무 발전 및 영업성적
	제5장 광업의 발흥		제5장 대두유(大豆油) 및 유박(油粕)		(부록) 조선은행 10년 초지(抄志)

607) 압록강안지방 경제상황 조사개요보고

鴨綠江岸地方經濟狀況調査概要報告

저자	[데라다 유지](寺田雄資) 報	출판연월	1920년 2월
판형	국판	페이지 수	45쪽
발행처	경성 조선은행 조사부	소장처	舊 경성제국대학

이 보고는 조선은행 조사부원 데라다 유지寺田雄資가 안동의 이리에入江 영사 일행의 안동 지방시찰단에 참가하여 9월 8일부터 10월 16일까지 원산·함흥·북청·혜산진惠山鎭·장백부長白府·신가을파진新加乙坡鎭·모아산帽兒山

· 중강진中江鎭 · 통구通溝 · 관전寬甸 · 의주 · 안동 및 기타 지방을 시찰한 보고서다.

〈목차〉

608) 전 조선 내지인 실업가 유지 간담회 속기록

全鮮內地人 實業家有志懇談會速記錄

저자		출판연월	1920년 12월
판형	국판	페이지 수	243쪽
발행처	경성상업회의소 내 간담회 사무소	소장처	舊 경성제국대학

1919년 소요 이래 민심 동요에 대응하여 내지인 실업가 유지가 모여 각지의 실정을 청취하고 그 대책에 관한 간담회를 열었다. 이 책은 1920년 10월 10일부터 3일간 경성 공회당에서 개최된 간담회의 속기록이다. 발기인 총대표 미노베 슌키치美濃部俊吉[107]의 이름으로 관계 방면에 배포되었다.

609) 만주지방 내 조선인의 경제 및 금융상황

満洲地方に於ける朝鮮人の經濟及金融狀況

저자		출판연월	1921년 11월
판형	국판	페이지 수	34쪽
발행처	조선은행 조사부	소장처	도쿄경제대학

이 책은 만주의 조선은행 지점과 출장소의 보고서를 기초로 영사관 및 기타 조사를 참조하여 편술한 것이다. 권두

〈목차〉

제목
간도지방
안동지방
봉천지방
길림지방

610) 경성회고록京城回顧錄

저자	오무라 도모노조(大村友之丞)	출판연월	1922년 10월
판형	국판	페이지 수	299쪽
발행처	경성 조선연구회	소장처	도쿄경제대학

저자 오무라 도모노조는 마쓰에松恵 사람으로 원래 『오사카아사히신문』 기자였다. 1908년 신문사를 그만두고 한국으로 건너가 『조선신문』 객원, 경성 거류민단 의원이 되었다. 이후 경성 상업회의소 서기장 등을 역임했

107 미노베 슌키치(1869~1945) : 저명한 법학자 미노베 다쓰키치(美濃部達吉)의 형으로 관료다. 홋카이도척식은행 대표, 조선은행 총재, 홋카이도수력전기 사장, 삿포로 그랜드호텔 초대 사장 등을 역임했다.

다. 저서로 『조선귀족열전朝鮮貴族列傳』1910, 상권 211번 항목 참조, 『조선강연朝鮮講演』1910, 상권 17번 항목 참조 등이 있다.

1914년 봄, 조선 각지의 거류민단이 해체되는 운명을 맞이했을 때, 경성 거류민회는 과거 3년 반 동안의 거류민단 발달 경과와 해체의 전말을 기록할 것을 결의하고 그 편자를 당시 민회 의원이었던 나에게 의뢰했다. 나는 단숨에 붓을 들어 이 글을 써서 민단을 계승한 부윤府尹에게 건넸다. 부윤은 바로 이를 간행할 책무를 맡게 되었으나 어떤 사정 탓에 출판하지 못하였고 오늘에 이르기까지 9년간 그대로 남겨 두었다. (…중략…) 피와 눈물로 쌓아 올렸던 거류민단의 해체, 우리가 비장한 감개에 젖었던 자치제의 파괴도 어느새 옛날 일이 되었다. 과거의 옛날이야기에 지나지 않지만, 당시의 기분을 적나라하게 쓴 것은 관청에도 민간에도 남아있지 않을 것이기에 이 책만의 특징이라 하겠다. 서문

〈목차〉

제목
제1편 총론
제2편 일반 자치행정
제3편 교육
제4편 경제
제5편 위생
제6편 토목
제7편 데라우치(寺内) 총독과 경성
제8편 거류민회
제9편 거류민단의 해체

611) 경제사논고經濟史論考

저자	고쿠쇼 이와오(黑正巖)	출판연월	1923년 3월
판형	46판	페이지 수	386쪽
발행처	도쿄 이와나미서점	소장처	도쿄경제대학

저자는 교토제국대학 교수다. 이 책은 3편 10장으로 구성되어 있다. '제1편 조선경제사 연구', '제2편 경제사 잡고', '제3편 오카야마번藩 농정사의 연구'로 이루어져 있다.

수록한 10장 가운데 '조선의 경제조직과 봉건제도', '공업의 지리적 분포의 변천' 및 '모견毛見제도'[108] 3장을 제외한 나머지는 모두 일찍이 우리 경제학부 기관지 『경제논총』에 실었던 것으로, 지금 이를 본서에 수록하면서 대대적 증보, 수정을 가했다.서

여기에는 조선에 관련된 제1편 '조선경제사 연구'의 목차만을 실었다. 본편은 저자가 1920년 9월 대륙을 시찰했을 때의 산물이라고 전해진다.

〈목차〉

108 막부나 영주가 관원을 시켜 농작 상황을 조사하고 조세를 정하던 일을 가리킨다.

612) 만주 및 시베리아 지방의 조선인 사정

滿洲及西比利亞地方に於ける朝鮮人事情

저자		출판연월	1923년 8월
판형	국판	페이지 수	244쪽
발행처	경성 조선총독부 내무국 사회과	소장처	架藏

이 책은 만주 및 시베리아 지방의 조선인 사정에 관해 10장으로 나누어 조사, 기술한 것이다. 이후 1927년 개정판이 나왔으나 각 장절에 다소의 변경이 있다.

〈목차〉

제목
제1장 조선인 이주의 연혁
제2장 호구 및 분포의 상황과 직업
제3장 생활상태
제4장 교육
제5장 종교
제6장 위생
제7장 산업
제8장 금융
제9장 자치적 기관
제10장 총독부의 재외조선인 보호무역 상황
지도, 사진 등

613) 인구문제와 조선이민人口問題と朝鮮移民

– 조선 내 내지이주민의 과거·현재·장래朝鮮に於ける內地移住民の過去現在將來

저자	오자키 다카요시(尾崎敬義)	출판연월	1923년 12월
판형	국판	페이지 수	78쪽
발행처		소장처	架藏

이 책은 저자가 한정판으로 제작한 듯하다. 판권장이 없어 상세한 부분은 알 수 없다. 발행 연월은 권두 서언의 연월을 기재했다.

식량문제와 인구문제의 해결이 현재 우리나라에서 상당한 중요성을 가지고 있다는 데는 누구도 이견이 없으리라 생각한다. 전자식량문제에 관해서는 일찍이 조선에서 산미 증식 계획을 세우면 해결할 수 있을 것이라는 낙관론을 제창하여 여러 학자의 가르침을 구한 바 있다. 그러나 후자조선 이민의 경우, 조선은 도저히 우리 이민을 수용하기에 적합한 지역이 아니라는 비관론을 주장할 수밖에 없었던 것을 유감스럽게 생각한다. 이 글은 빈약한 재료를 바탕으로 논지를 전개한 부족함이 많은 원고다. 여러 학자께서 꾸짖어 가르쳐 주신다면 더 바랄 수 없는 영광이겠다.서언

〈목차〉

제목	제목	제목
	공업노동 이민	
	광업 기타의 노동이주민	

614) 조선의 내지인朝鮮に於ける內地人 – 조사자료 제2집調査資料第二輯

저자	젠쇼 에이스케(善生永助)	출판연월	1923년 4월
판형	국판	페이지 수	245쪽
발행처	경성 조선총독부 서무부 조사과	소장처	도쿄경제대학

조선 총독부 촉탁 젠쇼 에이스케의 첫 조사업적이다. 『조사자료』는 이후에도 계속 간행되었다.

> 하나, 이 책은 조선에 이주한 내지인의 인구 증가와 경제적 진전의 추세를 분명히 할 목적으로 편찬한 것이다. (…중략…) 둘, 이 책은 되도록 최근의 사정을 기술하고자 노력했으며 통계 등도 부득이한 것을 제외하고는 1922년까지의 분량을 기재했다. 범례

〈목차〉

제목
제1편 인구, 호수
제2편 농업
제3편 상공업
제4편 수산업
제5편 광업
제6편 임업

615) 조선의 지나인朝鮮に於ける支那人 – 조사자료 제7집調査資料第七輯

저자	야마우치 우스케(山内勿肋)	출판연월	1924년 7월
판형	국판	페이지 수	203쪽
발행처	경성 조선총독부 서무부 조사과	소장처	도쿄경제대학

본편은 조사과의 야마우치 우스케 촉탁을 작년 말부터 올해 초에 걸쳐 각 부에 파견하여 조사한 것이다. 게재한 통계는 1923년 말 현재를 기준으로 했기에 매년 봄철 도래하는 다수의 출가出稼 노동자는 포함되지 않았다. 대체로 재류 지나인은 그 영업 상태, 매상액과 생산비용 등을 공표하는 것을 꺼리기 때문에 각 부청 및 경찰서 등 공공기관의 조사를 주로 하였고, 부족한 점은 조사원의 추정을 더한 점도 적지 않다. 따라서 조사로서는 불충분하다는 우려가 있을 수도 있다. 본편은 추후 저술해야 할 재류 지나인에 관한 각종 조사의 서론이라고 할 수 있다. 조선의 지나인 문제가 상당히 중요한 문제로 논의되고 있는 지금, 본 조사가 이러한 점에서 다소나마 참고가 된다면 다행이다. 서언

〈목차〉

제목	제목	제목
1. 총론	6. 대구부	11. 신의주부
2. 경성부	7. 부산부	12. 원산부
3. 인천부	8. 마산부	13. 청진부
4. 군산부	9. 평양부	
5. 목포부	10. 진남포부	

616) 조선식산은행과 조선의 산업朝鮮殖産銀行と朝鮮の産業

저자		출판연월	1924년 7월
판형	국판	페이지 수	107쪽
발행처	경성 조선식산은행	소장처	시카타문고

이 책은 1923년 10월 조선식산은행 창립 만 5년을 맞아 증축 공사한 본점의 완성을 기념하여 편찬한 것이다.

이 책 제1편에서는 조선식산은행의 내용을 약기하는 한편 사무의 진전 상황을 기술하였다. 제2편에서는 은행 본연의 업무인 장기금융의 목적과 그 사업에 관해 설명했다. 또한 조선의 산업개발 및 공공사업 달성에 대한 은행의 사명과 그 연유를 개설했다. 예언

조선식산은행의 연사年史로는 『조선식산은행 10년지』1928.10, 『조선식산은행 20년지』1938.10 및 『조선식산은행 종전 당시의 기록』1977.8이 간행되었음을 부기한다.

〈목차〉

편	제목	편	제목
제1편	조선식산은행		제5장 지방공공사업
	제1장 설립 연혁		제6장 토지개량사업
	제2장 조직 및 관리		제7장 농업
	제3장 정부의 보호와 감독		제8장 임업
	제4장 업무 및 실적		제9장 양잠업
	제5장 채권 발행		제10장 축산업
	제6장 영업 성적		제11장 수산업

편	제목	편	제목
제2편	조선의 산업		제12장 공업
	제1장 조선식산은행의 사명		제13장 교통운수업
	제2장 금융조합	부록	조선식산은행령
	제3장 수리(水利)조합		조선식산은행 정관(定款)
	제4장 산업단체		

617) 조선경제관견朝鮮經濟管見

저자	이케다 류조(池田龍藏)	출판연월	1925년 3월
판형	46판	페이지 수	105쪽
발행처	오사카 엄송당	소장처	일본 국회도서관

이 책은 저자가 조선시찰 여행에서 귀환한 후 『오사카마이니치신문』에 「반도필견半島筆見」이라는 제목으로 연재한 기사를 보완·수정한 것이다. 범례

〈목차〉

제목	제목
제1장 냉대받는 조선경제계	제11장 확실한 총독부의 조선 쌀 증식계획
제2장 오해받고 있는 조선의 재계	제12장 궁박한 내지의 식량문제와 조선
제3장 비관할 필요 없는 조선경제계의 내용	제13장 주목해야 하는 조선 쌀의 이출(移出)능력
제4장 교착 상태의 내지 인구문제와 조선	제14장 개정을 원하는 조선의 수리(水利)조합
제5장 시급을 요하는 조선개발의 요체	제15장 토지개량사업 보충금 증액의 필요
제6장 경비 충실보다도 산업의 개발	제16장 당분간 독립 불가능한 조선재정
제7장 열망할 수 밖에 없는 내선융화	제17장 내지로부터의 보충금 문제
제8장 비교적 개발되는 조선 서민금융기관	제18장 조선개발이 내지경제계에 끼치는 영향
제9장 가여운 조선인의 생활	제19장 조선에 대한 산업자금 유입의 촉진
제10장 개발 도상의 조선농업 현황	제20장 원조해야 하는 식산은행의 산업자금
부록	

618) 조선의 인구연구朝鮮ノ人口研究

저자	젠쇼 에이스케	출판연월	1925년 8월
판형	국판	페이지 수	292쪽
발행처	경성 조선인쇄주식회사	소장처	架藏

저자는 조선총독부 촉탁으로서 오랜 기간 조선 산업경제방면 조사에 종사하여, 『조선의 시장』1924, 『조선인의 상업』1925, 『조선의 인구현상』1927 등 많은 조사연구서를 발간했다. 이 책은 저자의 사적 출판물이다.

> 1925년 10월 1일을 기하여 조선에서도 간이 국세조사가 시행된다. 이에 앞서 『조선의 인구연구』를 발간하는 일은 저자의 미력한 봉사 중 일부라 하겠다. (…중략…) 이 책은 저자가 전부터 연구해왔던 『조선경제지지朝鮮經濟地誌』의 한 부문을 구성한다. 따라서 전체적으로는 경제 시찰에 중점을 둔 경향이 있으나, 동시에 인문의 발달과 민족의 특성을 밝히는 데에도 힘썼으며 이에 관한 다소의 자료도 게재했다. 범례

〈목차〉

제목
서론
제1장 이조시대의 호구
제2장 병합 이후의 호구
제3장 인구의 분포
제4장 소질(素質)별 인구
제5장 출생, 사망, 질병
제6장 결혼 및 이혼

제목
第7장 재외조선인
결론

619) 조선의 인구포용력朝鮮の人口包容力

저자		출판연월	1926년 2월
판형	국판	페이지 수	23쪽
발행처	경성 조선총독부 철도국	소장처	架藏

조선의 부원富源을 개발하여 장래에 어느 정도의 인구를 포용할 수 있게 할 것인가의 문제는 우리나라 인구문제의 해결은 물론, 철도의 장래 계획을 세울 때도 고려하고 연구해둘 만한 중요 사항이라 할 수 있다. 이 글이 그 참고가 된다면 좋겠다. 권두

〈목차〉

제목
1. 서언
2. 인구 분포 상태
3. 직업별 호구
4. 기존 개간지 및 농가 호구
5. 농지증가에 따른 인구포용력
6. 농지 및 경작법의 개량에 의한 인구포용력
7. 인구의 도시집중
8. 도시의 팽창에 따른 인구포용력
9. 내지인의 이주상황
10. 결론

6. 재정

620) 조선재정론朝鮮財政論

저자	에나미 데쓰오(江南哲夫)	출판연월	1895년 3월
판형	국판 화장(和藏)	페이지 수	34쪽
발행처	도쿄 경운당(慶運堂)	소장처	일본 국회도서관

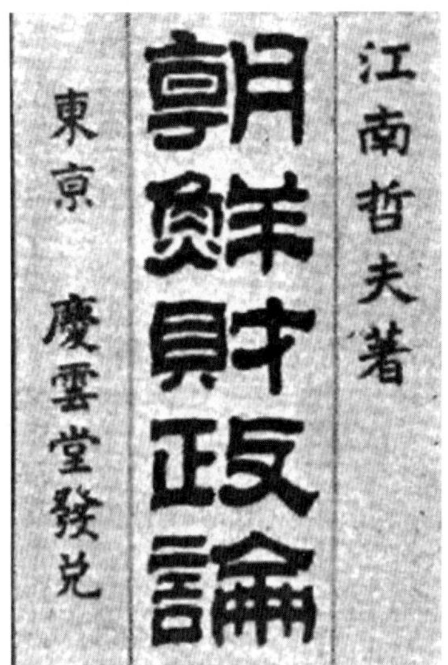

저자의 호는 하농蝦農으로 1889년 가을 인천에서 아오야마 요시시게青山好惠와 함께 인천활판소를 창설하여 조선 내 일본인 인쇄사업경영의 선구자가 되었다. 이후 제일은행 한국지점장, 경부철도 경성사무소장을 역임했으며 재정통으로 알려졌다. 저서로는 『홋카이도 개척론 개략』1882이 있다. 또한 한학에 조예가 깊어서 『조선재정론』을 한문으로 썼다. 각 페이지 공란에는 오다기리 마스노스케小田切万壽之助, 이누카이 쓰요시犬養毅,[109] 시바 시로柴四朗,[110] 히로사와 야스토広沢安任[111]의 논평을 실었다.

---

109 이누카이 쓰요시(1855~1932) : 오카야마 출신의 정치가. 게이오의숙과 니쇼가쿠샤 등에서 공부했으며, 오쿠마 시게노부(大隈重信)가 주도한 입헌개진당에 들어가 자유민권운동에도 참가했다. 1898년 제1차 오쿠마 내각에서 문부대신을 역임했다. 동아동문회에서는 우익의 거두 도야마 미쓰루(頭山満)와 함께 활동했으며, 망명 중인 쑨원을 미야자키 도텐(宮崎滔天)의 집에 숨겨주는 일을 돕기도 했다. 1931년 총리 자리에 올랐으나 다음 해 청년 장교들이 일으킨 '5 · 15사건'에서 암살당했다.

110 시바 시로(1852~1922) : 막부를 지원했던 아이즈번(会津藩) 소속으로 메이지유신 전후의 전쟁에 참가

이 책은 왕년에 내가 한국에 있을 때 오직 조선 인사들을 위해 저술한 것이다. 당시 겨우 300부를 인쇄, 발행하여 여러 학자에게 보여드렸다. 부족한 책임에도 불구하고 내외의 명사들이 모자란 점을 못 본 척하지 않으시고 서문을 써주시거나 논평을 해주셨다. 이는 저자의 큰 영광이며, 여러분의 후의에 감사를 표한다. (…중략…) 지금은 시세가 일변하여 조선의 국상國狀뿐만 아니라 동양의 국면이 바야흐로 크게 변천하고 있다. 지금 이 책을 재판하여 온몸의 뜨거운 피를 토하고자 한다. 또한 이재理財 외에도 다루어야 할 것이 많은데 두세 장으로는 모두 다룰 수 없으니, 지금은 붓을 내려놓고 훗날을 기약한다.서언

〈목차〉

제목	제목
제1장 총론 - 재정 정리	제6장 관제 봉록을 논함
제2장 광산 개채(開採)를 청함	제7장 교통 운수를 논함
제3장 지폐의 발행을 논함	제8장 농업 장려 논함
제4장 화폐 주조를 논함	제9장 국채 모집을 논함
제5장 세법 정리 논함	제10장 근검절약을 논함

했다. 재벌의 원조를 받아 27세에 미국으로 유학을 떠났다. 경제학, 정치학을 공부하는 한편 아이즈번의 패배 경험을 반영한 정치소설 『가인의 기우(佳人之奇遇)』를 구상했다. 귀국 후에는 정부의 비서관으로 활동하면서 중의원 의원에 당선되었다.

111 히로사와 야스토(1830~1891) : 아이즈번 출신으로 교토수호직(京都守護職)을 담당했다. 메이지정부에 패한 이후 투옥되었다가 석방되어 현재의 아오모리 지역에서 관리가 되었다. 일본 최초의 양식 목장 '개목사(開牧社)'를 세워서 지역 발전에 공헌했다.

621) 후겐지 감시 한국출장조사보고서普賢寺監視 韓國出張調査報告書

– 세관월보 부록15稅關月報附錄十五

저자		출판연월	1904년 1월
판형	국판	페이지 수	124쪽
발행처	요코하마세관	소장처	舊藏

이 보고서는 요코하마 세관의 후겐지 감시의 해관 사무 시찰 보고로서 『세관월보』의 부록으로 인쇄한 것이다.

〈목차〉

제목
제1장 서론
제2장 해관의 직제
제3장 해관의 행정
제4장 주류·간장과 연초
제5장 어업
제6장 무역개황
제7장 각항의 광경
제8장 결론

622) 한국 재정정리보고韓國財政整理報告 제1~6회6책

저자		출판연월	1905년 12월 1907년
판형	국판	페이지 수	각 책 500쪽
발행처	경성 한국정부 재정고문부	소장처	舊 경성제국대학

본 보고는 한국정부 고문 메가타 다네타로目賀田 남작이 1904년 10월 이

래 한국의 재정 정리 경과를 보고한 것으로, 각 책은 매년 상·하반기로 나뉘어있다. 제1회는 46배판 약 100쪽으로 메가타 다네타로 대장성 주세국장의 직함으로 당시의 임시 외무대신 가쓰라 다로 백작에게 제출한 보고서다. 제2회 이후의 내용과 목차에는 변경이 있으나 여기에는 제1회의 목차만을 싣고자 한다.

〈목차〉

제목
(제1회)
제1 개설
제2 화폐에 관한 사항
제3 금융에 관한 사항
제4 궁중·부중 안의 혼동
제5 행정정리에 관한 사항
제6 세계(歲計)정리에 관한 사항
제7 재정고문부 직원
제8 결론

623) 한국재무요람韓國財務要覽

저자		출판연월	1906년 6월
판형	국판	페이지 수	44쪽
발행처	한국정부 재정고문부	소장처	舊 경성제국대학

이 책은 내한자의 질문에 답하기 위한 구두口頭를 대신할 뿐이다. 권두 첩포(貼布)

〈목차〉

제목
1. 세계(歲計)예산
2. 정무기관 조직
3. 화폐
4. 금융기관
5. 정부기업
6. 경제통계

624) 한국재무요람韓國財務要覽

저자		출판연월	1907년 3월
판형	국판	페이지 수	106쪽
발행처	경성 한국정부 재정고문부	소장처	舊 경성제국대학

제목
1. 세계(歲計)
2. 정무기관
3. 국고
4. 화폐정리
5. 금융
6. 세관
7. 무역
8. 경제통계
9. 정부 재정고문 감부(監部) 지부 및 분서 배치표
10. 관찰부, 이사청, 경무고문부, 정부 재정고문부, 소재지 도표

625) 삼정보고參政報告 제1～13회

저자		출판연월	1907년
판형	국판	페이지 수	각회 150쪽 내외
발행처	경성 한국정부 삼정국	소장처	舊 경성제국대학

조선의 홍삼제조는 본래 궁내부 경리원의 소관이었으나, 1907년 12월 탁지부 소관으로 이관되었다. 1908년 7월 홍삼전매법紅蔘專賣法의 발포에 따라 탁지부 사세국司稅局에 삼정과蔘政課를 설치하여 이를 개성에 분치하고, 홍삼의 원료인 인삼을 수납하는 특별경작구역을 지정하여 사업을 경영했다. 1910년 1월 삼정국 관제 공포에 따라 독립된 하나의 국局이 되었다.

한일병합 후 전매국이 설치되면서 종래의 삼정국은 출장소로서 오로지 홍삼 제조에 관한 사무만 관장했으나, 1912년 4월 관제 개정에 따라 전매국은 사세국의 한 과課가 되었고 전매국 출장소 역시 사세국 출장소가 되었다. 1915년 5월 1일 관제 개정과 함께 사세국은 폐지되어 탁지부 전매과 개성출장소가 되었고, 1919년 관제 개정에 따라 재무국 전매과 개성출장소가 되었다.

이 책은 이 시기의 삼정에 관한 보고다. 처음에는 '연도'로 표기했으나 1910년도부터 회수로 개정하여 '제4회' 보고라 적혀있다. 이 보고서는 '제13회'1919까지 계속 발행되었다. 또한 이와 동시에 『삼정개요蔘政槪要』645번 항목 참조가 매년 간행되었다.

목차 · 내용에는 연도마다 다소의 차이가 있으나, 여기에는 '융희 3년도 1909 삼정보고'의 목차를 실어둔다.

〈목차〉

제목	제목
제1 삼정과 조직의 이동(異同)	제7 인삼 병충해 구제에 관한 연구와 시설
제2 경작	제8 인삼경작 장려
제3 인삼수납	제9 인삼 수출조사
제4 홍삼 제조	제10 인삼 생산지 및 판매경로 조사
제5 홍삼 불하(拂下)	제11 감시사무
제6 인삼 경작 및 제조에 관한 시험과 조사	제12 회계

626) 삼정사항 조사서蔘政事項調查書

-재무주보 제58호 부록財務週報第五十八號附錄

저자		출판연월	1908년 1월
판형	국판	페이지 수	46쪽
발행처	경성 한국정부 탁지부	소장처	舊 경성제국대학

1908년 1월, 임시 재원조사국 주필 요시다 게키타로吉田外喜太郎의 조사에 의한 것이다. 권두

〈목차〉

제목
제1 경작 허가 상황
제2 삼포(蔘圃)검사
제3 수삼 운반 상황
제4 삼포 감시 상황
제5 규칙 단속 상황
제6 범칙검거자에의 상여금 교부에 관한 절차
제7 수납 및 제조 작업 순서
제8 제조기(期)의 종사원 개수

제목
제9 빙권(憑券) 장부 및 원서·신고서 서식

627) 재정통계財政統計

저자	탁지부 조사	출판연월	1908년 4월
판형	국판	페이지 수	81쪽
발행처	경성 탁지부 사세국	소장처	舊 경성제국대학

이 통계는 개국 504년에 탁지부가 조사한 것이며, 집무의 참고자료로 삼기 위해 인쇄에 부쳤다.

언문혼용체諺文交り文이다.

〈목차〉

제목	제목
1. 팔도 5도(都) 전결 총수	14. 각 읍의 경비 개산조사
2. 각 도의 지세 일람표	15. 개국 503년 7월 이후부터 개국 504년 3월까지 각 세의 실입 일람표
3. 답결전(沓結錢) 산출표	16. 개국 504년 4월 초하루 현재 국고 소속 금곡(金穀)물품 각부별 표
4. 면세결 수입표	17. 개국 504년 4월 이후 6개월간 수입별표
5. 각 도의 각 도역(都驛) 결산	18. 전제(田制) 비교
6. 각 도의 둔토(屯土) 결수 일람표	19. 세금제도 개정을 위해 증수(增收) 가능한 지세
7. 해관세 수입지출 일람표	20. 신식 화폐장정
8. 잡세(雜稅) 세입개산표	21. 옛 동화전량목 및 궤파(潰破)가격 견적표
9. 세목조사서	22. 화폐통용 가격과 궤파가격 비교표
10. 세입개산	23. 화폐통용가격 개정 가능한 표
11. 전 3개년 간 중앙정부 세입세출 평균 연액 조사서	24. 옛 동전화 종류 일반

제목	제목
12. 각 세(稅)의 4개년 평균액 미납조사 일람표	25. 도량형 비교
13. 옛 세목설명서	

628) 둔토에 관한 조사보고서屯土ニ關スル調査報告書

저자		출판연월	1908년 8월
판형	46배판	페이지 수	222쪽
발행처	경성 탁지부 사세국	소장처	舊 경성제국대학

이 조사는 사세국 촉탁 유홍세가 조사한 것이다. 책의 내용 중에는 개정과 추가가 필요한 부분도 있으나 일단 인쇄에 부쳐 참고에 이바지하고자 한다. 권두

언문과 가나仮名가 병기된 혼용문이다.

〈목차〉

제목
제1 총론
둔토
둔도세(屯賭稅)
제2 각론
서울 각 영둔(營屯)
서울 각 사둔(司屯)
각 군의 둔토

629) 전 궁내부 소관 국유 각지종고元宮內府所管 國有各地種考

저자		출판연월	1908년 9월
판형	46배판	페이지 수	35쪽
발행처	경성 탁지부 사세국	소장처	舊 경성제국대학

이 책은 사세국이 조사하고 참고를 위해 인쇄에 부친 것이다.권두

〈목차〉

제목
제1 제언답(堤堰沓)
제2 폐사(廢寺)전답 및 사찰기지(基址)
제3 봉산(封山)
제4 죽전(竹田)
제5 저전(楮田)
제6 칠전(漆田)
제7 과수전(果木田)
제8 공해(公廨)기지전
제9 시장(柴場)
제10 노전(蘆田)
제11 어기(漁基)

630) 청한 관세목 상해淸韓關稅目詳解 – 부 만국 화폐도량형附萬國貨幣度量衡

저자	사카구치 다케노스케(阪口武之助) 編	출판연월	1908년 10월
판형	46판	페이지 수	112쪽
발행처	도쿄 동양경제신보사	소장처	시카타문고

저자는 대장성 감정관 겸 기사技師다.

나는 일찍이 동양경제신보사의 의촉依囑에 응하여 청국 관세 정해를 편찬하여 동 신문사에서 발간하였다. 다만 이 관세 정해는 지난 1902년 북청사건에 관한 최종 의정서 제6호 마지막 항에 따라 관계 각국의 위원이 상하이에서 회합하고 청국 관세율을 환산할 당시에 쓴 것이다. 그때 나는 제국위원을 수행하여 청국으로 건너갈 것을 명 받아 오로지 환산의 사무에만 앙장鞅掌하였다. 같은 해 8월 29일, 일본 · 영국 · 미국 · 독일 · 벨기에 · 스페인 · 오스트리아 · 네덜란드 8개국 위원과 청국 위원들이 조인을 완료했다. 이후 공무의 여가를 이용하여 무역업자의 참고에 이바지하고자 해당 신 세율 중 당시 주요 대청 무역품에 관한 세율을 발췌 · 편찬하였다. (…중략…) 지금 청국 수입세율 전부를 종류별로 편찬하고, 청국 생산품의 수출세율을 함께 실었다. 또한 한국 수출입세표를 편찬하고 하나의 책으로 엮어 '청한관세목 상해'라고 이름 지었다. 권두에는 각국 화폐 및 도량형 계산표를 첨부했다. 서

〈목차〉

제목
제1편 청국 수입세표
제2편 청국 수출세표
제3편 한국 수입세표
제4편 한국 수출세표
(부록) 대청무역업자가 주의해야 할 요건
송상(送狀)서식

631) 제1회 탁지부 통계연보第一回度支部統計年報

저자		출판연월	1908년 12월
판형	46배판	페이지 수	209쪽
발행처	경성 탁지부 대신관방 통계과	소장처	架藏

탁지부는 융희 원년, 즉 1907년 12월 18일 '탁지부관제'칙령 제41호에 의해 공포되었다. 정부의 재무를 총괄, 감독하는 기관이며 『제2회 연보』1908는 1909년 8월에 간행되었다.

> 이 책은 재무 당국자의 참고에 이바지하기 위해 탁지부 각국 및 소관 관청에서 조사한 재료를 바탕으로 편찬한 것이다. 조사 사항 중에는 수년을 거슬러 올라가 수집한 것도 있고, 자세한 조사는 빠지고 그 일반을 실은 것도 있다. 또 조사가 불명확한 것도 있어서 통일하지 못한 점이 적지 않지만 차츰 완정完整되길 기대한다. (…중략…) 본국의 회계연도는 역년曆年과 동일하지만, 표의 회계에 관한 사항은 왕왕 연도를 문자로 적었다. 서언

632) 융희 2년 재무일반隆熙二年財務一班

저자		출판연월	1908년
판형	46배판	페이지 수	438쪽
발행처	경상북도 대구 재무감독국	소장처	舊 경성제국대학

이 책은 대구 재무감독국의 융희 2년, 즉 1908년 중의 재무행정 보고서다. 전권을 4편으로 나누어 제1편에는 총설로서 재무 관제와 그 시설을 기록하였고, 제2편은 조세, 제3편은 이재理財, 제4편은 회계로 구성되었다.

제5편은 잡찬雜纂이며 「폭도가 경제상에 미치는 영향」이라는 제목으로 관하의 충청북도, 경상남북도의 사정을 상술하였다.

〈목차〉

편	제목	편	제목
(제1편)	총설		제11장 포사세(庖肆稅)
	제1장 서언		제12장 징수
	제2장 관제 개정에 관한 시설	(제3편)	이재(理財)
(제2편)	조세		제1장 총설
	제1장 세무총론		제2장 금융
	제2장 지세		제3장 화폐정리
	제3장 역둔도(驛屯賭)	(제4편)	회계
	제4장 호세(戶稅)		제1장 물품회계
	제5장 광세(鑛稅)	(제5편)	잡찬
	제6장 선세(船稅)		폭도가 경제상에 미치는 영향
	제7장 염세(鹽稅)		제1장 총론
	제8장 수산세		제2장 경상북도
	제9장 인삼세		제3장 충청북도
	제10장 전당포세		제4장 경상남도

633) 한국재무경과보고韓國財務經過報告 제1회~6회6책

저자		출판연월	1908년 1911년 2월
판형	국판	페이지 수	각 회 500쪽 내외
발행처	경성 한국정부 탁지부	소장처	舊 경성제국대학

이 책은 탁지부 차관이자 통감부 참여관이었던 아라이 겐타로훗날 조선총독부 탁지부 장관가 당시 통감 및 조선 총독에게 제출한 보고서다. 매년 책을 상·하반기로 나누어 한국 정부의 재무 상황을 보고하고 있다. 단 제6회에

는 표제를 『구 한국재무상황舊韓国財務狀況』으로 개정했다. 내용·목차는 각 회마다 다소의 차이가 있으나 여기서는 번잡함을 피하고 제1회의 목차만을 싣는다.

〈목차〉

제목	제목
제1장 개설	제7장 관세
제2장 사계(司計)	제8장 회계검사
제3장 사세(司稅)	제9장 건축
제4장 이재(理財)	제10장 인쇄
제5장 재원조사	제11장 직원배치
제6장 서무	

634) 한국토지조사계획서韓國土地調査計劃書

저자		출판연월	1909년 2월
판형	46배판	페이지 수	57쪽
발행처	경성 한국정부 탁지부	소장처	舊 경성제국대학

〈목차〉

제목
토지조사 요강
토지조사 필요의 이유
토지조사 시행 순서와 방법
(시행순서와 방법의) 부속도표
토지조사기관의 조직
(조사기관 조직의) 부속도표
토지조사비 세입세출 예산
토지조사비 세출예산(연도별)

제목
토지조사비 세출예산(각 작업부문별)
(참고) 일본 본토, 오키나와, 대만의 토지조사 및 계획의 경비와 공정 비교표
토지조사에 기인하는 지조(地租) 증가액 일람표
일본인·한국인별 지급 내역표
일본 지조(地租) 개정비 세입세출 조사표
한국토지조사의 연혁 개요
양지아관제(量地衙官制)(초록)

635) 한국연초에 관한 요항韓國煙草ニ關スル要項

-재무휘보 제10호 부록財務彙報第十號附錄

저자		출판연월	1909년 2월
판형	국판	페이지 수	53쪽
발행처	경성 탁지부 사세국	소장처	舊 경성제국대학

임시 재원조사국 지사 아라이 도라지荒井寅治의 조사에 의한 것이다.

이 책은 연초 세법 실시에 따른 집무의 참고를 위해 간행되었다.서언

〈목차〉

제목
1. 연초 경작자 분포 상황
2. 연초 재배 방법
3. 연초 거래의 관행과 가격
4. 도별 일반보(一反步)당 심은 근수(根數), 수획량 목록 및 수익조사
5. 경작반(反)별, 근수 및 가격 조사(각 도별)
6. 도매(卸賣)와의 구별

제목
7. 단속 방법

636) 신세 시행상황 시찰보고서新稅施行狀況視察報告書

-재무휘보 제13호 부록財務彙報第十三號附錄

저자	히라노 요시쓰구(平野與次) 報	출판연월	1909년 3월
판형	국판	페이지 수	35쪽
발행처	경성 탁지부 사세국	소장처	舊 경성제국대학

이 보고는 사세국 사무관 히라노 요시쓰구平野與次, 주필 이명원李命源 두 사람이 당시 사세국장 스즈키 시즈카鈴木穆[112]에게 보고한 복명서다.

> 우리 두 소관은 한성 재무감독국 및 평양 재무감독국 양 관내 출장을 명받아 1909년 3월 1일 출발하여 3월 21일 귀국하였으니 다음 시찰 상황을 삼가 복명합니다. 권두

637) 지방세에 관한 조사地方稅ニ關スル調査

저자		출판연월	1909년 3월
판형	국판	페이지 수	75쪽
발행처	경성 탁지부 사세국	소장처	舊 경성제국대학

112 스즈키 시즈카(1874~1933) : 제1고등학교와 도쿄제국대학 법과대학을 졸업하고 조선총독부 탁지부 사세국장으로 취임했다. 탁지부 장관, 임시토지조사국장, 조선은행 부총재 등을 역임했다.

이 책은 지방세법 제정에 관하여 각 재무감독국으로부터 보고받은 요지를 종합하여 편찬한 것이다.

〈목차〉

제목
제1 종래 국세 외에 징수한 세목, 과세물, 과세물의 단위, 세율 및 징수 방법의 대요
제2 지방세에 적당하다고 여겨지는 세목 및 부과징수의 방법 및 1개년 수입 전망액
제3 그 외 지방세법 제정과 관련된 의견 요령(要領)

638) 한국재무개황韓國財務槪況

저자		출판연월	1909년 8월
판형	국판	페이지 수	54쪽
발행처	경성 탁지부	소장처	架藏

이 책은 한국의 최신 재정 개황을 망라한 것으로, 당국 재계의 일반을 살펴보고자 하는 사람과 당국에 방문하여 단기간에 개요를 시찰하고자 하는 사람을 위해 편찬했다. 서언

〈목차〉

제목
제1 재무기관
제2 세계(歲計)예산
제3 국조(國租) 및 여러 수입
제4 국채
제5 금고의 설비
제6 화폐

제목
제7 금융기관
제8 재원조사
제9 외국무역
제10 시설사업

639) 한국세제고韓國稅制考

저자		출판연월	1909년 9월
판형	국판	페이지 수	101쪽
발행처	경성 탁지부 사세국	소장처	舊藏

이 책은 탁지부 서기관 성하국成夏國,[113] 임시 재산정리국 사무관 유흥세, 탁지부 주사 윤성희尹成熙[114]가 조세 및 징수 연혁의 조사를 명 받아 당시 사세국장 스즈키 시즈카에게 제출한 복명서다. 언문과 일본어 혼용문의 청표지青表紙 조사서다.

이 책은 문헌비고, 대전회통大典會通, 육전조례, 만기요람万機要覽, 연려별집燃藜別集, 법규류편法規類編, 세무요람, 재무법규류찬, 각 연도별 예산증명서 등을 참고로 편성한 것이다. 본국은 고래古來 재정의 역사가 간략하기에 때때로 관례에 기초하여 편자의 의견을 서술하고 또 이론을 첨부하기도 했다.

113 성하국(1846~1915) : 대한제국 탁지부 주사를 지냈고, 기호흥학회 등에서 활동했다. 강제병합 이후 중추원 부찬의로 임명되었고 1912년 한국병합기념장을 받았다.

114 윤성희(1877~?) : 대한제국에서 판임관 6등의 외부 주사를 지내다 1905년에 새로 개교한 보성전문학교에 입학하여 경제과를 졸업했다. 탁지부에서 근무하며 세무 제도 전문가로 활동했다. 강제병합 이후 안산군과 양평군 군수를 역임하였으며, 지방토지조사위원회의 임시위원을 겸했다. 안산군수 시절 한국병합기념장을 받았다.

현행 관제 및 제반 법규는 생략했다. 본서의 현행이라는 것은 1909년 6월 말일을 현재로 한다.범례

〈목차〉

장	제목	장	제목
제1장	총설		잡세
제2장	조세		가옥세
	지세		주세(酒稅)
	호세(戶稅)		연초세
	관세 및 둔세		구세(舊稅)
	수산세	제3장	징수기관 및 세액
	염세(鹽稅)		징수기관
	광세(鑛稅)		세액

640) 경기도 과천 · 경상남도 영산 · 평안북도 가산군 연초조사 참고자료京畿道果川 慶尙南道靈山 平安北道嘉山郡 煙草調査參考資料

-재무휘보 제13호 부록財務彙報第十三號附錄

저자		출판연월	1909년
판형	국판	페이지 수	192쪽
발행처	임시 재원조사국 제3과	소장처	舊 경성제국대학

연초 재원 및 함양을 조사할 때, 하나의 작은 부분에 대하여 면밀히 조사하는 방법이 있고 대략을 관찰하여 빠르게 광대한 부분을 조사하는 대관大觀 졸속拙速의 경로도 있다. 어느 쪽이든 장단이 있다. 특히 전자의 경우 군과 면 등의 구역에 따라 완전히 갖추어진 조사를 하지 못한 것이 유감스럽다. 지금은 대관 졸속이 시국의 요구에 부응할 수 있는 조사 방법으로서 경기

도 과천, 경상남도 영산, 평안북도 가산의 세 개 군에 대해 특별조사항목항목은 생략함을 지정하였다. ㉮ 인정 · 풍속 · 관습 · 빈부 · 민도에 대한 입법 정도의 관계, ㉯ 대관 졸속 조사방법의 효과 비교, ㉰ 남 · 북 · 중부로 나누어진 1개 군당 인구와 연초 소비수량, 그리고 연초 영업 인원 등의 비율을 통해 다른 방면을 추정할 수 있는가, ㉱ 제조 연초의 수용 및 잎담배의 품질 · 가격 · 이익 등은 남 · 북 · 중부에서 어떠한 차이가 있는가, ㉲ 재원 및 함양조사의 지름길이 될 조사 방법, 즉 시장 혹은 연초 영업자 등의 상황에 비추어 기타의 상황을 추정할 만한 방법의 강구, ㉳ 출장 조사는 연초 생육 및 건조기간에 한정되는가, ㉴ 적당한 출장계획 및 순회 방법의 강구 등, 제반의 목적 및 현안에 따라 별지 복명서의 결과를 얻었다. 또한 연초 조사에 직접 관련된 사항은 해당 부류에 따라 별도로 정리를 시도했다. 그 외의 것은 간접적 참고자료에 지나지 않으나 현재 군 전부에 걸쳐 제반 사정을 망라하는 자료가 현재 부족하기에 본 조사의 목적에 따라 책으로 만들어 보존하고자 한다. 조사 취지

641) 제실 채무 정리보고서帝室債務整理報告書

저자		출판연월	1910년 3월
판형	46배판	페이지 수	315쪽
발행처	경성 임시재원조사국	소장처	舊 경성제국대학

임시 재산정리국 장관 아라이 겐타로가 당시 탁지부 대신 고영희에게 제출한 보고서다.

황실 채무 정리는 1908년 9월 개시하여 1909년 10월에 전부 종료되었다. 그 경개梗概는 별책으로 보고한다. 권두

〈목차〉

제목
제1장 황실 채무 정리의 연혁
제2장 황실 채무 정리기관
제3장 황실 채무의 종류 및 성질
제4장 황실 채무의 정리
제5장 황실 채무의 정리 처분에 대한 구제

642) 한국염무행정요령韓國鹽務行政要領

저자		출판연월	1910년 7월
판형	국판	페이지 수	25쪽
발행처	경성 임시 재원조사국	소장처	舊 경성제국대학

〈목차〉

제목	제목
(제1장 한국의 소금을 어떻게 할까)	(제2장 천일제염 관업계획)
소금의 분배 및 공급 개황	염업 시험
천일제염과 전오염(煎熬鹽)의 생산비용 비교 및 한국 소금 가격의 현재 상황	관업 계획
현재의 추세대로라면 어떻게 되는가	광량만(廣梁灣) 천일제염전 축조의 경과와 실적
한국에서 천일제염을 자유롭게 제조하면 어떻게 되는가	주안(朱安) 천일제염전의 확장
	천일제염의 생산실적

643) 한국염무개황韓國鹽務概況

저자		출판연월	1910년 7월
판형	국판	페이지 수	34쪽
발행처	경성 탁지부 임시 재원조사국	소장처	舊 경성제국대학

이 책은 한국 최근의 염업 상태와 천일제염전 등의 상황을 집록한 것이다.서언

〈목차〉

제목
제1장 전오제염업(煎熬製鹽業) 일반
제2장 천일제염
제3장 수입 외국소금
제4장 천일제염 사용의 이익

644) 한국재정시설강요韓國財政施設綱要

저자		출판연월	1910년 8월
판형	46배판	페이지 수	305쪽
발행처	경성 통감부	소장처	도쿄경제대학

통감부 참여관 아라이 겐타로가 당시 통감 데라우치 마사타케에게 보고한 것이다.

소관은 1907년 10월 현직을 담당하게 되었고, 당국 재정의 중요한 임무를 맡은 3년 동안 통감 각하 지도하에 점차 제반의 시설을 수행할 수 있게 되었다. 지난 1904년 제국정부가 한국 재정감독에 착수한 이래 그 경과의 강요綱要를

기록하여 각하에게 보고한다. 권두

〈목차〉

편	장	편	장
제1편	제1장 재무개설		제4장 금융기관
	제2장 세계(歲計)		제5장 외국무역
	제3장 조세 및 수입	제3편	제1장 재산정리
	제4장 관세		제2장 토지조사
	제5장 홍삼전매		제3장 재원조사
	제6장 역둔토(驛屯土)	제4편	제1장 건설공사
	제7장 회계검사		제2장 개항장 설비
제2편	제1장 화폐		제3장 인쇄사업
	제2장 금고		제4장 항로표식
	제3장 국채		제5장 해사(海事) 및 개항검역
도판, 부표 등			

645) 삼정개요蔘政槪要

저자		출판연월	1910년 8월
판형	국판	페이지 수	42쪽
발행처	경성 한국정부 삼정국	소장처	舊 경성제국대학

이 책은 『삼정보고』625번 항목 참조와 병행하여 간행된 것으로서 그 내용을 요약한 것이다.

〈목차〉

편	제목	편	제목
제1편	삼정의 변천	제7편	청국 내 인삼수요상황

편	제목	편	제목
제2편	삼업시설	제8편	청사(廳舍)의 신축
	1 병해에 관한 시설	부록	홍삼전매법
	2 인삼 경작자 장려		홍삼전매법 시행세칙
	3 인삼 배상금 선지급		인삼 특별경작구역의 건
	4 전매단속		인삼경작자 포상규정
	5 삼업조합		삼정국 관제
제3편	삼업의 장래		수삼(水蔘) 배상가격표
제4편	홍삼의 가격과 불하		인삼경작 생산비 조사
제5편	홍삼제조방법 개정		인삼세법
제6편	생산 및 판매경로 조사		인삼세법 시행세칙

646) 한국연초조사서韓國煙草調査書

저자		출판연월	1910년 8월
판형	46배판	페이지 수	220쪽
발행처	경성 탁지부 임시재원조사국	소장처	舊 경성제국대학

이 책은 1905년 이후 1909년까지의 연초 조사를 요약한 것으로 집무에 참고자료를 제공하기 위한 것이다. 경작 · 제조 · 판매 · 소비 · 함양의 다섯 장으로 분류하여 간략히 설명했으며 간단한 사실은 생략했다. 범례

〈목차〉

제목
제1장 경작
제2장 제조
제3장 판매
제4장 소비

제목
제5장 함양
사진, 도판 등

647) 국세 미감금 정리보고서國稅未勘金整理報告書

저자		출판연월	1910년 8월
판형	46배판	페이지 수	61쪽
발행처	경성 탁지부	소장처	舊 경성제국대학

국세 가운데 지금까지는 국고에 납입 의무가 없었던 국세, 즉 구시대의 징세기관에 의해 징수되었던 국세 미감금未勘金을 정리할 필요가 있다는 인식하에 그 정리 방법을 법률로 규정「국세미감금정리법」, 1910.3.5, 법률 제40호했다. 또 정리기관을 특설하여 국세미감금 전체에 대한 근본적 정리를 시행했다. 이 책은 당시 사세국장 스즈키 시즈카가 탁지부 차관 아라이 겐타로에게 제출한 정리보고서이며 기밀로 취급되었다.

국세 미감금未勘金 정리는 1909년 4월 개시되어 1910년 8월에 종료되었다. 그 경과의 요점을 별책 보고에 기재했다. 이를 보고한다.권두

〈목차〉

제목
제1장 국세 미감금의 성질 및 유래
제2장 국세 미감금 정리의 연혁
제3장 국세 미감금 정리
총설

제목
조사징수 재심사
정리기관

648) 재무통계연보財務統計年報

저자		출판연월	1910년 12월
판형	46배판	페이지 수	327쪽
발행처	조선총독부	소장처	舊 경성제국대학

하나, 이 책은 옛 한국정부의 재무에 관한 여러 통계를 편집한 것이다. 둘, 이 책에는 주로 1909년의 사항을 게재했다. 각 표 중에 '누년비교累年比較'를 표기하지 않은 것이 있으나, 대부분 수년 전 또는 평등한 비교를 표 끝에 게재하였다. (…중략…) 여섯, 이 책의 계수計數 가운데 옛 한국정부 탁지부 통계연보의 계수와 부합하지 않는 것이 있는데, 이 책의 숫자가 정확하다. 범례

〈목차〉

제목	제목
제1 세입세출	제9 외국무역
제2 조세 및 수입	제10 창고
제3 홍삼전매	제11 금융
제4 재원조사	제12 물가와 임금
제5 관업자본	제13 관업
제6 국고금	제14 건축 및 해관공사
제7 화폐	제15 항로표식
제8 국채	제16 참고자료(통계도 여러 장)

649) 옛 각 궁사 등의 소속 토지 및 도세 조사舊各營司等所屬土地及賭稅調查

-재무휘보 제10호 부록財務彙報第十號附錄

저자		출판연월	1910년
판형	국판	페이지 수	123쪽
발행처	경성 탁지부 사세국	소장처	舊 경성제국대학

이 책은 전 토지조사회 위원 유흥세의 조사에 기초한 것으로 번역이 첨부되어 있다.

〈목차〉

제목
제1장 총론
토지
도지(賭地)
제2장 각론
각 궁사
각 곽(廓)·단(壇)·전(殿)·릉(陵)·원묘(園基)

650) 임시재산정리국 사무요강臨時財産整理局事務要綱

저자		출판연월	1911년 2월
판형	46배판	페이지 수	147쪽
발행처	경성 조선총독부	소장처	舊 경성제국대학

이 책은 전 임시 재산정리국 장관 아라이 겐타로가 당시의 총독 데라우치 마사타케에게 보고한 요강이다.

임시 재산정리국은 1908년 7월에 설치되었고, 1910년 9월 총독부 관제 발포와 함께 폐지되었다. 그 2년 동안 소관은 국무 처리의 임무를 맡아 통감 각하의 지도와 재산정리국원의 노력 덕분에 다행히 제반 정리를 수행할 수 있었다. 이에 국무의 요강을 기록하여 삼가 보고한다. 권수

〈목차〉

제목	제목
제1장 서언	제10장 도장(導掌)
제2장 사무 및 재산의 승계	제11장 혼탈입지(混奪入地)의 처분
제3장 재산모인(冒認)의 예방	제12장 잡세 정리
제4장 재산정리의 연혁	제13장 미납금 정리
제5장 재산정리의 방침	제14장 황실채무정리
제6장 1사(司) 7궁(宮)의 연혁 및 성질	제15장 토지조사
제8장 부동산의 조사정리	제16장 사무 및 장서의 인계
제9장 대부 부동산의 정리	

651) 역둔토 실지조사 개요驛屯土實地調查槪要

저자		출판연월	1911년 6월
판형	46배판	페이지 수	31쪽
발행처	경성 조선총독부	소장처	舊 경성제국대학

이 책은 1909년 6월부터 1910년 9월까지 국유전답을 실지 조사한 경과 개요를 기록한 것이다. 권말에 관계 법규를 첨부했다. 범례

〈목차〉

장	제목	장	제목
제1장	서언		표준지 및 곡식 가격(穀價)의 조사
제2장	실지조사		등급소작료의 산출
	조사반 편성		개정소작료
	측량	제4장	지도, 대장(台帳) 및 명기장(名寄帳)의 정리
	조사	제5장	종사인원
	은토(隱土) 발견	제6장	경비
	감독	제7장	결론
	조사에 대한 인민의 감상	부언	역둔도(驛屯賭) 수입 누년(累年) 증가조
	조사 불이행의 장소	부록	관계 법규
제3장	소작료 전정(詮定)		(사진 3장)

652) 내지 · 조선 간의 관세에 대하여內地・朝鮮間ノ關稅ニ就テ

저자		출판연월	1911년 11월
판형	국판	페이지 수	65쪽
발행처	도쿄 척식국(拓殖局)	소장처	舊 경성제국대학

1910년 칙령 제331호에 따라 조선에서 내지 · 대만 및 가라후토樺太에 이입移入하는 화물에는 수입세와 동률의 이입세를 부과하며 관세법, 관세정률법, 보세창고법, 세관가치장법稅關假置場法 및 둔세법을 준용하기로 한다. 1910년 제령 제3호에 따라 조선과 여러 외국의 수출입 관계의 경우 당분간 종래의 세율을 기준으로 수출입세를 부과하며, 조선과 내지 · 대만 및 가라후토 사이의 이출입 관계의 경우 수출입세와 동일한 이출입세를 부과한다. 현재 조선은 통상관계에서 여전히 엄연한 하나의 독립국의 형태를 가진다. 그 불편과 불이익이 적지 않을 뿐만 아니라 조선산업의 개발, 내지의 곡물

문제 등의 면에서도 연구할 필요가 있다. 서언

〈목차〉

제목
제1 서언
제2 조선의 수출입 및 이출입 관계
제3 조선의 이·수출세
제4 일본의 이입세

653) 홍삼전매법 실시 이후의 삼정시설 요령

紅蔘專賣法實施以後ノ蔘政施設要領

저자		출판연월	1915년 3월
판형	46배판	페이지 수	88쪽
발행처	경성 조선총독부	소장처	舊 경성제국대학

홍삼전매법 실시 이래 약 6년여가 지났고 삼업의 장려가 점점 효과를 드러냈다. 삼포蔘圃는 매년 증가하여 홍삼 산액은 올해로 예정된 3만 근에 달하는 성황을 이루게 되었다. 지금 기왕의 6년간 삼정시설의 경개梗槪 및 그 성적을 열거하여 이후 시설에 참고가 되고자 한다. 서언

〈목차〉

제목	제목
서언	부록
제1 삼정기관의 변천	1. 삼포 간수(間數)
제2 삼업 장려에 관한 시설	2. 수삼(水蔘) 수납
제3 인삼경작 개량에 관한 시설	3. 홍삼제조

제목	제목
제4 인삼의 병충해 방제에 관한 시설	4. 홍삼 불하(拂下)
제5 홍삼전매 단속	5. 1908년도 이후 수입표
제6 홍삼의 제조 및 판매	사진 12장
제7 삼업조합	

654) 조선우편관서 국고금 사무사朝鮮郵便官署 國庫金事務史

저자		출판연월	1915년 3월
판형	46배판	페이지 수	477쪽, 부록 27쪽
발행처	경성 조선총독부 체신국	소장처	舊 경성제국대학

이 책은 1906년 재조선 우편관서가 옛 한국정부의 위탁을 받아 국고금의 출납, 보관사무를 개시한 창설 당시부터, 1910년 8월 한일이 병합하고 같은 해 10월 조선총독부가 설치됨에 따라 제국 국고로 이를 취급할 조직이 완료될 때까지 사업의 변천 상황을 서술하였다. 예언

〈목차〉

제목
제1장 서설
제2장 업무, 창설
제3장 법규의 제정 및 변천
제4장 업무 개시 후의 상황
제5장 한일병합에 따른 국고금 취급 방법의 추이
제6장 폭도가 사업에 미친 영향
제7장 옛 한국재정에 미친 효과
제8장 옛 한국 화폐정리에 미친 효과
제9장 통계부록

655) 조선토지조사업무보고朝鮮土地調査業務報告 동 추록同追錄, 2책

저자		출판연월	1918년 2월 1919년 5월
판형	46배판	페이지 수	본문 708쪽 부록 170쪽
발행처	경성 조선총독부 임시토지조사국	소장처	架藏

조선의 토지조사사업은 1910년 3월 토지조사국 관제를 반포하여 사업의 준비, 시험이 이루어졌다. 병합 후 본 사업을 계속, 완성할 계획을 세웠고 1910년 10월 조선총독부 임시토지조사국 관제를 공포하였다. 이후 두 세 차례 계획을 확충했고 8년여의 세월을 들여 1918년 11월 토지조사사업은 완료를 고하게 되었다.

'추록追錄'은 보고서의 뒤를 이어 각종 부대사업, 첫째 역둔토 분필分筆[115] 조사, 둘째 지적地籍 조사, 셋째 지형 측량, 넷째 지지地誌 자료조사 등의 조사 상황 및 잔무 정리의 대요를 추가로 기록한 것이다.

또한 이 보고서에 앞서 사업 경과의 개요를 기록한 『조선토지조사사업개람』이 각 연도 별로 보고되었다. 또한 토지조사의 성과에 바탕한 『조선지지자료朝鮮地誌資料』 46판 438쪽이 별책으로 1919년 3월 간행되었다상권 294번 항목 참조.

〈목차〉

제목	제목
제1장 총설	제9장 지방토지조사위원회
제2장 본 국(局)의 조직	제10장 사정(査定)

115 등기부에 한 필로 되어있는 토지를 여러 필로 나누는 일.

제목	제목
제3장 사업계획	제11장 고등토지조사위원회
제4장 소유권 조사	제12장 이동지(異動地)정리
제5장 지반 조사	제13장 지형조사
제6장 지위 등급 조사	제14장 서무
제7장 장부 조사	제15장 잡
제8장 작업의 감독	부도 부표

〈추록 목차〉

제목	제목	제목
제1장 총설	제4장 지형측량	제7장 서무
제2장 역둔토 분필 조사	제5장 측량표석 관리의 인계	토지조사 완료식에서 토지조사사업보고
제3장 지적조사	제6장 지지자료	식사(式辭), 축사

656) 조선관세제도의 개정에 관하여朝鮮關稅制度ノ改定ニ就テ

저자		출판연월	1919년 6월
판형	국판	페이지 수	36쪽
발행처	경성 조선은행조사국	소장처	舊 경성제국대학

일한병합에 따라 조선과 각국의 관계는 최혜국대우가 가능하도록 정해졌으며, 그 관례는 10개년으로 정해졌다. 이미 그 기간이 지났고 이른바 관세제도의 개정 문제가 대두했다. 이 책은 조선은행조사국의 조사에 바탕한 것으로, 당시 '기밀'로 취급되어 간행되었다.

〈목차〉

제목
제1장 조선 관세제도 개정의 의의

제목
제2장 조선을 내지관세구역에 병합하는 것은 가능한가
제3장 관세개정과 조선의 재정
제4장 관세개정과 외국무역과의 관계
제5장 관세개정과 조선 및 내지 산업과의 관계
제6장 관세개정과 조선의 민도(民度), 그 외 관계
제7장 관세개정과 그 시설
제8장 결론

657) 조선의 토지제도 및 지세제도 조사보고서

朝鮮ノ土地制度及地稅制度調査報告書

저자	와다 이치로(和田一郎) 調	출판연월	1920년 2월
판형	국판	페이지 수	890쪽
발행처	경성 조선총독부	소장처	架藏

이 책의 보고자 와다 이치로는 1906년 도쿄제국대학 법과대학을 졸업하고 대장성에 들어갔으며, 이후 임시토지조사국 서기관으로 초빙되어 총무과장을 맡았다. 토지조사사업 완료 후에는 조선총독부 이재과장, 철도부장 등을 역임하고 1924년 8월 퇴임하여 조선상업은행장이 되었다.

보고서 중 「조선의 지가조사 강요綱要」, 「사궁장토司宮庄土에 관하여」는 『국가학회잡지』 제33권 5~6호 및 10~11호에 발표되었고 「역토 및 둔토의 연구」는 『법학협회잡지』 제37권 11~12호 및 38권 1호에 게재되었다.

이 보고서를 1923년 4월 28일, 교토제국대학에 학위논문으로 제출하여 법학박사 학위를 받았다. 같은 저자의 저서로는 『대일본조세지租稅誌』, 『재무형법강의』, 『회계법론』, 『조선의 냄새』상권 38번 항목 참조, 『행여시초行余詩草』

등이 있으며, '천민天民'이라는 호로 한시, 와카和歌, 센류川柳 등을 발표했다. 보고서의 복각판이 1967년 무네타카宗高서방에서 나왔다.

〈목차〉

제목	제목	제목
제1편 조선토지제도요론	제6편 능(陵)·원(園)·묘(墓)에 대하여	제11편 국유지의 분규
제2편 사궁장토에 대하여	제7편 묘(廟)·전(殿)·궁(宮)·사(祠)·단(壇)과 그 부속 땅	제12편 이조시대의 지세와 부가세
제3편 조선의 문기(文記), 그 외 증서에 관하여	제8편 학전(學田) 및 사전(寺田)	제13편 역대 결수(結數), 세액 및 면적의 연구
제4편 역토 및 둔토의 연구	제9편 묘지(墓地)에 대하여	제14편 조선의 지가조사
제5편 토지에 관한 표시	제10편 목장토	제15편 시가지의 지적조사

658) 고등토지조사위원회 사무보고서高等土地調査委員會事務報告書

저자		출판연월	1920년 9월
판형	46배판	페이지 수	78쪽
발행처	경성 조선총독부	소장처	舊 경성제국대학

고등토지조사위원회는 토지조사령 규정에 따라 임시토지조사국장의 토지소유권 및 토지 강계疆界 사정査定에 대하여 불복 신청 및 재심 신청 판결을 하는 기관으로서 1912년 8월 12일 칙령 제3호에 의해 설치되었다. 1913년 9월부터 사무를 개시하여 1920년까지 7년의 세월을 보내고 종료했다. 이 보고서는 고등토지조사위원회 위원장 미즈노 렌타로가 당시 총독에게 제출한 것이다.

본 위원회의 사무 집행에는 많은 곤란이 예상되었지만, 직원 일동의 노력 덕분에 사무는 원만한 진척을 보였으며 처음 예정한 종료 시기보다 7개월이나 빨리 전국의 토지소유권 분쟁 문제의 해결을 충분히 고할 수 있었다. 소관은 이 점을 매우 기쁘게 여긴다. 이에 조사의 개요를 기록하여 판결 1건, 기록 441건을 첨부하여 보고한다. 권두

〈목차〉

제목
제1장 총설
제2장 계획 및 사건처리
제3장 다른 관청과의 연합
제4장 서무
제5장 여러 규정

659) 진남포 세관 연혁사鎮南浦稅官沿革史

저자		출판연월	1922년 12월
판형	국판	페이지 수	147쪽
발행처	진남포세관	소장처	시카타문고

〈목차〉

제목	제목
1. 연혁	8. 유수(流水) 상황
2. 항세(港稅)	9. 항로 상황
3. 항만설비	10. 진남포 및 부근의 회사·공장
4. 관세 관계법규의 변천	11. 진남포의 창고
5. 무역	12. 진남포의 입구
6. 선박의 입항	(사진 : 개항 당시의 세관, 옛 세관,

제목	제목
	현 세관, 축항 암벽)
7. 축항 설비의 이용 상황	(지도 : 축항 및 부근, 관내 세관지서, 출장소, 감시서, 배치도)

660) 조선종 연초의 기원과 분류조사朝鮮種煙草ノ起源及分類調査

저자		출판연월	1926년 9월
판형	국판	페이지 수	198쪽
발행처	경성 조선총독부 전매국	소장처	舊 경성제국대학

본 조사는 조선 연초전매령이 실시된 지 얼마 지나지 않았고 조사에 관한 시설도 허용되지 않았기에, 편의상 연초 산지에 방문하여 생육 중인 것 가운데 잡종雜種으로 표현되는 각 개체의 형태를 기초로 조사·분류한 것이다. 따라서 본 분류 중에는 유전질遺傳質과는 아무런 관계가 없으나 단지 적응 변이의 방해를 받아 잘못된 견해에 속하는 것이 있을 수 있다. 추후 다른 기회를 얻어 확정할 수 있기를 기약한다. 범례

〈목차〉

제목
1. 총론
2. 각 종류에 대한 기원 및 해설
(1) 경성 전매지국 관내산(産)
(2) 전주 전매지국 관내산
(3) 대구 전매지국 관내산
(4) 평양 전매지국 관내산

7. 사회

661) 한국사회략설韓國社會略說

저자	한국주차헌병대 사령부 編	출판연월	1910년 6월
판형	국판 화장(和裝)	페이지 수	62장
발행처	경성 헌병대 사령부	소장처	架藏

『한국사회략설』은 군대를 위해 조사된 것으로, 이후 개정을 거쳐 제목을 『조선사회고朝鮮社會考』로 바꾸어 경성 문성사文星社에서 발매되었다663번 항목 참조.

이 책은 현존하는 한국 고래의 사회조직과 풍속, 관습 등을 망라하여 헌병 직무의 일단을 돕기 위해 집찬된 것이다. 주로 해당 부대 사령부 소속 한국 장교가 제공한 자료에 기초하여 다소의 증보를 거쳤다. (…중략…) 기사는 경성을 중심으로 각 도의 대략을 기재했으나, 멀리 떨어진 지방의 경우에는 이속異俗, 이습異習을 모두 다루지 못했다. 범례

〈목차〉

제목	제목
1. 사회조직	6. 연유교제(宴遊交際)
2. 제도	7. 범죄
3. 친척	8. 전제(田制)
4. 직업	9. 보박(洑泊)
5. 신교(信教)	10. 잡건

662) 조선풍속화보朝鮮風俗畵譜 상·하2책

저자	나카무라 긴죠(中村金城) 編	출판연월	1910년 9월
판형	46배판 화장(和裝)	페이지 수	104쪽
발행처	도쿄 도미자토 나가마쓰(富里長松)・도세이 데쓰고로(東生鐵五郎) 서방	소장처	도쿄경제대학

나카무라 긴죠 화백은 가가국加賀国 가나자와金沢 출신의 풍속 화가다. 조선 체류 중 인물, 풍속 등을 실사하고 화보 고본稿本을 제작했다. 이 책은 화백이 세상을 떠난 후 친분이 있었던 서점 등에서 출판된 것이다. 한국 정부 고문 가토 마스오加藤增雄[116] 씨가 서문을 썼다.

> 한국은 지금 온갖 법률과 제도를 갱신할 시기에 이르렀다. 오늘의 상황을 내일은 볼 수 없게 될지도 모른다. 나카무라 군은 이를 남기려는 뜻을 정했다. 그러나 청국을 만유漫遊하려는 생각을 금치 못하고 그해 12월에 톈진, 베이징으로 떠난 지 일 년 남짓하여 불행히도 병마의 침습을 받았고, 그 뜻을 이루지 못한 채 세상을 떠나게 되었다. 가족과 지인들이 도모하여 나카무라 군의 유지를 이었다.서

〈목차〉

제목	제목	제목	제목
문관	탄금(彈琴)	김매기	급수

116 가토 마스오(1853~1922) : 미에 출신으로 1877년에 외무성에 출사한 후 네덜란드, 이탈리아, 러시아공사관 등에서 근무했다. 대신관방 기록과장을 거쳐 1894년 부산영사로 취임했다. 1896년 7월 조선국공사관 1등서기관이 되었고, 다음 해 2월 조선국주차변리공사로 임명되었다. 1898년 11월에는 특명전권공사로 승진했다. 고종의 신뢰를 받았으며 1902년 대한제국 고문으로 임명되었다.

제목	제목	제목	제목
무관	가곡 훈장	벼베기 나락 수확	매사냥
융의(戎衣)	음악	타작	야중행보(夜中行步)
진사(進士)	골패(骨牌)	탈곡	부녀자의 여행
내시	장기	거핵(去核)	우중행보(雨中行步)
관녀(官女)	쌍륙(雙陸) 가면무도	박물상	부녀자의 외출
관기(官妓)	널뛰기	닭 장수	여행
옥모선자(玉貌仙姿)	연날리기	엿 장수	여숙(旅舍)
납폐(納幣)	술래잡기	봇짐장수	음식점
신부 혼행	퉁소와 생황 합주	지게꾼	좌상(坐像)
결혼	그네	노점	팔려 가는 소녀
신부를 맞이하는 신랑	바둑	입방(笠房)	사당패의 춤
빨래	씨름	짚신 장이	무녀
식사	제기차기	맷돌	효자의 성묘
절구질	양잠	대장장이	구걸하는 처사
연회	도호(塗糊)	나막신장이	길을 묻는 맹인
우물물 긷기	세사(細絲)방적	건공(巾工)	경을 읊는 맹인
물레	삼사 꼬기	만공(挽工)	묏자리 찾기
재봉	새참	목화 고르기	이정표
직녀(織女)	새참 나르는 아낙	갖바치	추포야박(秋浦夜泊)
다듬이질	채상(採桑)	염장(簾匠)	시골 풍경
어락(漁樂)	파종	목공	고산(故山) 퇴치(退致)
여자아이 놀이	모내기	촌부자(村夫子)	승교(乘轎)
줄타기	김매기	의사	
기생 검무	논밭 갈기	짐수레	

663) 조선사회고朝鮮社會考

저자	조선주차 헌병대사령부 編	출판연월	1912년 3월
판형	국판	페이지 수	141쪽
발행처	경성 문성사	소장처	架藏

이 책은 이전에 간행된 『한국사회약설』1910, 661번 항목 참조을 개정한 것으로 시판을 허가받아 경성 문성사에서 출판했다.

조선 고래의 사회조직과 풍속, 관습 등을 집찬한 것이다. 이 책의 자료는 주로 해당 부대 사령부 소속 한국 장교가 제공한 것이며, 문장은 어렵지 않게 저술하여 이해하기 쉽도록 힘썼다. 기사는 경성을 중심으로 기술했기 때문에 멀리 떨어진 지방의 이속異俗, 이습異習은 모두 담지 못했다. 범례

〈목차〉

제목	제목
제도	풍속, 습관
사회계급	범죄
족척	미신
신교(信敎)	잡다한 것
질병, 의약 및 위생	(부록) 조선역대계보
상업	병합 전 20년간 연호 대조표
유생	친족관계 일람도

664) 회사 및 공장의 노동자 조사會社及工場に於ける勞動者調査

저자		출판연월	1914년 8월
판형	국판	페이지 수	62쪽
발행처	경성 조선총독부 학무국 사회과	소장처	架藏

이 책은 10인 이상의 노동자를 상시 사용하는 조선의 회사와 공장을 조사한 것이다. 이 책에 수록된 여러 표는 1921년 7월 말일 현재 실시된 조사를 기초로 집계한 것이다. 부록으로 1919년부터 1922년까지의 동맹파업 일람표를 첨부했다. 범례

이 책은 1925년 재판을 내면서 부록에 「광업노동자 조사」, 「노동자 총수 표」, 「농업노동자 수입 · 지출 상황표」의 세 항목20쪽을 더했다.

〈목차〉

제목
1. 노동자 일반
2. 제1표(회사 및 공장 종류별 노동자 수)
3. 제2표(성별 · 연령별 및 직업별 노동자 수)
4. 제3표(노동시간)
5. 제4표(임금)
6. 제5표(노동자의 교육정도)
7. 제6표(노동자의 근속연수)
8. 제7표(노동자 대우)
9. 제8표(상시 15인 이상의 노동자를 사용하는 회사 및 공장 이름과 종업 노동자 수)
(부록) 동맹파업 일람표

665) 조선부락조사 예찰보고朝鮮部落調査豫察報告 제1책

저자	오다우치 미치토시(小田内通敏) 調	출판연월	1923년 3월
판형	46배판	페이지 수	82쪽
발행처	경성 조선총독부	소장처	도쿄경제대학

조선부락조사는 총독부가 와세다대학교수 오다우치 미치토시에게 위탁하여 실시한 조사이다.

나는 명에 따라 1920년 처음으로 8월 한 달간, 그리고 다음 해인 1921년에 다시 한번 10월부터 12월까지 3개월 동안 조선부락의 조사에 종사했다. 부락의 수는 16개로 함경북도를 뺀 각 도에 흩어져 소재한다. 이 보고서는 그 조사를 엮은 것인데, 예찰보고라는 이름을 붙인 것은 답사 일수가 경기도의 여릉리麗陵里에서 나흘을 들인 것 외에는 일정 관계상 모든 부락에서 이틀 또는 하루를 넘기지 않았기 때문이다.서언

〈목차〉

제목
제1장 부락조사
제1절 부락조사의 의의
제2절 부락조사 경과
제3절 부락조사 계획
제2장 부락의 고찰
제1절 부락의 개상(概相)
제2절 부락의 특상(特相)
제3절 결언

666) 조선의 성의 유래朝鮮の姓の由來 – 조선문화의 연구 1朝鮮文化の研究一

저자	이나바 군잔(稲葉君山)	출판연월	1923년 9월
판형	46판	페이지 수	73쪽
발행처	경성 엄송당서점	소장처	架藏

저자는 역사가로서 본명은 이나바 이와키치稲葉岩吉고 군잔君山은 호다. 『조선문화사연구』상권 190번 항목 참조를 비롯하여 만주・한국사 관계 저작이 많다. 이 책은 부제에서 알 수 있듯이 총서로 간행될 예정이었던 것 같지만 그 후의 속간은 확인되지 않았다.

조선에 이제 막 온 제가 민족문화의 내용에 관한 연구를 공표하는 것은 당치도 않다는 비난이 있을지도 모릅니다. 그러나 '세월은 사람을 기다리지 않는다'는 격언도 있습니다. 두찬杜撰을 알면서도 '조선문화의 연구'를 이후 계속해서 간행하고자 합니다. 각 분야 여러분의 엄정한 비판과 가르침을 얻기를 기대하는 바입니다. 권두

〈목차〉

제목
1. 서언
2. 조선민족의 모계 전설
3. 무당과 모계 조직
4. 하늘이 내린 성, 박(朴)・석(昔)・김(金)에 관해서
5. 조선 내 한성(漢姓)의 유래
6. 신라 육촌의 사성(賜姓)에 대한 비판
7. 한성(漢姓)은 당대(唐代)부터
8. 여설(余說)

667) 조선인 공장노동자에 관한 통계적 고찰

朝鮮人工場勞動者に關する統計的考察

저자		출판연월	1923년 12월
판형	국판	페이지 수	158쪽
발행처	경성 만철경성철도국	소장처	架藏

이 조사는 만철 경성철도국원 하야시바라 노리사다林原憲貞[117]가 행한 것이다. 판권장이 빠져있고 간행부서, 출판연월일도 불명이다. 여기서는 권말에 기재된 원고의 완성일을 기재했다.

〈목차〉

제목	제목
1. 서론	6. 취미 및 신앙의 통계
2. 가족통계	7. 건강 및 부상의 통계
3. 임금통계	8. 조선 노동쟁의의 현재 및 장래
4. 생활통계	9. 개괄적 고찰
5. 교육통계	

668) 간토의 지진재해와 조선인關東の震災と朝鮮人

-부 총독부의 구제시설附 總督府の救濟施設

저자	우시마루 미쓰아키(牛丸潤亮)	출판연월	1923년 12월
판형	국판	페이지 수	107쪽
발행처	경성 재외조선인사정연구회	소장처	시카타문고

117 하야시바라 노리사다(1881~?) : 1903년 11월 규슈히노데신문사 편집장에 취임했으나 다음 해 사직하고 도쿄로 올라갔다. 대장성에서 일하다 1906년 8월 조선에 건너가 통감부 철도관리국 서기에 임용되었다. 1933년 철도국 직원인 채로 관동군에 배속되었고, 1934년 5월 철도국 참사로 승진했다.

저자 우시마루 미쓰아키는 경성에서 '재외조선인사정연구회'를 세우고 기관지 회보를 발행했다. 임시 간행으로 『북만주 및 러시아 영토의 조선인·조선인사정』, 『남만주 및 동몽고의 조선인사정』, 『남만주 및 간도·훈춘의 조선인사정』 및 『만주·몽고·시베리아 조선인대관』 등이 있다. 『간토의 지진재해와 조선인』은 지진 문제에 대한 각계의 의견을 집록한 것이다.

〈목차〉

제목
재앙을 복으로 만들어라(마루야마 쓰루키치)
지진재해 당시를 회상하며(고다마 히데오(兒玉秀雄))[118]
내선인 결합의 기단(호소이 하지메(細井肇))[119]
대지진과 조선(도키자네 아키호)
이 몰이해를 어찌해야 하나(마쓰무라 마쓰모리(松村松盛))
차라리 일대 천훈(天訓)이라고 생각함(북악산인(北岳山人))
미증유의 변재(變災)에 직면하여(이각종(李覺鐘))[120]
조선인을 포옹하라(박영효(朴泳孝))
내선 상호 이해를 통감함(이나바 군잔)
결코 냉담하지 않았다(김환(金丸))
밝은 조선인과의 악수(유일선(柳一宣))[121]
비상시의 변태(變態)심리(마에다 노보루(前田昇))
개인 간의 이해에서 생겨난다(이범승(李範昇))[122]
병합의 이상에 철저하라(야마노우에 조지로(山野上長治郎))
한 폭에 새겨진 일대 오점(무명 학인)
내지인과 조선인(세키네 시게노리(関根重憲))
조선총독부의 구호시설(조선총독부)

118 고다마 히데오(1876~1947) : 제2고등학교를 거쳐 도쿄제국대학 법과대학을 졸업한 후 대장성에 들어갔다. 고등문관시험에 합격하고 이재국, 임시연초제조준비국 등에서 근무했다. 1905년 대본영으로 옮겼

669) 경기도 농촌사회사정京畿道農村社會事情

저자	경기도 내무부 사회과	출판연월	1924년 3월
판형	46판	페이지 수	174쪽
발행처	경성 경기도청 사회과	소장처	架藏

이 책은 농촌개량의 자료에 이바지하고자 경기도 사회과에서 연구조사를 거듭하여 공개하는 것이다. (…중략…) 한층 자세히 조사하고 수정 보완을 기하여 완전한 것으로 고칠 것이다. 권두

한편 이 책은 1927년 3월 재판되었다.

다. 조선총독부 총무부 회계과장, 비서관, 총독관방 회계국장 겸 비서관, 총무국장 등을 역임했다.

119 호소이 하지메(1886~1934) : 도쿄에서 가난한 어린 시절을 보냈으며 한때 사회주의 사상에 경도되어 '혈성단(血星團)'을 조직했다. 무정부주의자 구쓰미 겟손(久津見蕨村)의 도움으로 나가사키신보사의 기자가 되었다. 1907년 2월 나가사키 미쓰비시 조선소의 노동쟁의를 배후 조종한 혐의로 퇴직하게 되었고, 이듬해 조선으로 건너갔다. 우치다 료헤이가 경영하는 일한전보통신사에서 일자리를 얻었고, 아오야기 쓰나타로 등과 친교를 맺게 되었다. 1910년에는 오무라 도모노조, 기쿠치 겐조(菊地謙譲)와 함께 조선연구회를 조직했다. 조선에 관한 많은 저술을 남겼으며 사이토 마코토(斎藤実) 총독의 개인 촉탁으로 고용되기도 했다.

120 이각종(1888~1968) : 1908년 보성전문학교 법률과를 졸업하고 다음 해 대한제국 학부위원으로 임명되었다. 와세다대학 문학과를 잠시 다녔으며 조선총독부 학무과에서 근무했다. 3·1운동 이후 내무국 제2과와 사회과에서 촉탁을 지냈다. 1925년 잡지 『신민』의 발행 겸 편집인을 맡았고, 1937년에는 황국신민서사의 문안을 만들었다.

121 유일선(1879~1937) : 아유가이 후사노신(鮎貝房之進)이 주임을 맡았던 을미의숙과 일본조합교회의 와타세 쓰네요시(渡瀬常吉)가 학당장을 맡았던 경성학당을 다녔다. 1900년 일본의 도쿄물리학교로 유학을 갔고, 1904년 귀국하여 장지연이 교장으로 있던 일신학교 교사로 초빙되었다. 한국 최초의 수리학 전문 잡지 『수리학잡지』를 창간하고 소논문을 발표했다. 1906년 10월에는 정리사(精理舍)를 개설했는데, 주시경이 이곳에서 공부하기도 했다. 1906년 1월에는 상동교회가 설립한 청년학원의 교장으로 부임했다. 강제병합 이후에는 조선총독부 경성부의 중부장(中部長)으로 활동했으며, 일본조합교회 조선전도본부의 일에도 적극 참여했다.

122 이범승(1887~1976) : 교토제국대학과 동 대학 대학원을 나왔다. 친일단체인 동민회(同民會)에서 활동했고, 식산국 농무과 사무관, 황해도 산업과장, 경상북도 산업과장 등을 지냈다.

〈목차〉

제목
제1장 농촌의 연혁
제2장 농촌의 호구
제3장 농촌의 종류
제4장 농촌사회의 일반적 현상
제5장 농민의 풍습
제7장 농지에 관한 일반사정
제8장 농가의 연중행사
제9장 농촌의 민가
제10장 최근의 농촌진화 경향
제11장 농촌진흥책
경기도 훈령 제22장, 향약공조회 규약준칙
(부록) 송도민(松都民)
경기도 관내도 한 장
경기도 농가 계급별 군별 비교

670) 조선부락조사보고 제1책 화전민 내왕지나인

朝鮮部落調査報告 第一冊 火田民 來往支那人

저자	오다우치 미치토시(小田内通敏)	출판연월	1924년 3월
판형	46배판	페이지 수	본문 65쪽, 도판 33장
발행처	경성 조선총독부	소장처	도쿄경제대학

총독부는 1923년 10월부터 12월까지 촉탁 오다우치 미치토시小田内通敏[123]

123 오다우치 미치토시(1875~1954) : 아키타 출신으로 도쿄고등사범학교 지리역사전수과를 졸업했다. 지리학을 연구하면서 잡지『지리와 역사(地理と歷史)』의 편집 및 발행을 맡았으며 와세다대학 문학부 사학과에서 '지리학' 수업을 담당했다. 농상무성 농가경제조사 촉탁을 맡았고, 1920년 7월 조선총독부의 촉탁으로 고적조사와 구관 및 제도조사에 참여했다. 1924년에는 남만주철도주식회사의 의뢰로 만주의 촌락 및 도시의 실지조사를 행했다.

씨에게 조선의 화전민 및 내왕 지나인을 조사하도록 하였다. 그 보고가 완성되었기에 이번에 서무부 조사과에서 이를 인쇄에 부쳐 반포한다.권두

〈목차〉

제목	제목
화전민	왕래지나인
서언	서언
제1장 문헌에 나타난 화전	제1장 왕래의 과정
제2장 화전경작의 과정	제2장 상인으로서
제3장 개마고원과 화전민	제3장 채소재배자로서
제4장 시책(施策)	제4장 노동자로서
결언	제5장 생활표준
	결언
통계표 4, 도판 33	

671) 조선부락조사 특별보고 제1책 민가朝鮮部落調査特別報告 第一冊 民家

저자	곤 와지로(今和次郎)	출판연월	1924년 3월
판형	46배판	페이지 수	78쪽, 도판 41장
발행처	경성 조선총독부	소장처	도쿄경제대학

조선부락조사 3부작에 해당하는 조사로 조선총독부가 와세다대학 교수 곤 와지로今和次郎[124]에게 위탁하여 조사한 보고서다.

총독부는 1922년 9월부터 10월까지 곤 와지로 씨에게 조선민가를 조사하

124 곤 와지로(1888~1973) : 도쿄미술학교 도안과를 졸업했으며 와세다대학 이공학부 건축학과 교수로서 일본건축사회 회장 등을 역임했다. 도시계획, 민가, 복장 등을 연구했고 '고현학(考現學)'을 제창했다.

게 하였다. 그 보고가 완성됨에 따라 이번에 서무부 조사과에서 인쇄에 부쳐 반포한다. 권두

〈목차〉

제목
서언
제1장 구조 및 그에 관한 고찰
제2장 배치 및 그에 관한 고찰
제3장 내지인과 관계 있는 민가
결언

672) 조선인 노동자 문제朝鮮人勞動者問題

-노동조사보고 27勞動調査報告二十七

저자	오사카시 사회부 조사과 編	출판연월	1924년 4월
판형	국판	페이지 수	124쪽
발행처	경성 홍문당	소장처	架藏

이 책은 조사과 직원 이노우에 무사시井上無三四에게 주로 오사카시에 거주하는 조선인 노동자의 생활을 조사하게 한 보고서다. 그 내용이 일반인들에게도 유익하리라 생각하여 공간한다. 권말

1924년 6월 재판되었으나 내용, 쪽수에 변화는 없다.

〈목차〉

제목
서
제1장 조선인 노동자의 조사에 관해
제2장 내주(来住)의 원인
제3장 노동상황
제4장 생활상황
제5장 내주의 결과
조사를 마치며

673) 조선인 노동자에 관한 상황朝鮮人勞動者に關する狀況

저자		출판연월	1924년 7월
판형	국판	페이지 수	150쪽
발행처	도쿄 내무성 사회국 제1부	소장처	架藏

내무성 사회국에서 조사했으며 기밀로 취급, 출판되었다.

이 조사는 1924년 5월 1일 현재를 기준으로 각 성·청·부·현의 보고를 기초로 편찬되었다. 조선인을 대상으로 고찰한 사상적·정치적·경제적 사상은 다양하지만 본 조사의 범위는 오로지 내지에 머무는 조선인 노동자에 대한 내지인 노동자, 내지인 노동단체 등의 경제적 관계에만 한정했으며, 사상단체 및 수평사水平社 등에 대한 관계는 특히 언급을 피했다. 내지 재주 조선인 노동자에 대한 호수 및 인구, 직업별, 출신지, 임금, 근속 연한, 교육 정도 등 상세한 수치적 고찰은 말미에 첨부한 각 표로 대신하고 생략한다. 권두

〈목차〉

제목
총설
1. 내지인이 조직한 노동단체와 조선인 노동자와의 관계
2. 내지의 노동운동에 대한 조선인 노동자의 태도
3. 내지의 조선인 노동자가 각종 산업에 미친 영향
4. 조선인과 내지인의 친소(親疏)관계

674) 한신 · 게이힌 지방의 조선인 노동자阪神 · 京浜地方の朝鮮人労働者 – 조사자료 제6집調査資料第六輯

저자		출판연월	1924년
판형	국판	페이지 수	66쪽
발행처	경성 조선총독부 서무부	소장처	架藏

이 책은 조선총독부 촉탁 젠쇼 에이스케가 조사한 것으로 기밀 취급되었다.

이 조사는 조선인 거주자가 가장 많은 오사카부, 효고현兵庫県, 도쿄부, 가나가와현神奈川県의 조선인 노동자 상황을 조사한 것이다. 권두

〈목차〉

제목
1. 조선인 노동자 수
2. 조선인의 직업과 임금
3. 노동자의 생활상태
4. 노동자의 교육시설

제목
5. 노동자의 보호구제

675) 다이쇼 을축년 수재大正乙丑の水災

저자		출판연월	1925년 12월
판형	국판	페이지 수	168쪽
발행처	경성부	소장처	舊藏

1925년 7월의 홍수는 60년 만의 수해라고 한다. 남南 낙동강의 범람부터 중부 한강의 홍수를 시작으로 재해가 전 조선의 태반에 미쳤다. 희유의 참사였다. (…중략…) 여기 기록하여 서정庶政의 일잠一箴으로 삼고, 아울러 훗날의 계획에 자료로 삼을 수 있기를 바란다. 우물 안 개구리가 편찬한 것이지만, 실로 무의미하지 않다면 다행이라 하겠다. 서언

〈목차〉

제목	제목
1. 출수(出水)·감수(減水) 상황	7. 시종(侍從)의 위로문과 접견식 및 시찰개요
2. 방비상황	8. 피해 개관
3. 구조상황	9. 수해사망자 추모회
4. 뚝섬 수원지	10. 수해에 관한 이야기
5. 노량진 수원지	11. 의연(義捐)상황
6. 수해와 위생 시설	12. 수해사무 종사자 관직, 성명

676) 조선도박요람朝鮮賭博要覽

저자	김찬근(金欑根)	출판연월	1926년 2월
판형	46판	페이지 수	127쪽
발행처	도쿄 저자	소장처	架藏

이 책은 주로 일본 내지에 도항한 조선인 노무자들이 벌이는 도박에 관해 기술한 것이다. 단속상의 견지에서 조선어로 적힌 것을 번역했으며 비매품, 저자 한정판이다.

〈목차〉

제목
제1장 도박의 종류
제2장 도박장 개장
제3장 투전(鬪牋)을 사용하는 도박
제4장 골패(骨牌)를 사용하는 도박
제5장 화투를 사용하는 도박
제6장 윷을 사용하는 도박
제7장 돈치기
제8장 그 외 도박
(부록) 조서(調書)를 쓸 때 필요한 조선어

677) 조선 무산계급 연구朝鮮無産階級研究

저자	후지이 주지로(藤井忠治郞)	출판연월	1926년 9월
판형	46판	페이지 수	257쪽
발행처	경성 제국지방행정학회 조선본부	소장처	도쿄경제대학

이 책은 저자가 재한 20년을 기념하여 출판한 것이다.

그동안 통역으로서, 또한 빈곤한 한 명의 전도자傳道者로서 조선인과 깊이 접촉하였습니다. 특히 하급 빈민과 친밀히 지내며 숙식을 함께 하였던 탓에 다소 하층사회의 실정을 알 수 있었습니다. 그러나 본래 배운 것이 없고 재능이 짧아 저술 같은 것을 할 만한 분수가 아닙니다. (…중략…) 오류, 두찬, 모순, 당착. 돌이켜보면 식은땀이 날 따름입니다만, 재조선 · 만주 20년을 기념하고 싶어서 저의 소우疎愚를 감히 공개할 따름입니다. 자서

〈목차〉

제목	제목
제1장 지방 하층사회	제12장 공창
제2장 농촌 빈민의 생활상황	제13장 사창
제3장 소작문제	제14장 노예제도
제4장 교육상태	제15장 빈곤과 보건
제5장 지방 하층사회의 오락	제16장 객주
제6장 내선빈곤의 표준	제17장 종교와 미신
제7장 생활문제	제18장 관혼상제
제8장 금융기관	제19장 기아
제9장 직업	제20장 걸식
제10장 빈곤의 원인	제21장 특수아동
제11장 기생(예기)의 내적 생활	제22장 조선의 인구동태와 유아사망률

678) 최근 조선의 풍수해近年に於ける朝鮮の風水害

저자		출판연월	1926년 12월
판형	46배판	페이지 수	264쪽
발행처	인천 조선총독부 관측소	소장처	舊 경성제국대학

1923년 여름과 1925년 여름, 조선반도를 덮친 호우는 막대한 피해와 미

증유의 참화를 일으켰다.

옛날부터 조선에서는 매년 홍수의 손해를 입지 않은 적이 거의 없지만, 이를 천재天災라고 부르며 관망했다. 그저 겨우 몇몇 당사자가 강구講究할 따름이었다. 그러나 최근 치수, 방수의 목소리가 높아졌고 그 필요성이 널리 알려짐에 따라 이에 '최근 조선의 풍수해'를 조사, 편찬하여 반포하기로 했다. 풍수해의 원인을 연구할 때 참고에 이바지하고 피해 경감에 일조할 수 있다면 정말 다행일 것이다. 권두

〈목차〉

제목
1923년 대동강의 홍수
1923년 서조선 연안의 해일
1925년 9월 7일의 폭풍우
1925년 7월 중순 한강 유역의 대홍수
1925년 7월 중순 낙동강 유역의 홍수
부록

8. 교육

679) 제2회 관공립 보통학교 교감회의요록

第二回官公立普通學校敎監會議要錄

저자		출판연월	1909년 2월
판형	국판	페이지 수	127쪽, 부록 73쪽
발행처	경성 한국정부 학부	소장처	舊 경성제국대학

1908년 7월15일부터 21일까지 관공립 보통학교 교감을 소집하여 관립사범학교에서 회의를 열었다. 이번 분기의 중요 항목을 집록했으며, 부록으로 통감의 내훈 및 기타 관계 사항 중 중요한 것을 실어 훗날 참고에 이바지하고자 하였다. 권두

〈목차〉

제목
제1 출석원 성명
제2 학부대신 훈시
제3 학부차관 훈시
제4 자문 및 답신
제5 협의사항 및 협의의 개요
제6 희망사항 및 그 진술
제7 주의사항 및 그 설명
제8 학부대신 폐회 인사
부록

680) 한국교육韓國敎育

저자		출판연월	1909년 9월
판형	국판	페이지 수	36쪽
발행처	경성 한국정부 학부	소장처	일본 국회도서관

〈목차〉

제목
제1장 총설
제2장 초등교육
제3장 고등교육
제4장 실업교육
제5장 여자교육
제6장 소관 외 학교
제7장 사립학교
제8장 학회
제9장 서당
제10장 일본국 유학생

681) 한국교육의 과거와 현재韓國敎育ノ旣往及現在

저자		출판연월	1909년 12월
판형	국판	페이지 수	83쪽
발행처	경성 한국정부 학부	소장처	舊 경성제국대학

본편은 올해 4월 신임 한성부 및 각 도의 교육주무, 주사를 학부에 소집하여 4월 27일부터 5일 동안 다와라俵孫一[125] 학부 차관이 행한 특별 훈시에 기초한 것이다. 한국교육의 과거와 현재의 경과 및 시설의 상황을 자세히 알

125 다와라 마고이치(1869~1944) : 시마네 출신으로 제1고등학교, 도쿄제국대학 법과대학을 졸업했다. 1907년 대한제국 학부차관에 임명되었고, 1910년 토지조사국 부총재에 취임했다.

수 있으므로, 이를 인쇄에 부쳐 일반의 참고에 이바지하고자 한다. 권두

〈목차〉

제목	제목
제1장 한국교육의 연혁	제8장 교과용 도서
제2장 한국교육의 현황	제9장 학교 재원
제3장 보통학교	제10장 학교와 객사(客舍), 향교의 관계
제4장 실업학교	제11장 교육공적자 표창
제5장 사립학교	제12장 황태자 전하의 도한기념 하사금 교육장려비의 건
제6장 부령 개정의 준비	제13장 도 교육주사의 집무 주의사항
제7장 여자교육의 상황	

682) 한국교육과 경찰행정韓國教育ト警察行政

저자		출판연월	1909년
판형	국판	페이지 수	17쪽
발행처	경성 한국정부 학부	소장처	舊 경성제국대학

'융희 3년 9월 17일 경찰부장 회의 석상에서의 다와라 학부 차관 훈시연설 요령'이라는 부제가 붙어있으며 '기밀'로 취급되었다.

〈내용〉

제목	제목
마쓰이(松井)[126] 경무국장의 개회사	학도의 입학상황
교육열 발흥의 시기	사립학교령의 주안
교육열 발흥의 원인	
잘못된 교육방법	감독권 행사의 방침
사립학교에 대한 학부의 방침	교과용 도서에 대한 단속
외국선교사에 대한 오해	인가권으로 학교를 도태시키는 것은 불가함

제목	제목
사립학교령과 외국선교사 설립의 사립학교	인가미출원의 사립학교
교육과 종교	교과용 도서
교육의 진짜 의의	기부금품의 모집
모범학교	학교 분쟁
보통학교 졸업생의 전도(前途)	사립학교의 일본인 교원

683) 한국교육의 현상韓國教育ノ現狀

저자		출판연월	1910년 7월
판형	국판	페이지 수	70쪽
발행처	경성 한국정부 학부	소장처	架藏

이 책은 한국교육의 현 상황에 대한 설명서다. 권두에 당시의 학부차관 다와라 마고이치는 다음과 같이 서술하고 있다.

> 본편은 올해 6월 대신大臣회의 석상에서 한국교육의 대요를 연술演述하기 위해 생각해 둔 것이지만, 주장하려는 바가 많아 도저히 단시간에 완료하는 것이 불가능했고 연술도 그만두었다. 다만 강연 필기에만 기초하여도 한국의 현 상황을 소상히 알기에 부족함이 없다고 믿기에 이를 인쇄에 부쳐 일반의 참고에 이바지하고자 한다. 권두

126 히로시마 출신으로 도쿄제국대학 법과대학 연구과에서 경찰법을 연구했던 마쓰이 시게루(松井茂, 1866~1945)를 말한다. 청일전쟁 직전에 내무성에 들어갔고, 경보국 경무과장, 경시청 제1부장 등을 역임했다. 히비야방화사건의 진압을 지휘했다. 1907년에는 대한제국 내부 경무국장에 취임했다. 경시청 신설을 비롯한 경찰기구 입안을 담당했다.

〈목차〉

제목
제1장 총론
제2장 보통교육
제3장 고등교육
제4장 사립학교
제5장 결론

684) 공립보통학교교원 강습회 강연집公立普通學校教員 講習會講演集

저자		출판연월	1915년 12월
판형	국판	페이지 수	506쪽
발행처	경성 조선총독부 학무국	소장처	舊 경성제국대학

이 책은 올해 5월 개최된 조선공립보통학교 내지인 교원강습회 중 주요한 강연을 집록한 것으로서 인쇄하여 집무의 참고에 이바지하고자 한다. 권두

〈목차〉

제목	제목
조선교육방침 (세키야 데이사부로(關屋貞三郎))[127]	풍속관습(다카하시 도루(高橋亨))[128]
조선교육법규(유게 고타로(弓削幸太郎))[129]	「조선의 실업」
교수훈련에 관한 사항 (아키야마 데쓰타로(秋山鉄太郎))	농업(나카무라 히겐(中村彦))
교과서 취급상의 주의 (나카무라 이치에이(中村一衛))	상업(아오키 가이조(青木戒三))[130]
조선지리 및 역사 (우에다 슌이치로(上田駿一郎))	공업(도요나가 마리(豊永眞理))[131]
국어교수법(야마구치 기이치로(山口喜一郎))[132]	수산업(이쿠타 세이자부로(生田清三郎))[133]

제목	제목
조선어(현헌(玄櫶))[134]	잠업(미야바라 다다마사(宮原忠正))
「조선사정」	임업(모토오카 에이지로(本岡栄次郎))
행정조직(후지타 쓰구오(藤田嗣雄))[135]	
재정(이리에 가이헤이(入江海平))[136]	조선의 기상(히라타 도쿠타로(平田德太郎))[137]
경무기관(나카노 아리미쓰(中野有光))[138]	조선역사(오다 쇼고(小田省吾))[139]

127 세키야 데이사부로(1875~1950) : 도쿄제국대학 법과대학을 졸업하고 고등문관시험에 합격했다. 대만총독부 참사관을 지냈으며 관동도독부 사무관 및 민정서장을 지냈다. 1910년 10월 조선총독부 학무국장으로 부임했다.

128 다카하시 도루(1878~1967) : 제4고등학교를 졸업하고 도쿄제국대학에서 한문을 전공했다. 1903년 대한제국의 초빙을 받아 시데하라 다이라(幣原坦)의 후임으로 관립중학교의 교사가 되었다. 1911년 경성고등보통학교 교유가 되었고, 조선총독부의 종교조사 및 도서조사의 촉탁으로 임명되었다. 보통학교용 언문철자법 회의에도 관계했다. 1926년 경성제국대학 교수로 취임하고 법문학부의 조선어학문학 제1강좌를 담당했다.

129 유게 고타로(1881~1957) : 오카야마 출신으로 일본법률학교(니혼대학의 전신)를 졸업했다. 1904년 고등문관시험에 합격했고, 조선총독부 서기관으로 근무했다. 『조선의 교육』(1923), 『조선시정사』(1943) 등의 책을 썼다.

130 아오키 가이조(1880~?) : 도쿄제국대학 법과대학과 대학원에서 공부했다. 고등문관시험에 합격하고 통감부 서기관, 조선총독부 서기관, 농상공부 수산과장, 철도국장, 전매국장 등을 역임했다. 1925년부터는 전라북도지사, 평안북도지사 등을 지냈다.

131 도요나가 마리(1861~?) : 야마구치 출신으로 고마바농학교(駒場農學校)를 졸업하고 독일에 유학했다. 귀국 후 도쿄제국대학 농과대학 교수에 취임하고 1906년 5월 한국에 건너가 농상공부 기사, 농림학교 주임을 맡았다. 강제병합 이후 조선총독부 중앙연구소장 겸 공업전습소장에 취임했다.

132 야마구치 기이치로(1872~1952) : 일본어 교육자로 이시카와 출신이다. 이시카와현심상사범학교를 졸업하고 1897년부터 대만, 1911년부터 조선, 1925년부터 뤼순과 펑톈, 1938년부터 베이징, 1944년부터 다롄 등지에서 일본어를 가르쳤다.

133 이쿠타 세이자부로(1884~1953) : 도쿠시마 출신으로 주오대학 법학원을 졸업하고 고등문관시험과 변호사 시험에 합격했다. 1906년 1월 한국으로 발령을 받아 통감부 서기관, 대한제국 내무부 서기관, 농상공부 서기관을 역임했다. 강제병합 이후 조선총독부 서기관, 사무관, 식산국 수산과장, 상공과장을 거쳐 1923년 총독부 외사과장에 취임했다. 평안북도지사를 역임했으며, 내무국장, 중추원 서기관장, 경성부윤, 경기도 지사 등을 지냈다.

134 현헌(1880~1939) : 유명한 친일 이론가 현영섭의 아버지로서 관립한성일어학교를 졸업하고 조선총독부 학무국 시학관을 지냈다. 중추원 참의에 임명되었고 동민회의 이사도 맡았다.

135 후지타 쓰구오(1885~1967) : 도쿄제국대학 법과대학을 졸업하고 조선총독부에서 근무했다. 육군성에서 근무하면서 군제사 연구에 몰두했다.

136 이리에 가이헤이(1881~1938) : 도쿄제국대학 법과대학을 졸업하고 통감부 촉탁으로 임명되었다. 조선총독부 서기관, 총무부 회계국 경리과장, 탁지부 이재과장 등을 역임했다. 1923년에 퇴관하고 남만주철

685) 조선교육론朝鮮敎育論

저자	시데하라 다이라(幣原坦)	출판연월	1919년 2월
판형	국판	페이지 수	414쪽
발행처	도쿄 육맹관(六盟館)	소장처	도쿄경제대학

저자는 사학자로서 한국정부 학정참여관을 지냈으며, 이후 타이페이제국대학臺北帝國大學 총장을 역임했다. 조선통으로 알려졌으며 『일러간지한국日露間之韓國』1905, 436번 항목 참조을 비롯해 많은 저서가 있다.

저자는 일찍이 세계의 식민지에 발을 디뎠고, 또한 남만주철도회사의 부탁에 따라 우리 만주의 발전을 목격했다. 그러나 이번 시찰과 같이 흥미로운 경험은 아마도 일생을 통틀어 다시 없으리라 생각한다. 귀국 후 흥미진진했던 경험을 잊어버릴 수 없어 휴가 중 생각나는 그대로를 필기한 것이 한 권의 책

도주식회사 이사에 취임했다.

137 히라타 도쿠타로(1880~1960) : 1904년 도쿄제국대학 이학부 실험물리학과를 졸업하고 중앙기상대에 들어갔다. 1910년 10월 조선총독부 관측소 기사, 1915년 동 소장으로 발령받았다.

138 나카노 아리미쓰(1865~1939) : 화불법률학교(和佛法律學校)를 졸업하고 고등문관시험에 합격했다. 야마나시, 오사카, 도야마 등지에서 경찰로 근무했고, 1909년 한국에 건너가 경시로 부임했다. 1919년 1월 관동도독부 사무관, 다롄 민정서장으로 취임했다.

139 오다 쇼고(1871~1953) : 미에 출신으로 1899년 도쿄제국대학 사학과를 졸업했다. 1908년 대한제국의 초빙을 받고 교육행정에 종사했다. 1918년 중추원 편찬과장에 임명되어 조선반도사 편찬사업을 주도했다. 1923년 조선사학회를 설립하고, 1924년 경성제국대학 교수로 임명되었다. 1925년에는 조선사편수회 위원이 되었다.

자가 되었다. (…중략…) 이 책자를 졸저 『식민지교육』 및 『만주관』의 자매편으로 삼고자 한다. 서언

〈목차〉

제목
제1장 총설
제2장 조선인 교육 각설
제3장 내지인 교육
부록

686) 조선인교육 사립 각종학교 상황朝鮮人敎育私立各種學校狀況

저자		출판연월	1920년 12월
판형	국판	페이지 수	69쪽
발행처	경성 조선총독부 학무국	소장처	架藏

조선의 사립학교조선인 교육 개황 조사다.

〈목차〉

제목
제1 연혁
제2 현상
제3 지도 감독
제4 통계표 및 분포도
제5 학교 실황 예시
부1 서점
부2 사립학교규칙, 서당규칙

687) 소요와 학교騷擾と學校

저자		출판연월	1920년 12월
판형	국판	페이지 수	25쪽
발행처	경성 조선총독부 학무국	소장처	架藏

이 책은 1919년 3월, 한국 전체에 파급된 학생소동에 관한 조선총독부 학무국의 조사보고이며 기밀로 취급되었다.

〈목차〉

제목		제목	
제1 1919년 3월 조선인학생소요의 전말		부	재내지(在內地) 학생의 소요
1	소요 발발의 순서	제2 소요 후 최근의 학교 생도 상황	
2	학생이 소요에 관계하는 이유	1	1919년 천장절(天長節) 축일 전후 학교 생도의 불온한 상황
3	소요 전 총독부가 채택한 처치	2	소요 발발 1주년 전후의 학교 생도 상황
4	사건의 경과 및 참가학교의 상황	3	올해 봄 이래 학교 생도의 동정
5	소요에 관해 총독부가 채택한 처치		

688) 증보문헌비고 학교고增補文獻備考 學校考

저자		출판연월	1920년 12월
판형	국판	페이지 수	246쪽
발행처	경성 조선총독부 학무국	소장처	架藏

『문헌비고』는 한나라 마단림馬端臨의 『문헌통고』를 본떠 영조 46년에 편찬한 것으로, 조선 고금의 문물제도 전체를 망라한 조선 연구의 백과사전이라 할 수 있다. 처음에는 『동국문헌비고』라 이름 짓고 13고로 나누었으나, 정조 때에 7고를 증보하여 20고가 되었고, 고종에 이르러 16고로 개정

하여 1908년에 재판하였다. 곧 『문헌비고』250권 50책다. 「학교고」는 증보문헌비고 중 학學 및 교校에 관한 사항을 일본어로 번역한 것이다.

〈목차〉

제목	제목	제목
1. 태학(1)	4. 행학(幸學), 부(附) 대사(大射), 부(附) 입학	7. 잡고
2. 태학(2)	5. 홍학(興學), 부(附) 배양(培養), 부(附) 벽이(闢異)	8. 사학(四學), 속(續) 각 학교, 향학, 부(附) 서원
3. 문묘, 부(附) 계성사(啓聖祠)	6. 학관, 부(附) 학령	9. 사원 총론, 부(附) 현재 서원

689) 조선의 교육제도략사朝鮮の教育制度略史

저자		출판연월	(1920년)
판형	국판	페이지 수	25쪽
발행처	경성 조선총독부 학무국	소장처	架藏

이 책은 문학박사 다카하시 도루高橋亨, 당시 조선총독부 시학관, 이후 경성제국대학 교수에게 집필을 의뢰하여 학무국이 간행한 것이다. 다카하시 도루 씨의 약전略傳 및 업적에 대해서는 하권 1022번 항목 참조.

〈목차〉

제목
1. 고려의 교육제도
2. 이조의 교육제도
3. 갑오년 이후의 학제

690) 내지인 교육의 상황内地人教育の狀況

저자		출판연월	1921년 1월
판형	국판	페이지 수	22쪽
발행처	경성 조선총독부 학무국	소장처	架藏

조선의 내지인 교육에 대해 ① 일청전쟁 이전, ② 일청전쟁 이후부터 통감부 설치까지, ③ 통감부시대, ④ 조선총독부 설치 이후의 4기로 나누어 기술한 것이다. 기밀로 취급되었다.

〈목차〉

제목	제목
1. 연혁	5. 고등여학교
2. 학제	6. 실업학교
3. 소학교	7. 전문학교 및 각종학교
4. 중학교	8. 교육비

691) 국어 보급의 상황國語普及の狀況

저자		출판연월	1921년 1월
판형	국판	페이지 수	9쪽
발행처	경성 조선총독부 학무국	소장처	架藏

조선인에게 국어일본어-역자 주를 보급하는 것은 통치상 중요한 업무의 하나로 시정 이래 특히 총독부가 뜻을 두었던 바다. 지금은 조선인이 사회상 상당한 지위를 점하기 위해서는 국어를 이해하는 것이 일대 요건이 되었다. 이하에 국어 보급에 관한 시설과 그 효과를 약술하였다. 권두

이 책의 표지에는 '비秘'라는 붉은 도장이 찍혀 있다.

〈목차〉

제목	제목
1. 국어보급의 시설	2. 국어 보급의 상황
여러 학교에서 국어를 중시하는 일	조선인 중 국어를 이해하는 자의 숫자 표
국어강습회를 개최하는 일	조선인 중 국어를 이해하는 자의 인구 대비율 표
서당에 국어를 보급하는 일	
국어 보급에 한층 더 많은 도서를 출판하는 일	

692) 재내지 조선학생 상황在內地朝鮮學生狀況

저자		출판연월	1921년 1월
판형	국판	페이지 수	22쪽
발행처	경성 조선총독부 학무국	소장처	架藏

일본 내지에 유학하고 있는 조선인 학생 조사서다. 수치는 1920년 10월까지의 통계를 사용하였다. 기밀로 취급되었다.

〈내용〉

제목
일반상황
귀환학생 상황
(표) 이수학과별 관비·사비생 표, 재학 학교 종별 학생 누년(累年) 통계표, 정규자격입학자 학교별 표, 출신도별 표, 독학부(督學部)에서 입학방법을 소개한 학과별 표, 학생이동 표, 고등보통학교 졸업자 내지 이수자 표.

693) 조선교육의 연혁朝鮮教育ノ沿革

저자		출판연월	1921년 10월
판형	국판	페이지 수	22쪽
발행처	경성 조선총독부 학무국	소장처	架藏

〈목차〉

제목
제1장 병합 이전의 교육
제1기 구시대 교육
제2기 과도시대 교육
제3기 보호시대 교육
제2장 병합 이후의 교육
(부록) 조선인 학제 계통도

694) 조선의 교육朝鮮の教育 – 선만총서 제9권鮮滿叢書第九卷

저자	유게 고타로(弓削幸太郎)	출판연월	1923년 5월
판형	46판	페이지 수	310쪽
발행처	도쿄 자유토구(討究)사	소장처	架藏

이 책은 『선만총서鮮滿叢書』 상권 50번 항목 참조의 제9권으로 간행된 것이다.

저자는 오카야마현 사람으로 니혼대학日本大学을 졸업하고 1911년 총독부 학무과장이 되었으며 이후 철도부장을 역임했다.

> 조선 병합 후 처음 10년 동안 조선총독부에 재직하며 오로지 조선의 교육 행정에 종사했다. 이 기간은 우리나라의 교육사에서 중요한 시기였다. 나는 그동안의 경험을 기록해 두는 것이 내가 가진 하나의 의무라고 믿는다.

이것이 이 소저小著를 시도한 이유다. 자서

〈목차〉

제목
제1장 서론
제2장 조선 구시대의 교육
제3장 보호정치시대의 교육
제4장 병합 후 제1기 교육
제5장 병합 후 제2기 교육
제6장 내지인의 교육
제7장 교과서 편찬
제8장 결론

9. 민속

695) 조선야담집朝鮮野談集

저자	아오야기 쓰나타로	출판연월	1912년 1월
판형	국판	페이지 수	362쪽
발행처	경성 조선연구회	소장처	架藏

아오야기 쓰나타로호는 난메이 및 그 사업에 대해서는 상권 47번 항목 참조.

이 책은 반도 천 2백만 인의 강호江湖 속에 담긴 야담, 속전俗傳 100여 편을 수집·편찬한 것으로, 폭소가 터지는 해학과 진기한 이야기도 있고 소설에 버금가는 재미있는 읽을거리도 있다. 일종의 오락적인 읽을거리지만 독자에게 이야기 속에 숨겨진 반도의 풍속, 습관을 알려주는 기능도 있다. 사회생활 이면의 상태를 유감없이, 그리고 대담하게 폭로하여 작은 꾸밈이나 겉치레도 없는 적나라한 민중의 본모습을 볼 수 있다.서

[목차] '삶은 돼지고기를 들고 밤중에 신교神交를 찾아가다' 외에 193편의 야담을 수록했다.

696) 조선의 미신과 속전朝鮮の迷信と俗傳

저자	나라키 스에자네(楢木末實)	출판연월	1913년 10월 1919년(재판)
판형	46판	페이지 수	187쪽
발행처	경성 신문사	소장처	도쿄경제대학

구비, 미신 및 속전 등을 바탕으로 조선인의 인정, 풍속, 습관을 잘 살필 수 있다. 내가 수년 동안 모은 것이 500여 편 이상이었기에 친우 △△군에게 보여주었더니 꼭 출판하라고 하여 이번에 그 희망대로 인쇄하게 되었다. 조선에서 사업에 종사하는 여러 현사賢士에게 참고의 일단이라도 제공할 수 있다면 좋겠다. 서언

〈목차〉

제목	제목	제목	제목
천변지이	초목	식사	결혼과 출산
기절(期節)	금석	꿈	질병
조수(鳥獸)	산천	인체	잡(雜)
어개(漁介)	의복	묘지	(부록) 미신이야기
곤충	가옥과 가구	신불(神佛)	

697) 조선풍속집朝鮮風俗集

저자	이마무라 도모(今村鞆)	출판연월	1914년 11월 1915년 10월(재판)
판형	국판	페이지 수	500쪽
발행처	경성 사도관(斯道館)	소장처	도쿄경제대학

저자는 1870년 9월생으로 도사土佐의 다카오카초高岡町 출신이다. 기후현 우메즈梅津 군장을 지냈으며, 1908년 7월 충청북도 경찰부장으로 부임했다. 강원도 경찰부장, 경성 남부경찰서장, 제주도사司, 원산부윤, 이왕직 서무과장 등을 역임했으며 1925년 3월 퇴관했다. 이후 조선사편수회, 중추원, 전매국, 철도국 등의 촉탁으로 문필에 종사했다.

호는 나염螺炎이며, 저서로는 『역사민속 조선만담』1928, 『배의 조선船の朝鮮』1930, 『나염 수필, 코를 어루만지며』1940를 비롯하여 『인삼신초人蔘神草』1933, 『조선의 성명, 씨족에 관한 연구조사』1934, 『인삼사人蔘史』 1~5권 1934~1940, 『부채, 좌승, 격구, 호리병扇, 左繩, 打毬, 匏』1937, 『이조실록 풍속관계자료촬요』1939, 『고려 이전의 풍속관계자료촬요』1940 등 많은 편저가 있다.

> 나는 1908년 여름 조선으로 건너갔는데 (…중략…) 그 시절은 서무 창업이 한창이던 시기로, 어떻게 하면 직무의 집행이 민도民度와 조화를 이룰 수 있을까 고심한 것이 한두 번이 아니었다. 나는 이때부터 조선의 풍속, 관습을 알고 이해할 필요가 있음을 절실히 느끼고 이후 격무 중에도 여가를 할애하여 연구, 조사하였다. 그 결과 중 일부는 신문, 잡지에 게재하거나 공회에서 강연하여 세상에 발표하였다. 그 취지는 조선연구의 취미를 세상에 고취하고 아울러 나의 의견을 다른 사람이 참고할 수 있도록 하는 것이었다. 지금 다시 같은 목적으로 옛 원고를 개정하고 또 새로이 조사한 것을 더하여 조선풍속집이라는 책으로 편찬하여 인쇄에 부쳤다. 자서

〈목차〉

제목	제목	제목
조선인의 미풍	관리에 대한 송덕(頌德)행위	조선인의 출산
조선의 사회계급	조선인에 대한 관명의 효과	조선인의 미신과 종교
조선의 특수부락	조선의 효녀 · 열녀	묘지에 관한 미신 및 폐해
조선의 관례 · 혼례	조선의 연중행사	조선인의 꿈점에 관하여
조선의 장의	조선의 노름	조선인의 민간치료법, 주술과 미신
조선의 제식	조선의 계	조선의 속전
조선인의 친족관계	조선의 숙박시설	호랑이에 관한 미신 속전
이조의 관제	조선의 전당포 및 대금업	조선의 미신업자
이조의 형사경찰	조선의 매춘부	조선인의 복장
이조의 관리법	조선의 과부	충청북도 농사일반
조선인의 범죄	조선의 노비	

698) 조선 위생풍습록朝鮮衛生風習錄

저자		출판연월	1915년 10월
판형	46판	페이지 수	231쪽
발행처	경성 조선총독부 경무총감부	소장처	架藏

조선의 위생풍습을 아래 목차처럼 여섯 항목으로 나누어 집록한 것으로, 각 도의 경찰부 조사를 기초로 편찬한 것이다. 각 항목 옆에는 해당 풍습이 시행된 지방의 이름을 첨부했다.

경무부 보고 중 위생 이외에도 참고로 할 만한 사항이 많았지만, 이 책의 목적은 오로지 위생에 관한 것만을 발췌하는 점에 있었기에 유감스럽게도 많은 부분을 생략했다. 다만 특수한 것은 부록으로 실었다. 범례

〈목차〉

제목
제1장 격언편
제2장 속담편
제3장 민간치료편
제4장 미신요법편
제5장 관행편
제6장 일반풍습편
부록
무녀 기도의 실황(사진 2장)

699) 조선인의 의식주朝鮮人の衣食住

저자	무라카미 다다키치(村上唯吉)	출판연월	1916년 7월
판형	46판	페이지 수	109쪽
발행처	경성 야마토(大和)상회출판부	소장처	架藏

이 책은 제8사단 군의부가 조사한 『조선인의 의식주 및 기타 위생』1915, 등사판 반지(半紙) 190장의 의식주 부분을 요약한 것으로, 조선총독부 촉탁 무라카미 다다키치가 편찬·출판한 것이다.

이 책은 1912년 봄부터 만 2년간 조선에 주둔한 제8사단 군의부장 사카모토 다케시坂本武司 씨가 소속 부대의 군의 22명에게 명하여 조선인의 의식주를 조사하게 한 자료를 날실로 삼고, 조선총독부의 산업 통계를 씨실로 하여 각종 실견實見 자료를 모아 편찬한 것이다. (…중략…) 이를 등사판으로 만들었으나 이러한 유익한 조사를 헛되이 군아軍衙의 바구니 바닥에 매몰시키는 것은 대단히 안타까운 일이기에 특별히 허가를 받아 약간의 자료와

편자의 몇몇 지식을 덧붙여서 출판한다. 예언

〈목차〉

제목	제목	제목
제1장 의(衣)	제2장 식	제3장 주
제1항 개설	제1항 개설	제1항 개설
제2항 의류	제2항 주식	제2항 가옥의 주위
제3항 신발	제3항 부식	제3항 구조와 구별
제4항 침구	제4항 식사 횟수와 섭취량	제4항 가옥과 각 지방
제5항 모자	제5항 간식품	제5항 목욕
제6항 우비	제6항 기호품	
제7항 머리카락	제7항 식료와 농산물	
제8항 세탁	제8항 식료와 수산물	
제9항 직물의 바탕색	제9항 주방	
제10항 의복과 재료	제10항 물	

700) 조선의 기담과 전설朝鮮の奇談と傳說

저자	야마자키 겐타로(山崎源太郎)	출판연월	1920년 9월
판형	46판	페이지 수	222쪽
발행처	경성 우쓰보야(ウツボヤ)서점	소장처	도쿄경제대학

저자의 호는 일성日城으로 『경성일보』 기자였다. 1903년에 한국으로 건너가 조고계操觚界에 들어갔으며 조선의 민정 연구에 뜻을 두었다.

분수에 넘치는 일을 기획하여 종래 수집하고 의역意譯했던 이야기들을 간행하게 되었습니다. 발행의 경위

〈목차〉

제목
발행의 경위
사담, 신화
관인기질
부자, 사제
장삼이사(張三李四)의 기담, 귀신 이야기

701) 조선의 우군朝鮮のみかた

저자		출판연월	1921년 6월
판형	46판	페이지 수	152쪽
발행처	경성공립보통학교장회	소장처	도쿄경제대학

우리는 직무 관계상 일상적으로 접촉하는 조선인에게 진실한 이해와 깊은 동정을 표합니다, 그러나 우리 사업은 주위의 불건전한 공기 탓에 거듭 파괴되었고, 책무를 다할 수 없었음을 진정 유감스럽게 생각합니다. 이에 부내 공립보통학교 교장회에서 내선인의 친선과 융화를 위해 연구 조사한 것이 이 작은 책입니다. 심심한 찬조를 얻어 인쇄에 부치게 되었습니다.서언

〈목차〉

제목
제1장 가족제도
제2장 불교주의
제3장 일상생활
제4장 결론
부록

702) 조선인朝鮮人

저자	다카하시 도루(高橋亨)	출판연월	1921년 11월
판형	국판	페이지 수	71쪽
발행처	경성 조선총독부 학무국	소장처	架藏

이 책은 문학박사 다카하시 도루가 『일본사회학원연보』 제4년 제3·5합병호1917.6에 수록한 논문에 「제4 후론後論」을 추가하여 학무국에서 간행한 것이다.

〈목차〉

장	제목	장	제목
제1장	총설	제2장	각론
	지리적 고찰		사상의 고저(固著)
	지질적 고찰		사상의 종속
	인종적 고찰		형식주의
	언어적 고찰		당파심(黨派心)
	사회적 고찰		문약(文弱)
	역사적 고찰		심미관념의 결핍
	정치적 고찰		공사혼동(混淆)
	문학 및 미술적 고찰		관(寬)
	철학적 고찰		응양(鷹揚)
			종순
			낙천적
	종교적 고찰	제3장	여론(余論)
	풍속관습에 관한 고찰	제4장	후론(後論)

703) 조선인의 연구朝鮮人の硏究 – 세계팸플릿통신世界パンフレット通信

저자	오사무 다케즈(納武津)(述)	출판연월	1923년 8월
판형	46판	페이지 수	51쪽
발행처	경성 세계사조연구회	소장처	架藏

이 책은 세계사조연구회(회원조직, 정기 6책 발행)의 팸플릿 제36회로 발간되었다.

이 한 편을 읽으면 우리 일본인의 조선인에 대한 태도에는 고칠 점이 많다는 것을 배울 수 있다. 우리는 이 책을 바탕으로 동포인 조선인을 더욱 깊이 연구해야 할 것이다. 편자

〈목차〉

제목
1. 조선인의 혈통과 체형
2. 조선인의 성정과 습속
3. 조선인의 경제생활
4. 조선인의 문화
5. 일선교통사요(史要)

704) 조선동화집朝鮮童話集 – 조선민속자료 제2편朝鮮民俗資料第二編

저자		출판연월	1924년 9월
판형	46판	페이지 수	180쪽
발행처	경성 조선총독부	소장처	架藏

조선민속자료 제1편 『조선의 수수께끼朝鮮の謎』에 뒤이어 간행된 것이다.

다나카 우메키치田中梅吉, 학무국, 훗날 경성대학 교수[140]가 집필한 것으로서 조선 동화 25편을 실었다.

〈목차〉

제목	제목	제목
1. 물속의 진주	10. 똑똑한 바보	19. 금도끼 은도끼
2. 원숭이 재판	11. 거북 사신	20. 가여운 아이
3. 혹 떼고 혹 붙이기	12. 두꺼비의 보은	21. 겁쟁이 호랑이
4. 술을 싫어하는 토끼와 거북과 두꺼비	13. 호기심 넘치는 맹인	22. 세 개의 열매
5. 추위 속의 복분자	14. 종 치는 까치	23. 대게 퇴치
6. 검은 구슬과 노란 구슬	15. 세 개의 구슬	24. 호랑이의 천벌
7. 꾀 많은 토끼	16. 은혜 모르는 호랑이	25. 놀부와 흥부
8. 말하는 거북	17. 부모를 버리는 남자	
9. 선녀의 날개옷	18. 개구리와 여우의 지혜 겨루기	

705) 조선동화집朝鮮童話集

저자	나카무라 료헤이(中村亮平)	출판연월	1926년 2월
판형	국판	페이지 수	558쪽
발행처	도쿄 부산방(富山房)	소장처	架藏

나는 조선에 건너와 이처럼 아름다운 이야기가 많다는 것을 알고 너무나 기쁘게 여겼습니다. 많은 이야기 중에 아름다운 것, 기분 좋은 것, 조선다운 것을 골라 제 나름대로 나열하여 기록했습니다. 머리말

140 다나카 우메키치(1883~1975) : 도쿄제국대학을 졸업하고 경성제국대학, 아이치대학(愛知大學), 주오대학 등에서 교수를 역임했다. 그림 형제를 중심으로 아동문학을 연구했으며 일본과 독일의 문화교류사에도 관심을 기울였다.

〈목차〉

제목
제1부 동화(43편)
제2부 이야기(2편)
제3부 전설(17편)

706) 조선의 산림과 전설朝鮮の山林と傳說

저자		출판연월	1926년 9월
판형	국판	페이지 수	62쪽
발행처	대구 조선삼림회 경북지부	소장처	舊藏

조선의 산림에는 다양한 전설이 있는데 그중에는 아직 세상에 알려지지 않은 유익한 것들도 적지 않습니다. 따라서 우리 경상북도 삼림조합 연합회는 이번 가을 대구에서 개최되는 경상북도 임산공진회를 기념함과 동시에 애림사상愛林思想 함양에 일조하기 위한 목적을 가지고 널리 조선 내 각지에서 산림에 관한 각종 전설을 이하의 방법으로 현상 모집했습니다. 본편은 응모자들 가운데 가장 우수하다고 여겨지는 것을 선정하여 실은 것입니다. 이를 통해 임업장려에 다소 참고가 될 수 있다면 진실로 행복하겠습니다. 서언

〈목차〉

제목	제목	제목
가래를 베개 삼아	애수(愛樹) 실화	조선 산림과 해충
취적산(吹笛山)의 파수꾼	나무 신	나무꾼과 선녀의 결혼생활
경주의 큰 은행나무	희곡 화산미림(花山美林) 비화	영험한 거대 느릅나무

제목	제목	제목
소나무 혼령의 길 안내	오동나무와 약수	부석사의 이름난 나무와 조림 실행
목신(木神)의 벌	백봉산(栢封山)의 유래	신비한 관엽수 미림(美林)
회화나무의 유래	호호수(虎護樹)의 유래	내가 경애하는 쌍둥이 녹나무
커다란 은행나무와 어머니의 사랑	인령(人靈)의 숲	커다란 은행나무와 애림사상
신목(神木) 전나무의 유래	포산(苞山)의 유래와 현풍읍	300년 전의 조림으로 수해를 막다
격언이 만들어 낸 식림(殖林)과 그 성공	광림산(廣林山)과 호랑이	꿩을 쫓는 노인
조상 소나무와 그 자손	은행나무	신목의 은혜를 잊은 한 마을의 전멸
10여 정보(町步)의 산이 낳은 입신성공 일화	인삼 채취 이야기	조상을 소나무밭에 봉안하자
북천림(北川林)과 이득강(李得江) 공	산에서 태어나 산을 만든 애림가(愛林家)	이름난 느티나무의 신벌
악마 퇴치와 조림(造林)	호랑이와 삼림	조선의 시조 단군(檀君)
조령(鳥嶺)의 영목	나무가 상복을 입었다	

五
자연과학

1. 자연과학

707) 경성 기상일반京城氣像一斑 – 기상집지 제8호 부록氣像集誌第八號附錄

저자	와다 유지(和田雄治)	출판연월	1905년 8월
판형	국판	페이지 수	8쪽
발행처	도쿄 대일본기상학회	소장처	舊藏

이 책은 와다 유지[1]가 기록한 한국의 『기상견문기』를 쓰치야 노부요시土屋宣義가 편집한 것이다.

올해 3월 하순 나는 학정 참여관 시데하라幣原 문학박사의 소개로 경성의 한국관상소를 참관하는 영광을 얻었다. 이에 당시 견문한 개요를 기록하고자 한다. (…중략…) 본디 경성에서 내외인內外人이 기상관측을 실시한 적이 없지는 않으나, 그 대부분은 짧은 기간에 불과했다. 9년이라는 오랜 기간에 걸쳐 실시한 것은 아마도 관상소의 풍운기風雲記 외에는 달리 없을 것이다. 따라서 나는 당시 기록한 내용에 다소의 결점이 있음에도 불구하고 이 좋은 자료를 썩힐 수 없어 그 조사 개요를 기록하여 당사자들에게 배포하고자 한다. 이전에 간행된 한국 인천기상일반과 대조해가며 이 책을 읽는다면 경성·인천 부근의 풍토 일반을 살펴보는 일에 어느 정도 유익하리라 믿는다. 서언

1 와다 유지(1859~1918) : 도쿄대학 이과대학 물리학과를 졸업하고 중앙기상대의 전신인 내무성 지리국 측량과 기상계에서 근무했다. 도쿄물리학강습소의 설립자 중 한 명이다. 러일전쟁 때 인천에 설치된 임시관측소의 소장으로 임명되었고, 이후 조선총독부 관측소 소장을 맡았다. 측우기와 첨성대에 많은 관심을 보였다.

〈목차〉

제목
서언
강우량
강우・강설 일수
각종 현상의 일수

708) 한국 부산기상표韓國釜山氣像表, 1904년

저자		출판연월	1906년 3월
판형	46배판	페이지 수	21쪽
발행처	도쿄 중앙기상대	소장처	일본 국회도서관

본편은 1904년 부산관측소가 기상관측 결과를 표시한 것으로 관측의 시각・방법 등은 일본의 각 측후소測候所의 방식과 완전히 동일하다. 범례

이 책은 1904년 1월부터 12월까지 매달 기압, 기온, 수증기 장력, 온도, 바람의 방향 및 속도, 상층운의 방향 및 속도, 구름의 양 및 모양, 강우・강설량, 바람과 구름의 방향을 관측 횟수, 반순기半旬期 평균 등으로 나누어 기입한 것이다.

709) 한국의 지질 및 광산韓國ノ地質及鑛産 – 지질요보 제1호地質要報第一號

저자	이노우에 기노스케(井上禧之助) 報	출판연월	1907년 3월
판형	국판	페이지 수	219쪽
발행처	도쿄 농상무성	소장처	架藏

이 책은 농상무성 기사 이노우에 기노스케 외 9명의 답사 보고서다. 농상무성 광산국의 '지질요보 제1호'라는 표기가 보이지만, 부제를 건명으로 채록했다.

일러전쟁 당시 만주·한국의 이원 조사를 계획했다. 즉 한국을 다섯 구역으로 구분하여 1904년 12월부터 1906년 1월까지 각기 담당 구역을 정하고, 해당 구역 내의 지질, 광물에 관해 세세하고 정밀한 조사를 시행했다. (…중략…) 본편과 부도附圖는 이러한 답사의 결과를 바탕으로 편찬된 것이다. 그리고 각 조사원의 견해가 반드시 일치하지 않는 것도 있다. 또한 이와 같은 광대한 구역을 짧은 기간에 답사했기 때문에 아직 연구가 부족한 부분도 있다. 따라서 이를 편찬하면서 사견을 더하여 보완한 바가 적지 않다. 만약 한국의 지질 및 광산을 연구·조사하는 자료가 될 수 있다면 행복할 것이다. 서언

또한 본편 부도에 대해서는 『한국지질광산도』 하권 지도 제83를 참조하라.

〈목차〉

	제목		제목		제목
1	편마암(片麻巖)계	10	현무암	8	이탄(泥炭)
2	고생층		제3장 광산		
3	중생층	1	금광		

710) 한국기상표韓國氣像表, 1906

저자		출판연월	1907년 8월부터 1908년 3월까지
판형	46배판	페이지 수	각편 27쪽
발행처	도쿄 중앙기상대	소장처	일본 국회도서관

이 책은 1906년에 인천관측소가 관측한 한국 각지의 기상표다. 중앙기상대장 이학박사 나카무라 기요오中村精男의 서명으로 공개되었다.

본편은 1906년 인천관측소의 기상관측 결과를 표시한 것으로, 관측의 시각·방법 등은 일본 각 측후소測候所의 형식과 완전히 동일하다. 범례

[내용] 각 편은 『용암포龍巖浦기상표』1907.8, 『부산기상표』1907.11, 『원산기상표』1908.2, 『목포기상표』1908.3, 『성진기상표』1908.3, 『인천기상표』1908.3로 각 지방을 나누어 간행되었다.

이후 『조선총독부 기상연보』로 제목을 개정하였고, 다시 한번 『조선총독부 관측소 연보』로 개정하여 계속 간행되었다.

711) 한국관측소 학술보문韓國觀測所學術報文 제1 · 2권*Science Memoirs of the Korean Meteological Obsevatory.* vol. I · II, 1910, 1912

저자		출판연월	1910년 2월 1912년 5월
판형	46배판	페이지 수	일본어 46쪽
발행처	인천 농상공부 관측소	소장처	일본 국회도서관

본 관측소는 1904년 일본정부가 설립한 임시관측소를 계승했으며, 이후 6년이 지났다. 그동안 관측소원의 연구 결과로 얻은 유익한 사항이 적지 않았다. 지금 이를 편찬하여 『학술보문』으로 이름 짓고 차차 권을 거듭해 간행하고자 한다. 본문에 실린 내용은 반드시 기상학에 관련된 것만은 아니다. 본 관측소는 한반도 고대 측후학Science of Observations의 발달 연혁도 조사하여 과학사史의 연구 자료에 이바지하고자 했다. 또한 책 속에 일본어, 영어, 독일어, 불어 등을 채용한 것도 널리 학자에게 편의를 제공하기 위함이다.서언

이 보고문은 권말에 영문 보고문과 도판, 사진을 첨부하였다. 또한 제2권을 『조선총독부 관측소 학술보고문』으로 개정하여 1912년 5월에 소장 와다 유지의 이름으로 간행했다.

〈목차〉

	제목		제목
제1권	1908년 한국기상요람	제2권	한국관측소 사업일반 (무카사 히로미(六笠弘躬))
	세종 · 영조 두 조정의 측우기		1909년 조선기상요람

제목		제목	
	(와다 유지)		
	경주 첨성대의 설(와다 유지)		1909년 조선기상요람
	누각(漏刻)(와다 유지)		조선고금 지진고(와다 유지)
	만주·한국의 물 증발량 (히라타 도쿠타로(平田德太郞))		조선고금 천변지이 연표(증보 문헌 비고 발췌)

712) 조선식물朝鮮植物 상권

저자	나카이 다케노신(中井猛之進)	출판연월	1914년 3월
판형	국판	페이지 수	431쪽, 색인 13쪽
발행처	도쿄 성미당(成美堂)서점	소장처	시카타문고

이 책의 간행은 상권에서 멈춘 것 같다. 저자는 도쿄제국대학 재학 중이던 1906년부터 조선의 식물 연구에 이미 착수하였고, 1907년 도쿄제국대학 이학부를 졸업한 후 식물학 교실에 들어가 교수가 되었다. 1913년에는 조선총독부의 식물조사 촉탁을 위촉받아 조선 각지의 식물을 채집, 조사했다. 그 결과를 『도쿄제국대학기요』에 발표했으며, 『조선삼림 식물편』716번 항목 참조 및 기타 여러 보고서에 공개했다. 1913년 3월에는 「조선식물의 분류학적, 지리분포적 연구」로 이학박사 학위를 받았다.

지금 합병을 맞이한 이때 조선에 어떠한 초목이 있는가를 알고자 하는 것은 모든 사람의 바라는 바일 것이다. 다행히도 나는 이 방면에 약간의 관련 지식이 있기에 이를 평이하고 통속적으로 서술하여 팔도의 초목을 남김없이 연구하기 위한 편의를 도모하고자 했다. 공무·사무의 여가를 할애하여 도해를 수집하고 본서를 완성하여 인쇄에 부쳐 공개한다.자서

〈목차〉

713) 제주도와 완도 식물조사보고서濟州島倂莞島植物調査報告書

저자	나카이 다케노신 報	출판연월	(1914년 4월)
판형	46배판	페이지 수	191쪽
발행처	경성 조선총독부	소장처	시카타문고

이학박사 나카이 다케노신이 조선총독부의 위탁을 받아 제주도와 완도의 식물을 채집, 조사한 결과를 보고한 것이다.

〈목차〉

제목	제목
1. 제주도의 위치	9. 약용식물, 식용식물, 공예용식물
2. 제주도의 성립과 토질(부(附) 사구(砂丘))	10. 이식식물과 그 발육 정도
3. 제주도에 자생하는 현화식물(顯花植物)과 고등 은화식물(隱花植物)의 종류와 그 조선 이름 (부(附) 재배식물(栽培植物) 목록)	11. 제주도 식물연구 약사(略史)
4. 제주도에 자생하는 수목의 종류와 부근 육지에서의 그 지리상 분포	12. 결론
5. 제주도 식물의 유래	(부록) 1. 비양도(飛揚島)의 식물에 관해
6. 제주도 식물 분포 상태	2. 제주도의 견취도(見取圖)
7. 옛 삼림대의 상태	3. 비양도의 견취도
8. 주요 수목과 그 용도	4. 조선・일본의 현무묘(玄武廟) 계통도

714) 지리산 식물조사보고서智異山植物調査報告書

저자	나카이 다케노신 報	출판연월	1915년 3월
판형	46배판	페이지 수	98쪽
발행처	경성 조선총독부	소장처	도쿄경제대학

본서는 이학박사 나카이 다케노신의 조사보고서다.

나는 조선총독부의 지리산 출장을 명받아 지리산 식물의 시찰·채취에 종사하게 되었다. 지리산은 반도 남부의 최고봉을 포함하기에 남부 식물대의 고도에 따른 변화를 목도할 수 있을 뿐만 아니라, 산봉우리 지역 가운데는 아직 도끼질이 미치지 못한 곳이 많다. 또한 산기슭 지역에는 예로부터 유명한 사찰이 여기저기 흩어져 있고 사찰 소유의 산림은 보호받아 왔기에 반도의 중남부 식물대의 고유성을 관찰할 수 있다.서언

〈목차〉

제목
제1장 지리산의 위치·지세 및 등산 도로
제2장 지리산의 기후
제3장 고도에 따른 식물대의 변화
제4장 식물대의 부분적 변화
제5장 지리산 야생식물 목록
제6장 지리산 소생의 목본(木本)식물 이름 검색표
제7장 지리산의 신종식물 및 조선에서 처음 발견된 식물
제8장 지리산 식물대와 일본식물대가 관계 깊음을 논함
제9장 이용 방면에서 본 지리산 식물
제10장 사원 재배식물
(부록) 권두화, 지리산 식물 분포도

715) 조선광천기朝鮮鑛泉記

저자		출판연월	1915년 9월
판형	국판	페이지 수	126쪽
발행처	경성 조선총독부 경무총감부 위생과	소장처	架藏

이 책에 수록한 광천은 작년 봄부터 각지의 헌병 및 경찰관이 조사한 것

이다. 광천수의 성질은 아직 상세하지 않은 것이 많아 반드시 완벽하다고는 하기 어려우나 이것을 표본 삼아 광천의 소재를 쫓는다면 필시 유수의 땅에 이르러 산수의 훌륭한 경치 또한 파악할 수 있을 것이다. (…중략…) 이 책의 간행을 통해 공중위생을 일반 대중에게 소개하는 동시에 지방의 개발에 일조할 수 있기를 바랄 뿐이다. 서언

[내용] 광천 63개소 온천 48개소, 냉천 15개소를 다음 8개 항목으로 조사, 기재하였다.

제목
1. 소재지
2. 지리 및 지세
3. 교통
4. 천의 이름, 질, 온도 및 용출량
5. 숙소 수
6. 욕객(浴客) 개황
7. 설비
8. 비고

716) 조선삼림 식물편朝鮮森林植物編 1~22집 *Flora Syluvatica Koreana*

저자	나카이 다케노신 編	출판연월	1915년 12월 1939년 12월
판형	46배판	페이지 수	각책 50장 내외
발행처	경성 조선총독부	소장처	도쿄대

이 책은 나카이 다케노신 712번 항목 참조 이 1913년 총독부의 위탁을 받아 조선의 식물을 조사하고 그 결과를 순차적으로 보고한 것이다. 1915년에

제1, 2집을 간행하고 이후 계속해서 간행을 거듭하여 1939년 제22집에 이르게 되었다. 각 집은 주요 문헌, 같은 과 식물 연구의 역사와 그 효용, 분류, 형태, 분포, 학명, 일본명과 조선명의 대조표 등으로 나누어 기재되었다. 1972년 국서간행회에서 복각판이 나왔다.

〈목차〉

제목	제목
제1・2집 단풍나무과(槭樹科)	제14집 협죽도과(夾竹桃科)
제3집 참나무과(殼斗科)	제14집 지치과[Boraginaceae](紫草科) 개송양나무과[Cordiaceae]
제4집 조팝나무과(繡繡線菊科)	제14집 마편초과[Pyrenaceae](馬鞭草科), 순형과(唇形科), 가지과(茄科), 현삼과(玄蔘科)
제5집 앵두나무아과[Drupaceae](櫻桃科)	제14집 능소화과(紫葳科), 꼭두서니과(茜草科)
제6집 능금나무과[Pomaceae](梨科)	제14집 국화과(菊科)
제7집 장미과(薔薇科)	제15집 범의귀과(虎耳科)
제8집 진달래과(躑躅科)	제16집 두릅나무과(五加科), 층층나무과(四照花科)
제9집 갈매나무과(鼠李科)	제17집 보리수나무과(胡頹子科), 박쥐나무과(瓜木科), 팥꽃나무과(瑞香科), 이나무[Flacourtiaceae](柞木科), 차나무과(山茶科)
제10집 물푸레나무과(木犀科)	제18집 후추과(胡椒科), 홀아비꽃대과[Chloranthaceae](金粟蘭科), 버드나무과(揚柳科)
제11집 인동과(忍冬科)	제19집 느릅나무과(楡科), 뽕나무과(桑科)
제12집 포도과(葡萄科), 피나무과 [Tiliaceae](田麻科), 담팔수과(膽八樹科)	제20집 대나무과(竹科), 소귀나무과[Myricaceae](揚梅科), 가래나무과[Juglandaceae](胡桃科), 목련과(木蘭科)
	제21집 쥐방울덩굴과 [Aristolochiaceae](馬兜鈴科), 으름덩굴과(木通科), 매자나무과(小蘗科), 돈나무과(海桐花科), 아욱과(錦葵科), 시로미과(巖高蘭科), 쐐기풀과(蕁麻科)
제13집 돌매화나무과(巖梅科), 자금우과(紫金牛科), 감나무과(柿樹科), 노란재나무과[Symplocaceae](灰木科),	제22집 녹나무과(樟科)

제목	제목
할레시아과 [Halesiaceae](齊墩果科)	
제14집 마전과(馬錢科)	청미래덩굴과(菝葜科)

717) 조선고대 관측기록 조사보고朝鮮古代觀測記錄調查報告

저자	히라타 도쿠타로(平田德太郎) 編	출판연월	1917년 7월
판형	국판	페이지 수	200쪽
발행처	인천 조선총독부 관측소	소장처	시카타문고

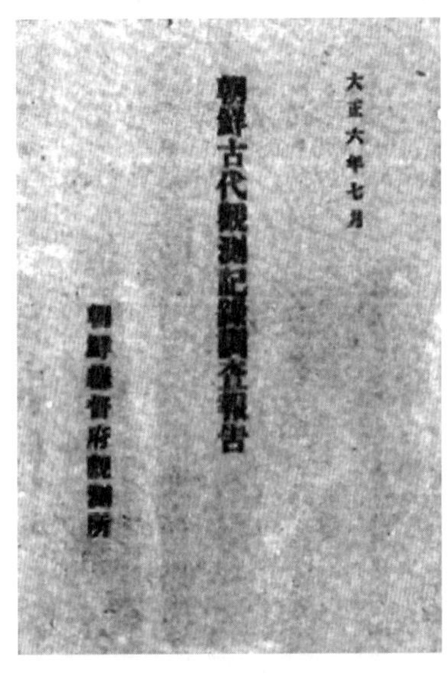

당시의 관측소장 히라타 도쿠타로가 전 소장 와다 유지 박사의 연구 업적을 집록하여 보고서로 출판한 것이다. 『한국관측소 학술보문』 2권711번 항목 참조, 『총독부 조사월보』 등에서 발췌한 것이다.

이 보고서에 수록된 내용은 주로 와다 박사가 재직 중에 조사한 것이다. 관측소의 학술보문, 또는 일용편람 등의 간행물에 발표한 것, 그리고 박사의 퇴직 이후 조사의 완성을 의뢰하여 작성된 보고를 일괄한 것이다. 「조선 고대의 우량관측보유」, 「최근 140년간의 경성 우량」, 「조선의 우박」을 포함한 여러 편은 후자에 속한다. 또한 부록에 세키구치關口 이학사가 완성한 유성군 및 혜성의 기사에 관한 조사를 실었다. 여기에 한 마디를 첨부한 까닭은 이 보고서의 유래를 기록하여

박사의 공을 분명히 하기 위해서다. 서언

〈목차〉

제목	제목	제목	
1. 세종·영조 두 조정의 측우기	5. 조선의 우박	9. 조선측후사략	
2. 조선 고대의 우량관측 보유	6. 경주 첨성대의 설	(부록)	1. 성변측후단자(星變測候單子)
3. 최근 140년간의 경성 우량	7. 누각(漏刻)		2. 조선 옛 기록 중 혜성
4. 조선고금 지진고	8. 조선상위고(朝鮮象緯考)		3. 조선 옛 기록 중 유성군

718) 조선노봉식물조사서 · 조선한방약과식물조사서

朝鮮鷺峰植物調査書 朝鮮漢方藥科植物調査書

저자	조선총독부 編	출판연월	1917년 10월
판형	46판	페이지 수	46쪽, 60쪽
발행처	경성 우쓰보야(ウツボヤ)서점	소장처	도쿄경제대학

본서 중 전자는 나카이 다케노신, 후자는 이시도야 쓰토무石戸谷勉[2]가 집필한 것으로, 조선총독부의 기관지 『조선휘보』 1916년 6월호에 함께 게재된 것을 합쳐서 한 권의 책으로 만든 것이다.

〈목차〉

제목	제목	제목
(노봉식물조사)	5. 수달 서식지에서 노봉(鷺峰) 부근 일대의 상황	(한방약과 식물조사)
1. 노봉의 위치와 등산 도로	6. 귀로	제1편 총설

2 이시도야 쓰토무(1884~1958) : 삿포로농학교 삼림과를 졸업한 식물학자. 1919년 조선총독부 농림국 임업시험장 소장으로 임명되었다. 조선총독부 산림과 기사를 지내면서 조선인삼을 연구했다.

<table>
<tr><th>제목</th><th>제목</th><th colspan="2">제목</th></tr>
<tr><td>2. 노봉 등산의 목적과 동기</td><td>7. 노봉 등산에서 얻은 새로운 사실</td><td colspan="2">제2편 약과식물</td></tr>
<tr><td>3. 장진(長津)에서 매화나무 밭(梅田坪)까지의 상황</td><td>8. 노봉 및 총전(蔥田)·암산(巖山) 식물 목록</td><td rowspan="2">부록</td><td>약과 명 색인</td></tr>
<tr><td>4. 매화나무 밭에서 수달 서식지(獺小屋)까지의 상황</td><td></td><td>조선산 주요 한약 가격표</td></tr>
</table>

719) 백두산 식물조사서白頭山植物調査書

저자	나카이 다케노신 報	출판연월	1918년 3월
판형	46배판	페이지 수	77쪽
발행처	경성 조선총독부	소장처	도쿄경제대학

본편은 본부 촉탁 이학박사 나카이 다케노신의 조사에 기초한 것이며, 학술 및 산업상 유익한 참고자료가 되기를 바라며 이를 인쇄에 부친다. 권두

〈목차〉

제목
1. 백두산의 위치, 지질 및 그 생성
2. 백두산 식물대의 형성
3. 백두산 식물 침입의 순서
4. 지구(地區) 간 상황과 식물
5. 백두산의 특산식물
6. 백두산 식물의 이용책
7. 백두산에서 새로이 발견된 조선식물
8. 백두산 소산 식물 목록
9. 백두산 지방 수목 명 검색표

720) 금강산 식물조사서金剛山植物調査書

저자	나카이 다케노신 報	출판연월	1918년 3월
판형	46배판	페이지 수	204쪽
발행처	경성 조선총독부	소장처	도쿄경제대학

이 책은 본부 식물조사 촉탁 이학박사 나카이 다케노신의 금강산 식물조사 보고서로서, 학술 및 산업상 참고에 이바지할 만하므로 인쇄에 부친다. 권두

5만분의 1 『금강산휘략도金剛山彙略圖』 및 사진판을 첨부했다.

〈목차〉

제목	제목
1. 금강산의 명칭과 구분	7. 금강산 소생의 식물 목록 및 그 분포표
2. 금강산의 기후와 이에 의한 구분	8. 금강산의 식물은 어떠한 분자(分子)에서 생겨나는가
3. 고도에 따른 식물대의 구분	9. 금강산 특유의 식물
4. 주요 수목의 분포	10. 금강산의 유용식물
5. 동서 금강 식물대의 차이	11. 금강산에서 새로이 발견된 식물
6. 주요 지대의 식물 상황	12. 금강산 식물의 이용책

721) 조선 거목 · 노목 · 명목지朝鮮巨樹老樹名樹誌

저자	이시도야 쓰토무	출판연월	1919년 4월
판형	46배판	페이지 수	197쪽
발행처	경성 조선총독부	소장처	시카타문고

이 책은 총독부 임업시험장 지사 이시도야 쓰토무훗날 경성제국대학 강사가 편

찬했다.

이 책은 각 도가 1916년에 실측, 모집한 재료 5,300여 점 중에서 거대한 나무, 유명한 나무, 고사와 전설이 깃든 나무 등을 선출하여 수종별 · 크기별로 분류하여 배열했다. 서언

〈목차〉

제목	
제1편 거목 · 노목 · 명목 목록(수종별 64)	
제2편 거목 · 노목 · 명목과 참고사항	
제1	거목 · 노목 · 명목의 수종, 수령 생륙 및 분포
제2	거목 · 노목 · 명목 금양(禁養)의 사유와 고사 · 전설
제3	조선에서 쓰이는 수목의 한자명 이름
제4	기념식재와 수종의 선택

722) 조선의 기상朝鮮の氣像

저자	히라타 도쿠타로(平田德太郎)	출판연월	1919년 9월
판형	국판	페이지 수	187쪽, 부록 39쪽
발행처	인천 기상강화회	소장처	시카타문고

이 책은 당시 인천관측소장 히라타 도쿠타로가 저술했다.

조선에서 새로 기상관측에 종사하려는 사람들, 또는 기상 관련 업무에 종사하는 사람들을 위해 기상에 관한 책을 편술하고 싶었지만, 지금껏 그러지 못했다. 따라서 최근 수년간 세상에 공표했던 몇 편의 논문을 수집함으

로써 일단 수요에 응하고자 했다. 서

〈목차〉

제목	
(강화(講話))	조선의 기상
(기상)	조선 지방의 계절풍과 기상요소의 관계
	조선의 비
	선만 지방의 물 증발
	조선 근해의 해류와 기상
	조선 근해의 짙은 안개(濃霧)
	시모노세키·부산 간의 안개에 대해서
	조선 근해의 전뢰(電雷)
(기후)	조선의 기후에 관해
	국경지방의 기후
	간도의 기후
(부록)	간이 기상관측법

723) 울릉도 식물조사서鬱陵島植物調査書

저자	나카이 다케노신 報	출판연월	1919년 12월
판형	46배판	페이지 수	87쪽
발행처	경성 조선총독부	소장처	도쿄경제대학

본편은 본부 촉탁 이학박사 나카이 다케노신의 울릉도 식물조사 보고서로서 학술 및 산업상 참고에 이바지할 만하므로 인쇄에 부친다. 권두

〈목차〉

제목	제목
1. 섬의 위치와 지세	9. 섬 목본(木本)식물의 일본해 위요지(圍繞地) 내 분포상태와 각 지방과의 친소(親疏) 관계
2. 섬의 명칭과 생성 원인	10. 울릉도의 분리기(分離期)
3. 섬의 기후와 부근의 조류	11. 섬의 자생 목본식물의 검색표와 소재지
4. 섬 식물조사의 역사	13. 섬의 유용한 식물
5. 섬의 자생식물	14. 섬의 유독식물
6. 해안식물대와 산지식물대의 구별	15. 이식식물의 성적
7. 섬 식물대의 특색	16. 앞으로의 섬 생산
8. 섬의 특산식물	(울릉도 약도 한 장)

724) 조선식물명휘朝鮮植物名彙

저자	모리 다메조(森爲三) 編	출판연월	1922년 3월
판형	국판	페이지 수	548쪽, 부도 5장
발행처	경성 조선총독부 학무국	소장처	시카타문고

편자 모리 다메조森爲三는 1904년에 도쿄대학 이과대학을 졸업하고 1909년 한국으로 건너가 한성고등학교 교사로 취임했다. 이후 경성대학 예과 교수가 되었다.

나는 1909년 조선에 온 이래, 전 경성고등보통학교장 오카 모토스케岡元輔 씨의 후의로 1919년까지 경성 부근, 제주도, 지리산, 금강산, 낭림산, 관모산, 백두산 등에 출장을 명 받아 해당 지방의 식물을 채집할 수 있었다. 주로 이학박사 나카이 다케노신 씨에게 종명種名 검정을 부탁했고, 이때 만든 목록이 기초가 되었다. 또한 작년 겨울에 도쿄제국대학을 방문하여 이학박사 마쓰무라 진조松村任三[3] 씨와 나카이 다케노신 씨의 호의로 대학이 소장한 조선식물표본을 자유롭게 열람할 수 있었다. 이를 통해 부족한 점을 보완하고, 기존의 출판 문서에 기재되었던 식물 및 조선에서 보통 재배되는 식물을 추가하여 책을 완성했다. 서언

〈목차〉

제목
1. 본서 기재 식물 자연 강목 일람
2. 조선식물 수
3. 조선식물 총목록
4. 색인(과명 및 속명, 일본명, 한자명, 조선명)
5. 조선식물 중 새로운 속이 된 것 5종의 도해

725) 조선삼림수목감요朝鮮森林樹木鑑要

저자	이시도야 쓰토무 정태현(鄭台鉉) 共編	출판연월	1923년 3월
판형	46배판	페이지 수	129쪽
발행처	조선총독부 임업시험장	소장처	시카타문고

이 책은 임업시험장 기사 이시도야 쓰토무, 정태현 두 사람이 함께 편찬한 것이다.

조선의 삼림수목을 설명한 문헌 중에는 나카이 박사의 『조선삼림 식물편』이 가장 좋다. 그 밖에 내외의 도서가 여기저기 보이지만 대부분은 초학

3 마쓰무라 진조(1856~1928) : 도쿄제국대학 이학부 식물학 교실 교수. 다양한 식물표본을 채취하고 150종 이상의 식물에 학명을 붙임으로써 전통적인 본초학이 근대적 식물학으로 나아가는 가교 역할을 했다.

자에게는 난해한 라틴어나 다른 외국어로 기술되어 있으며, 또한 이러한 책자는 희귀품이거나 고가이기 때문에 연구자가 구비하기 어려운 경우가 많다. 이 책은 그러한 문제를 보완하기 위해 소산所産의 수종을 가능한 많이 수록하고자 힘썼다.서

〈목차〉

제목
제1편 은행나무류(公孫樹類) 및 침엽수류
제2편 대나무류
제3편 활엽수류

726) 조선우량표朝鮮雨量表

저자	총독부 관측소	출판연월	1925년 3월
판형	국배판	페이지 수	186쪽
발행처	인천 조선총독부 관측소	소장처	시카타문고

본편은 조선총독부인천 각 측우소를 비롯하여 부 · 군 · 도청, 경찰관 주재소, 각 도의 종묘장, 등대, 동양척식주식회사 출장소, 전매국 출장소, 농장 등 250개소에서 기상관측을 개시한 이래 1923년까지의 강우량 및 강수일수를 편찬한 것이다.서언

〈목차〉

제목
서언

제목
조선의 기상사업 개설
조선의 수계(水系)와 관측지의 분포
조선의 강우량
기상관측지 일람표
월별 총 강우량
24시간 최대 강수량
강수 일수
8시간 최대 강수량
1시간 최대 강수량
강수일수
호우 시의 매시간 강우량
누적 연 최대·최소 월량, 연속 최대량

727) 조선의 우량朝鮮ノ雨量

저자	총독부 관측소	출판연월	1925년 3월
판형	국판	페이지 수	본문 9쪽, 도판 27장
발행처	인천 조선총독부 관측소	소장처	시카타문고

본편은 각 측우소 및 간이 관측소, 기타 보조기관의 관측 성적을 바탕으로 강우량의 분포와 강우 상황의 경개를 조사 기술한 것이다. 서언(緖言)

〈목차〉

제목	제목
서언	(부도) 월별강우량도 12점
조선의 기상사업개설	연 강우량도 10점
조선의 강우량	습윤기 강우량 분포도 2점
강우량의 분포, 연량의 최대, 일량의 최대, 호우의	건조기 강우량 분포도 2점

제목	제목
빈도, 단시간의 호우	
	조선기상관측지 일람도

728) 1925년 조선의 홍수大正十四年 朝鮮ノ洪水

저자		출판연월	1926년 3월
판형	국배판	페이지 수	본문 158쪽, 도판 107
발행처	경성 조선총독부 내무국 토목과	소장처	시카타문고

본편은 주로 조선총독부에서 치수 조사를 시행하고 하천의 홍수 상황을 소상히 밝힌 내용으로 이루어져 있다. 또한 1925년 조선에서 미증유의 대홍수가 발생했는데, 그 상황을 조사하고 여러 종류의 자료와 함께 등재하여 조선 치수 문제의 참고로 삼고자 하였다. 또한 앞서 기술한 하천 연안에 어떠한 시설을 짓는 경우, 그 계획에 반드시 포함해야 할 홍수의 개요를 알리고자 한다.예언

〈목차〉

2. 의학·위생

729) 계림의사鷄林醫事

저자	고이케 마사나오(小池正直)	출판연월	1887년 9월
판형	46판	페이지 수	237쪽 (상편 167쪽, 하편 70쪽)
발행처		소장처	架藏

저자 고이케 마사나오는 육군 군의총감이자 의학박사로서 야마가타현山形県 쓰루오카鶴岡 출신이다. 1873년 대학동교大學東校에 입학하고 1877년 육군 군의학생이 되었으며 같은 해 졸업했다. 이후 곧바로 육군 군의에 임명되었다. 1883년 외무성 임명 직원御用掛을 겸임하면서 조선국 부산에 주재했다. 청일전쟁 당시 병참부 군의부장으로 종사했으며 그 후 구미로 유학하여 군사위생을 연구했고 군의총감 자리까지 올랐다. 1914년 1월 10일 타계했다.

『계림의사』는 저자가 육군 일등군의로 부산에 주재할 때 쓴 책이다. 비매품이며 발행소가 기재되지 않았다. 상편에는 지지地誌, 풍속, 음식, 물산 등을 167쪽에 걸쳐 기술했고, 하편에는 의사醫事, 위생을 서술했다. 곳곳에

김송사金松史가 그린 삽화를 배치하였다.

이 책은 후에 고故 모리 린타로森林太郎 박사에 의해 독일어로 번역되어 "Zwei Jahre in Korea"라는 제목으로 *International Archiv für Ethnographie*(Bd. IV. 1891)에 게재되었다.

> 근래 조선국에 주목하는 자가 많아졌고 그 책 또한 적지 않아 상서기문, 조선사정, 조선팔역지, 조선기문, 조선팔도지, 조선지지 등 훌륭한 저작들이 있다. 그러나 의사醫事를 기록한 책은 그 수가 극히 적어 들어 본 적이 없다. 따라서 이 책에서는 의사를 기술하는 일에 힘썼다. (…중략…) 이 책은 보통의 기문서紀聞書 등과 다르다. 부문을 나누는 방식과 형식을 달리한다. 질병을 논할 경우, 안이병眼耳病, 피부병, 화류병 등을 외과로 분류하였다. 별다른 의미가 있는 것이 아니라 편리함을 꾀했을 뿐이다. 그 외에 이와 비슷한 것들도 마찬가지다. 이 책의 그림은 저자가 한국에 있을 때 화공 김송사라는 사람에게 그리게 한 것이다. 이를 나누어 여러 곳에 배치하니 그림과 글이 서로 부합하지 않는 곳도 있다. 독자의 이해를 바란다. 특수 지역을 답사하면서 이문異聞을 수집하여 학자에게 도움을 주는 기회를 군의보다 얻기 쉬운 자는 아마 없을 것이다. 이전에는 『정만의지征蠻醫誌』가 있었고 이제는 『계림의사』가 있다. 이를 곽외郭隗[4]로 삼는다면 천하의 기서奇書는 계속해서 우리 군의의 손에서 만들어질 것이다. 예언

4 중국 전국시대 연나라의 정치가로서 현인(賢人)을 맞으려면 먼저 가까이 있는 하찮은 사람부터 대우를 잘하라는 '선종외시'의 고사로 유명하다.

〈목차〉

제목		제목	
상편	1. 지형 (부(附) 범어기행 및 금산온천검사략)		10. 산물
	2. 기후(부(附) 부산기상표)		11. 의복
	3. 풍속		12. 거주
	4. 인품		13. 음식
	5. 인물		14. 조선인 의식주 및 채력론
	6. 도량형	하편	1. 의원위치 및 구조
	7. 주여(舟輿)		2. 의원비품
	8. 악기와 잡기		3. 의원 직원 및 사무
	9. 직물		4. 환자경황 (갑 : 일본환자, 을 : 조선환자) 보유(補遺)

730) 1907년 한국방역기사明治四十年 韓國防疫記事

저자		출판연월	1908년 3월
판형	46배판	페이지 수	120쪽
발행처	경성 한국통감부	소장처	일본 국회도서관

이번 임시방역법은 10월 4일 오후 실시 준비에 착수하였고, 10월 16일 우리 황태자 전하가 한국에 도착하셨다가 20일 퇴경退京하시는 날 즈음 대부분 종료되었다. (…중략…) 본지 편찬은 육군 3등 군의軍醫 정正 무라카미 기요시村上潔, 육군 1등 군의 데라카와 겐寺川源이 담당했고, 육군 1등 군의 생生 시바오카 분타로柴岡文太郎가 이를 지도했다. 범례

〈목차〉

제목
서언
방역 일반의 개황
제1장, 직원
제2장, 콜레라 발생과 전파 상황
제3장, 방역실시 상황
제4장, 콜레라 병원균 조사
제5장, 전염병이 상업에 미치는 영향
제6장, 경리(經理)
제7장, 방역에 종사하는 위원 이하의 상여
(부표) 1897년 10월 기상표
(부도) 콜레라 환자 발생지 약도

731) 조선총독부 구제기관朝鮮總督府救濟機關

저자		출판연월	1913년 6월
판형	46배판	페이지 수	117쪽
발행처	경성 조선총독부	소장처	舊 경성제국대학

이 책은 조선총독부가 직접 경영한 자혜 구제사업, 즉 조선총독부 의원, 조선 각 도의 자혜의원, 제생원濟生院에 관한 각반의 상황을 조사・집록한 것이다. 이 책은 1912년 12월 말일 현재의 사항을 기초로 하였으며, 각 원의 상황과 그 설비 등은 이후 다소의 변천을 거쳐서 달라진 것도 있으나 본서는 조사 당시의 현황을 기준으로 기술했다. 권두

〈목차〉

제목
총설
제1편 의원
제1장 의원설치의 유래
제2장 의원의 사업
제3장 제생원의 설비와 경리
제4장 의원의 경리 및 치료재료
제5장 부록
제2편 조선총독부 제생원
제1장 연혁
제2장 제생원의 현황
제3장 제생원의 설비 및 경리

732) 한성위생회상황일반漢城衛生會狀況一斑

저자		출판연월	1914년 3월
판형	국판	페이지 수	211쪽
발행처	경성 한성위생회	소장처	舊 경성제국대학

이 책은 한성위생회 창립에서 폐지까지의 상황을 관계자에게 보고할 목적으로 기술한 것이다. 이 책의 통계 중 사업에 관한 것은 역년도曆年度에 따랐고, 수입과 지출收支에 관계된 것은 회계연도에 따랐다. 범례

〈목차〉

제목	제목	제목
제1장 위생회의 연혁	제6장 제예 감독	제11장 도살장
제2장 위생회의 조직	제7장 변소의 개조	제12장 비용징수
제3장 제예(除穢) 구역 및 호구	제8장 순화원(順化院)	제13장 수입 지출

제목	제목	제목
제4장 제예 사업	제9장 도로의 식수	제14장 직원의 이동
제5장 제예 기관	제10장 도로의 살수	부록

733) 조선 위생풍습록朝鮮衛生風習錄

저자		출판연월	1915년 10월
판형	46판	페이지 수	221쪽
발행처	경성 조선총독부 경무총감부	소장처	架藏

이 책은 각 도의 경무부 보고를 기초로 편찬한 것이다. 특히 각 항목 옆에 관계 경무부가 설치된 지명을 첨부했다. 독자는 이를 통해 부분적으로 지방의 인정, 풍속을 알 수 있을 것이다. 본편 이외에도 수록할 만한 사항이 실제로 적지 않다. 그것은 후일 기회를 보아 한층 더 조사를 진행할 것을 기약한다. 범례

〈목차〉

제목		제목		제목	
제5절	육아	제10절	나병	제6장 일반풍습편	
제6절	기거	제11절	전염병	제1절	격언
제7절	요병	제12절	기타 여러 병	제2절	속담
제8절	역병	제4장 미신요법편		제3절	관행
제9절	길흉	제1절	전염병		

734) 조선위생요의朝鮮衛生要義

저자	시라이시 야스나리(白石保成)	출판연월	1918년 4월
판형	국판	페이지 수	520쪽
발행처	경성 저자	소장처	시카타문고

저자는 총독부 경무총감부에 근무하면서 위생행정을 담당했다.

이 책은 총론에서 위생학 대의, 위생행정, 조선 위생행정의 연혁, 위생기관 및 조선 위생 일반을 설명한다. 각론에서는 조선 현행 위생법규의 해석 및 그 취급 절차를 상세히 해석한다. 법규가 필요하지만 아직 관련 법규가 마련되지 않은 사항의 경우 내지의 법규와 기타 사항의 성질을 설명하여 참고에 이바지했다. 범례

〈목차〉

제목	
제1편 총론	
제1장	위생학 대의
제2장	위생행정
제2편 각론	

제목	
제1장	보건
제2장	방역
제3장	잡

735) 1919년 콜레라 방역지大正八年 虎列剌病防疫誌

저자		출판연월	1920년 3월
판형	46배판	페이지 수	226쪽
발행처	경성 조선총독부	소장처	舊 경성제국대학

본서는 1919년 8월부터 같은 해 12월까지 조선 내 콜레라의 유행에 관하여 그 병독의 유입과 전파의 상황 및 방역 시설의 경계를 서술한 것이다. 부록으로 각종 통계 및 도표를 첨부하였으니 후일의 참고자료가 될 수 있다면 행복할 것이다. 권두

〈목차〉

제목		제목	
제1편 총설		제3편 예방조치	
제1장	조선 내 콜레라병 유행 연혁	제1장	총독부의 예방조치
제2장	1919년 동양의 콜레라병 유행의 상황	제2장	각 도의 예방조치
제3장	조선 내 병독(病毒) 유입 및 전파 상황	제3장	환자 발견 방법, 보균자 검색과 그 성적
제4장	조선의 유행상황	제4장	각 단속
제2편 각 도의 유행상황		제5장	예방액(豫防液) 배급과 그 실적
		부록	도판 11장

736) 1920년 콜레라 방역지大正九年 コレラ病防疫誌

저자		출판연월	1921년 4월
판형	46배판	페이지 수	171쪽
발행처	경성 조선총독부	소장처	舊 경성제국대학

1920년 조선 내의 콜레라병 유행이 자못 격심하여 근년에 보지 못한 참상을 겪었다. 이에 병독이 만연했던 흔적을 더듬어 보고 관련 방역 시설의 대요를 서술한다. 나아가 그 경험을 통해 얻은 방역상의 특수사정을 서술하여 후일의 참고에 이바지할 수 있다면 행복할 것이다. 권두

〈목차〉

제목		제목	
제1편 총설		제3편 조선 내 방역상의 특수사정	
제1장	조선 외 콜레라병 유행상황	제1장	위생사상의 유치(幼稚)
제2장	조선 내 콜레라병 유행상황	제2장	의료기관의 불비 및 일반위생상태
제2편 방역기관 및 방역조치		제3장	의사·의생 등의 기능 미숙 및 책임관념의 결여
제1장	개황	제4장	관습
제2장	방역기관	제5장	미신
제3장	총독부에서의 방역조치	제6장	교통관계 기타
제4장	각 도의 방역조치	제4편 장래의 방역의견	
제5장	예방주사	제5편 방역경비 기타	

737) 조선위생사정요람朝鮮衛生事情要覽

저자		출판연월	1922년 9월
판형	46배판	페이지 수	130쪽
발행처	경성 조선총독부	소장처	舊 경성제국대학

〈목차〉

제목
제1장 총설
제2장 위생행정기관 및 그 연혁
제3장 의료기관
제4장 의사 및 요속(療屬)의 교육
제5장 진료상황
제6장 약품·약품영업 단속
제7장 보건위생
제8장 전염병 및 지방병
제9장 짐승에 관한 위생
제10장 경비
부표

이 책의 증보 개정판『조선위생요람』이 1929년 8월에 국판 207쪽으로 간행되었다.

738) 조선과 의업朝鮮と醫業

저자	스즈키 기미시게(鈴木公重)	출판연월	1926년 12월
판형	46판	페이지 수	31쪽
발행처	도쿄 문광당 서점 의적부	소장처	일본 국회도서관

이 책은 최근에 조사한 각 의료업자의 분포상태 및 지지, 호구, 행정, 풍습 등을 첨부하고 조선의 유명한 지역의 인구 등을 기술하여 의료계 수험생은 물론 세상 사람들의 이정표가 되고자 한다. 권두

〈목차〉

제목
제1장 위생
제2장 지지
제3장 전(全) 호구
제4장 지방행정
제5장 풍습 및 기타

739) 1926년 콜레라 방역에 관한 기록大正十五年コレラ防疫ニ關スル記錄

저자		출판연월	1927년 6월
판형	46배판	페이지 수	53쪽
발행처	경성 조선총독부	소장처	舊 경성제국대학

1926년의 콜레라는 전 도민을 두려움에 떨게 했던 1919년, 1920년의 콜레라 유행과 비교하면 미미한 것이었다. 이에 사회와 민중에 대한 위협도 그다지 크지 않았다고 생각한다. 이와 같은 결과가 결코 우연이 아니라 다소나마 당국의 방역 조치와 일반 민중의 위생 사상의 향상에 의한 것이라면, 당시의 시설은 훗날의 방역에 참고자료가 될 것이다. 또한 장래에 당국자가 옛 위생 상태와 방역 행정 일부를 살피고, 이를 통해 과거와 현실을 대조하여 조선 내의 일관된 방역 행정의 변천, 그리고 나아가 일반 사회 상태의 추이를 살피는 일도 가능할 것이다.서

〈목차〉

찾아보기

찾아보기의 항목은 일반적으로 사용하고 있는 용어로 표기하였으며,
본문 중 표기는 [대괄호]로 처리했다.

1. 서명

ㅊ

ㅌ

ㅍ

ㅎ

기타

2. 저자

ㄱ

ㄴ

ㅈ

기타

3. 사항

ㅇ

ㅈ

ㅊ

기타

4. 인물

ㄱ

역자 후기

이 책은 1979년 10월 15일 일본 용계서사龍溪書舍에서 출판된 사쿠라이 요시유키櫻井義之의 『조선연구문헌지 – 메이지 · 다이쇼편朝鮮研究文献誌 – 明治 · 大正編』을 번역한 것이다. 번역은 상중하로 나누어 진행하고 있다. 상권은 지난 2021년 5월 30일 소명출판에서 간행했으며, 이 책은 그 중권에 해당한다. 중권에는 원서의 내용 중 [四] 사회과학, [五] 자연과학 부분을 실었다.

저자 사쿠라이 요시유키와 원서의 출판 경위, 번역의 의미 등에 대해서는 상권의 「역자 후기」에 상세히 언급해두었으므로 참고하기 바란다. 다만 상권 본문에 오역, 오기 등이 있다. 우선 「역자 범례」와 「저자 범례」에 원서의 정보를 잘못 적었다. 1979년 판이 아닌 1992년에 추가적으로 간행된 유고遺稿의 정보를 적고 말았다『〈유고〉조선연구문헌지 – 쇼와편 부 메이지 · 다이쇼편 보유((遺稿)朝鮮研究文献誌–昭和篇 付 明治 · 大正篇補遺)』. 하권에는 이 유고도 번역에 추가할 계획인데, 실수로 상권의 원서 정보에 유고를 적어 넣었다. 번역 작업을 이끌었던 사람으로서 통탄을 금치 못했다. 다음으로 본문 258쪽과 색인 418쪽에 서적 제목의 오역이 있다. 『오호 이토 공작嗚呼伊藤公爵』을 『명호 이토 공작』으로 적었다. 교열 작업에 힘을 쏟았다고 생각했지만, 심각한 오기와 오역을 뒤늦게 발견했다. 그 외에 다른 오역, 오기가 있을지도 모르겠다. 상권을 구입한 독자에게 깊이 사죄하는 바이다.

중권의 번역은 하영건, 류애림, 심희찬이 맡았다. 자료집이라는 특성을 더욱 살리기 위해 「색인」에 상권보다 더 많은 정성을 들였고, 각주도 가능한 범위에서 최대한 많이 달기 위해 노력했다. 힘든 번역작업을 끈기 있게 함께 해준 선생님들께 심심한 감사의 말씀을 드린다. 나름 이런저런 번역을 해왔다고 생각하지만, 이 『조선연구문헌지』는 그중에서도 난이도가 가장 높은 편에 속하는 서적이었다. 현대일본어와는 다른 글들을 한국어로 매끄럽게 옮기는 작업과 표의 작성은 매우 지난한 작업이었다. 무엇보다 자료집의 독특한 체재와 문법을 번역하기가 쉽지 않았다. 어설픈 서식을 깔끔하게 편집해준 소명출판의 편집자분들에게 깊이 감사드린다.

하권은 2024년에 간행할 예정이다. 이 책이 관련 연구자들에게 도움이 된다면 더 바랄 것이 없다.

2024년 2월

심희찬

간행사_ 연세근대한국학 HK+ 학술총서를 내면서

우리 연구소는 '근대 한국학의 지적 기반 성찰과 21세기 한국학의 전망'이라는 아젠다로 HK+ 사업을 수행하고 있습니다. '한국학이 무엇인가' 하는 점은 물론 관점에 따라 달라질 수 있을 것입니다. 하지만 개항과 외세의 유입, 그리고 식민지 강점과 해방, 분단과 전쟁이라는 정치사회적 격변을 겪어 온 우리가 스스로를 어떤 존재로 규정해 왔는가의 문제, 즉 '자기 인식'을 둘러싼 지식의 네트워크와 계보를 정리하는 일은 반드시 필요한 작업이라고 생각합니다. '자기 인식'에 대한 탐구가 그동안 없었던 것은 아니지만, 현재 제도화되어 있는 개별 분과학문들의 관심사나 몇몇 지식인들을 대상으로 한 제한적인 논의였음을 부인하기는 어려울 것 같습니다. 이러한 현실에서 '한국학'이라고 불리는 인식 체계에 접속된 다양한 주체와 지식의 흐름, 사상적 자원들을 전면적으로 복원하고자 하는 것이 바로 저희 사업단의 목표입니다.

'한국학'이라는 담론/제도는 출발부터 시대·사회적 영향을 강하게 받아왔습니다. '한국학'이라는 술어가 우리의 입에 오르내리기 시작한 것도 해외에서 진행되던 지역학으로서의 '한국학'이 반향을 불러일으키면서 부터였습니다. 그러나 '한국학'이란 것이 과연 하나의 학문으로서 성립할 수 있느냐 하는 질문에 답을 얻기도 전에 '한국학'은 관주도의 '육성' 대상이 되었습니다. 이에 대응하여 실천적이고 주체적인 민족의식을 강조하는 '한국학'은 1930년대의 '조선학'을 호출하였으며 실학과의 관련성과 동아시아적 지평을 강조하기도 하였습니다. 그 가운데 근대화, 혹은 근대성은 서로 다른 맥락에서 '한국학'을 검증하였고, 이른바 '탈근대'의 논의는 의심 없이 받아들여지던 핵심 개념이나 방법론에 문제를 제기하기도 하였습니다.

'한국학'이 이와 같이 다양한 맥락에서 논의되어 온 것은 그것이 우리의 '자기 인식', 즉 정체성 문제와 관련되어 있기 때문일 것입니다. 대한제국기의 신구학 논쟁이나 국수보존론, 그리고 식민지 시기의 '조선학 운동'은 물론이고 해방 이후의 '국학'이나 '한국학' 논의 역시 '자기 인식'에 대한 시대적 요구에 응답하려는 노력이었을 것입니다. 우리가 '한국학'의 지적 계보를 정리하는 것에 만족하지 않고 21세기의 전망을 제시하고자 하는 이유도, '한국학'이 단순히 학문적 대상에 대한 기술이나 분석에 그치지 않고 우리의 현재를 성찰하며 더 나아가 미래를 구상하고 전망하려는 노력에 직간접적으로 연결된다고 보기 때문입니다. 주지하듯 근대가 이룬 성취 이면에는 깊고 어두운 부면이 있습니다. 그리고 이 명과 암은 어느 것 하나만 따로 떼어서 취할 수 없는 한 덩어리일 가능성이 있습니다. 21세기 한국학은 근대에 대한 성찰을 통해 이 질곡을 해결해야 하는 시대적 요구에 응답해야만 하는 과제를 안고 있습니다.

연세근대한국학 HK+ 학술총서는 이러한 과제를 수행하는 과정에서 나오는 성과물을 학계와 소통하기 위한 시도입니다. 학술총서는 연구총서와 번역총서, 자료총서, 디지털한국학총서로 구성됩니다. 연구총서를 통해 우리 사업단의 학술적인 연구 성과를 학계의 여러 연구자들에게 소개하고 함께 논의를 진전시키고자 합니다. 번역총서는 주로 외국인들에 의해 이루어진 조선 / 한국 연구를 국내에 소개하려는 목적에서 기획되었습니다. 특히 동아시아적 학술장에서 '조선학 / 한국학'이 어떻게 구성되고 작동하여 왔는지를 살펴보려고 합니다. 또한 자료총서를 통해서는 그동안 소개되지 않았거나 불완전하게 알려진 자료들을 발굴하여 학계에 제공하려고 합니다. 디지털한국학총서는 저희가 구축한 근대한국학 메타데이터베이스의 성과와 현황을 알려드리고 함께 고민하는 계기를 만들고자 신설한 것입니다. 새롭게 시작된 연세근대한국학 HK+ 학술총서가 소기의 목적을 달성할 수 있도록 여러 연구자들의 관심과 격려를 부탁드립니다.

2020년 5월

연세대 근대한국학연구소 인문한국플러스(HK+) 사업단